REC[...]

D'EMBLEMES DIVERS.

AVEC DES DISCOVRS MORAVX, PHILOSOPHIQVES, ET POLITIQVES,

Tirez de diuers Autheurs, Anciens & Modernes.

PAR I. BAVDOIN.

A PARIS,
Chez IACQVES VILLERY, rue Clopin, à l'Escu de France ; Et en sa boutique pres des Augustins.

M. DC. XXXVIII.
AVEC PRIVILEGE DV ROY.

ISBN 978-0-282-37532-4
PIBN 10544425

This book is a reproduction of an important historical work. Forgotten Books uses state-of-the-art technology to digitally reconstruct the work, preserving the original format whilst repairing imperfections present in the aged copy. In rare cases, an imperfection in the original, such as a blemish or missing page, may be replicated in our edition. We do, however, repair the vast majority of imperfections successfully; any imperfections that remain are intentionally left to preserve the state of such historical works.

Forgotten Books is a registered trademark of FB &c Ltd.
Copyright © 2017 FB &c Ltd.
FB &c Ltd, Dalton House, 60 Windsor Avenue, London, SW19 2RR.
Company number 08720141. Registered in England and Wales.

For support please visit www.forgottenbooks.com

A
MONSEIGNEVR
MONSEIGNEVR
SEGVIER,
CHANCELIER
DE FRANCE.

ONSEIGNEVR,

Le grand CHANCELIER
BACON, *m'ayant faict naistre l'en-*

uie de trauailler à ces EMBLEMES, *m'a faict prendre außi la hardiesse de vous les presenter. C'est luy qui m'en a fourny les principaux, que i'ay tirez de l'explication ingenieuse qu'il a donnée de quelques Fables, & de ses autres Ouurages. Dans celui-cy que i'expose au iour, il se pourra faire qu'en ce qui n'est pas de moy, il se rencontrera quelque discours, qui ne vous sera point desagreable. Mais apres tout,* MONSEIGNEVR, *ie ne pense pas qu'il s'y trouue rien qui vous soit nouueau, & dont vous n'ayez vne parfaite connoissance. S'il y est parlé de la Philosophie, elle n'a point de secret, si caché soit il, où vostre Esprit ne penetre. Si de la Morale, ce que les plus Sages en escriuent, n'est que la copie des leçons que vous en faites par les exemples de vostre vie; Si de la Politique, vous en sçauez il y a long temps les veritables maximes, & par la lecture des bons Liures, & par l'experience que vous auez des grandes affaires; Si des belles Letres, c'est vne estude où vous excellez, & qui vous rend intelligibles & familiers tous les beaux endroits des Historiens, des Orateurs, & des Poetes. A ces hautes connoissances vous en adjoustez vne autre encore plus grande, qui est celle de vous-mesme. Par elle dās cette Charge eminente où vostre merite vous a éleué, vous n'auez point de plus forte paßion que d'estre le Protecteur des honnestes gens. Par elle vous rendez à tous également la Iustice, dont vous estes digne Chef; Et par elle en vn mot, vous agissez* auec vn ſoin infatigable, pour la gloire de DIEV, pour le ſeruice du ROY, & pour le bien vniuerſel de la FRANCE. Ainſi, MONSEIGNEVR, le plaiſir que vous auez à cherir les Sciences, eſt inſeparable d'auec celuy que vous prenez à cultiuer les Vertus. Voſtre Generoſité, qui eſt le Port des hommes de Letres, empeſche que la Fortune n'en ſoit l'Eſcueil; Et vous leur eſtes ſi fauorable, que l'Ancien Mecene, quelque gloire qu'il ait eüe, ne les traitta iamais ſi obligeamment que vous les traittés. Il eſt donc bien iuſte qu'ils vous en faſſent dans leurs Eſcrits, des remercimens dignes de Vous; & que pour moy, ſi ie n'ay l'honneur de les eſgaller en merite, ie l'aye à tout le moins, de ne leur point ceder en reconnoiſſance. Quoy que ie ne puiſſe, MON-

SEIGNEVR, vous en tesmoigner vne assez grande, du bien qu'il vous plaist me faire, i'ose pourtant me promettre, qu'ayant daigné ietter l'œil sur moy, vous daignerez accepter aussi celle que ie vous en fais dans cét Ouurage. Ie sçay qu'estant peu considerable de soy, il ne doit attendre du Public qu'vne aprobation vulgaire. Mais il se passera de toute autre gloire, pourueu qu'il ait celle de vous agreer, & que traittant, comme il fait, d'Emblemes & de Symboles, il en soit vn eternel à la Posterité, du seruice inuiolable que vous a voüé,

MONSEIGNEVR,

Vostre tres-humble, & tres-obeïssant seruiteur, I. BAVDOIN.

Extraict du Priuilege.

PAr grace & Priuilege du Roy, donné à Chaliot le 2. iour de Iuin 1638. ſigné Par le Roy en ſon Conſeil, VIGNERON, & ſellé; Il eſt permis à Iacques Villery, d'imprimer vn liure intitulé, *Recueil d'Emblemes diuers, par I. Baudoin*, & deffenſes à toutes perſonnes, d'imprimer ledit liure, pendant le temps & terme de dix ans, à compter du iour & datte des preſentes, ſur peine de confiſcation, & de quinze cents liures d'amende, comme plus amplement eſt porté aux lettres dudit Priuilege.

Acheué d'imprimer pour la premiere fois le 23. Iuin 1638.

PREFACE.

OMME tout le Monde eſt vn Tableau, où les choſes qui s'y voyent dépeintes, nous ſont admirer l'Ouurier qui les a faites ; Ainſi les diuerſes Copies qui ſe tirent ſur ce grand Original, nous plaiſent quelque-fois autant que le naturel meſme, quand elles ſont bien imitées. Il s'enſuit de là, que pour pluſieurs aduantages qu'a la Peinture par deſſus les autres Arts, elle merite à bon droit d'eſtre vniuerſellement dans l'aprobation, & dans l'eſtime des hommes. Auſſi l'a-t'elle touſjours esté, pour diuerses raisons; La principale desquelles est, ce me semble, pour auoir contribué de tout temps à la conseruation de l'Histoire : car les Tableaux qu'elle fait, se peuuent nommer autant de Letres mystiques, qui sont connuës generalement de tous les Peuples du monde. Il ne faut donc pas s'estonner, si telles Figures seruoient autresfois de Caractheres aux Egyptiens, comme elles en seruent encore aujourd'huy, à la plusspart des Nations du nouueau Monde. Et d'autant que les actions vertueuses estoient ordinairement signifiées par ces Caractheres Hyerogliphiques, c'estoit la coustume aussi, de les appeller mysterieux & sacrés. A leur imitation ont esté inuentés les Emblemes; qui sont tousiours tels, tant que le principal but qu'on s'y propose, est d'instruire le public ; mais qui passent pour Deuises, quand ils se rapportent directement à faire connoistre l'intention de quelque particulier.

Que si lon recherche la vraye definition de *l'Embleme*, on trouuera que *c'est vne Peinture seruant à instruire*, & qui sous vne Figure, ou sous plusieurs, comprend des aduis vtiles à toute sorte de personnes. L'Ethimologie en est tirée du Verbe Grec ἐπεμβλῆσθαι, qui signifie *Enchasser*, pource que telles Figures estoient faites autres-fois de plusieurs petites pierres de diuerses couleurs, artistement enchassées; ce qu'on appelle encore aujourd'huy vn ouurage à la Mosaïque; tel qu'est celuy qui se voit à present à Florence, dans l'incomparable Chapelle du Grand Duc de Thoscane. Quelques-vns veulent que cette inuention soit venuë des Goths; mais ils se trompent asseurement; puis que long-temps auant qu'ils parussent, Pline, & quelques autres Historiens en auoient parlé. Quoy qu'il en soit, cette sorte de besoigne est maintenant fort en vsage en Europe;

Et n'eſt pas iuſques à nos Relieurs, qui n'en faſſét la principale parure des liures. I'obmets que dans les Palais des Grands, ſe voyent des Cabinets de Menuiſerie, & des Tableaux meſme faits à pieces de rapport; Et que cela s'obſeruoit encore anciennement dans la vaiſſelle d'or & d'argent, où les fueillages, & les bouquets d'Orfévrerie qu'on y appliquoit, eſtoient appellés *Emblemes*. C'eſt ainſi que le remarque Ciceron, qui par Metaphore attribüe ce nom aux ornemens & aux figures de Rethorique, dont on ſe ſert pour embellir vn Diſcours.

Or bien que l'Embleme & la Deuiſe ſe reſſemblent en quelque choſe, ce ſeroit neantmoins vne grãde faute de iugement, que de les vouloir confondre, veu que pour trois conformitez qu'il y a de l'vn à l'autre, il s'y treuue ſix differences bien remarquables.

Premierement, il y a du rapport, en ce que les Emblemes ſe font de Figures qui ſignifient ; & qui toutes muëttes qu'elles ſont, ne laiſſent pas de parler par ſignes ; ou à tout le moins, celuy qui en eſt inuenteur ſe fait entendre par leur moyen.

Secondement, en ce qu'on les peut compoſer de Figures ſeules, comme lon fait la pluſpart du temps ; ou bien de Figures & de Letres enſemble, qui ſeruent de Mot : Car au iugement des plus habiles en cét Art, tant plus l'Embleme approche des regles de la Deuiſe, & tant plus il eſt excellent.

En troiſieſme lieu, il y a cette conformité ; que les Emblemes peuuent demonſtrer les choſes par ce qu'elles ont de propre ; comme par exemple, s'ils repreſentent l'Ingratitude, l'Enuie, & ainſi des autres Vices, ou meſme des Paſſions ; il eſt de leur Art de les donner à connoiſtre ſous le voile des Figures ; pourueu neantmoins que cela ne ſemble point groſſier, ny auſſi trop affetté. Voila pour ce qui regarde les conformités les plus ordinaires, qui se rencontrent entre les Emblemes & les Deuises. Passons maintenant à leurs differences, dont il y en a six principales.

La premiere, Qu'en la Deuise il n'y doit rien auoir qui ne signifie quelque chose. Mais quant à l'Embleme, il a ses embelissemens particuliers, qui sont, le Ciel, la Terre, les Arbres, les Plantes, & ainsi de plusieurs autres choses sembla-bles, que l'on y peut adjouster. Il faut toutes-fois que cela se face iudicieuse-ment, & de telle sorte, qu'on puisse di-stinguer le principal, d'auec ce qui n'est qu'accessoire, & qui ne tient lieu que d'ornement.

La seconde, Qu'on peut faire entrer des parolles dans les Emblemes, pour en expliquer les Figures; ce qui n'est au-cunement permis en matiere de Deuises; où la Figure demóstre vne partie de l'in-tention que l'on a, & le Mot declare l'autre. Il est vray qu'il est permis encore d'en donner à connoistre le sujet par vne Inscription, ou par vn tiltre; comme qui diroit; *Contre l'Ingratitude*; *Contre les mauuais Iuges*, & ainsi du reste.

La troisiesme, Qu'au contraire des Deuises, il y peut auoir dans les Emblemes, plusieurs Figures humaines, de telle forme que l'on voudra; pourueu qu'il n'y ait aucun embarras entr'elles, & qu'on les accommode comme il faut, à l'explication & à l'exemple qu'on s'est proposé d'en donner.

La quatriesme, Que les Emblemes peuuét estre composez de Figures fabuleuses, d'Animaux estranges, & de choses dont les proprietez soient admirables & peu connuës. La raison est, pource que la Figure & l'explication sont comprises ensemble dans l'Embleme: Ce qui ne s'obserue pas en la Deuise; où la seule Figure frappe d'abord l'imagination: Car pour le regard du Mot qu'elle contient, & qui eſt comme l'Ame de ce Corps; on ne le conçoit pas d'abord, & il y faut penſer vn peu, pour le bien entendre.

La cinquieſme, Que la Deuiſe ne doit point eſtre des choſes paſſées, mais bien de celles qui ſont à venir. Mais quant à l'Embleme, il n'a rien de commun auec cette Regle, & ne s'y attache aucunement. Au contraire, il prend pour ſujet la pluſpart du temps, quelque ſuccez qu'on a deſia remarqué, ſoit dans la Fable, ſoit dans l'Hiſtoire; & ce qu'on le met en auant, n'eſt que pour inſtruire celuy qui le conſidere, en l'aduertiſſant par là, qu'il luy en peut arriuer autant.

La ſixieſme, Que puis que l'Embleme n'eſt inuenté que pour deſabuſer le Monde, & luy apprendre des verités toutes pures; Il ne faut pas que le fondement en ſoit faux, mais vray ſemblable, ou du moins authoriſé par les eſcrits des anciens Mithologiſtes. On n'en vſe pas ainſi en matiere de Deuiſes; & il eſt certain qu'on en peut faire pluſieurs par galanterie, & les inuenter à plaiſir, pourueu toutesfois qu'en ſe tenant dans les regles, on y trouue l'agreement qu'on y cherche, & le mot pour rire.

Par ces differences (où i'en pourrois adjouſter quantité d'autres) il eſt aiſé de iuger, Qu'il s'en faut beaucoup que l'Embleme & la Deuiſe ne ſoient vne meſme choſe; Or pource que cette derniere eſt compriſe ſous le mot general de *Symbole*, entant qu'il ſignifie vne Marque, où ſe cache quelque ſecrette penſée, dont on laiſſe l'eſclairſiſſement & l'explication aux habiles gens, il eſt neceſſaire, ce me ſemble, que nous diſions auſſi quelque choſe generalement touchant les Symboles, dans le ſens où l'on peut à peu pres les accommoder à la nature des Emblemes.

Les plus Sçauans des Caldées & des Egyptiens, furent les premiers, qui pour empeſcher que les Myſteres, qu'ils appelloient ſacrez, ne fuſſent prophanez par le Vulgaire, s'il en auoit connoiſſance; s'aduiſerent de les cacher ſous pluſieurs Symboles de Plantes & d'Animaux, qu'ils inuenterent expres, auant l'vſage des Caracthères. Les Grecs en firent de meſme à quelque temps de là : mais ils encherirent par deſſus les Egyptiens, & apporterent le dernier trait de politeſſe à ces Figures Hyerogliphiques. Or il n'y a point de doute, que l'application n'en ſoit differente, comme le mot de *Symbole* eſt diuers auſſi. Car eſtant certain qu'il ſe peut approprier en general à tout ce qui par conjecture, ou autrement, nous fait connoiſtre quelque choſe, il ſe prend tantoſt pour le cachet d'vne Letre, ou pour vn autre marque imprimée ſur quoy que ce ſoit ; Tantoſt pour vne Bague Nuptiale, tantoſt pour la Monnoye d'vn Prince, ou meſme pour l'Eſcot que l'on fait payer en vn feſtin ; Et tantoſt pour vn Indice vray-semblable, ou pour le *Mot du guet*, que le Capitaine donne à ses Soldats, affin de les reconnoistre. D'où vient que pour la mesme raison, en la profession de la Foy, l'on appelle fort à propos *Symbole*, la salutaire & sainte Doctrine des Apostres, d'autant qu'elle est la vraye Marque, qui fait distinguer le Chrestien d'auec celuy qui ne l'est pas.

Cette haute connoissance des Symboles, estoit autres-fois, selon Plutarque, la science des Roys, des Legislateurs, & des grands Prestres, qui par la Figure du Sphinx, qu'ils mettoient ordinairement à l'entrée des Temples, vouloient donner à entendre; Que la doctrine des choses sacrées, dont ils faisoient profession, ne se deuoit point communiquer aux Ignorans, de peur qu'ils n'en abusassent. Mais quelque gloire que se donnent les Sages d'Egypte, d'auoir inuenté cette diuine Philosophie, il est pourtant à croire que Moyse & Salomon en vserent long-temps auãt eux; Qu'elle passa depuis des Hebreux aux Egyptiens ; & qu'en suitte des escrits que Chæremon & Orus Apollo en laisserent, Pythagore trauailla beaucoup à l'augmenter ; iusques là mesme, qu'il en comprit la meilleure partie dans ses Symboles. A l'exemple de ceux-cy , plusieurs autres grands personnages, dont les principaux furent, Athenée, Clement & Cyrille d'Alexandrie ; Pausanias, Porphire, Pline, Apulée, & Plutarque, s'estudierent à la connoissance de ces mysterieux secrets ; que le docte Pierius a de nostre temps recueillis, & si bien expliqués, qu'il n'est point de liure de cette nature , qui soit plus recommandable que le sien, ny plus digne de la memoire des hõmes. C'est là qu'il se voit, Que par vn œil au bout d'vn Sceptre, ces anciens Peuples marquoient la Prouidence de Dieu tout-Puissant; & que par les diuerses Figures des choses qu'il a faites de rien, ils mettoient en euidence leurs ſentimens, & leurs ſecrettes péſées. Ainſi par la Lune, ils ſignifioient les Mois: par le Soleil, l'Année: par le Bouc, la Luxure: par le Lion, la Colere: par le Laurier, la Victoire: par l'Oliuier, la Paix: par le Cypres, la Mort: & par le Pauot, la fertilité de la terre. Ainſi, diſ-je, pour la merueilleuſe habitude qu'ils auoient priſe à cette ſorte d'expreſſion muette, appellée des Chinois *vne Peinture parlante*, il y auoit peu de choſes en toute la Philoſophie, qu'ils ne peuſſent repreſenter, ou par Symboles, ou par Emblemes. Auſſi eſt-il vray, que de tous les deux enſemble, l'eſtenduë en eſt fort vaſte; & qu'elle peut neantmoins auoir des bornes qui la reſſerrent. Car tous les ſujets en ſont tirez neceſſairement, ou de l'Hiſtoire, comme le Triomphe de Marc-Antoine, apres la mort de Ciceron; ou de la Phiſique, comme les Statuës de Bacchus & de Pallas, erigées ſur vn meſme Autel; ou de la Politique, comme l'Embleme du Minotaure, touchant les ſecrets des Princes; ou de la Fable, comme celle de Pan, du Sphinx, de Prothée, de Narciſſe, d'Orphée, des Geants, des Sirenes, & ainſi de quantité d'autres.

I'en ay fait entrer icy les principales, Lecteur, auec l'explication que le Docte Chancelier BACON en a donnée dans quelques Diſcours, que i'ay autres-fois traduits. Car m'eſtât proposé de faire vn RECVEIL D'EMBLEMES, tirés des meilleurs Autheurs, il m'a ſemblé d'autant plus iuſte de ne point oublier celui-cy; qu'il eſt veritable que ſon grand ſçauoir luy a donné rang parmy les hommes les plus illuſtres. I'aduouë neâtmoins, qu'en tout cét Ouurage ie me ſuis particulierement ſeruy d'Alciat, qui a excellé ſur tous les autres en ce gére d'eſcrire; & des Commẽtaires Latins du Docte Minos. I'en ay vſé de meſme des Obſeruations Morales & Politiques de Iacques BRUCK,

& de Couarruuias, l'vn Aleman, & l'autre Espagnol; si bié que de tous leurs Emblemes ensemble, i'ay composé ce Volume; auquel i'en adjousteray possible vn second, si ie voy que celuy-cy vous soit agreable. Que si les Discours ne sont dans l'ordre où ie les voudrois, ils tiennent en cela du dereglement de ma santé; malgré lequel, par vne certaine habitude qui m'est fatale, i'ay voulu m'opiniastrer à les faire, à mesure qu'on les a imprimez; bien que d'ailleurs ie ne sois point assez Philosophe, pour ne croire pas, que l'esprit ne se ressente de l'indisposition du corps. Tels qu'ils sont toutes-fois, partie de ma version, partie de mon inuention, & tirez en quelques endroits des *Recherches d'Histoire & d'Antiquité*, qu'il y a long-temps que i'ay données au public; ils me font esperer que vous y pourrez trouuer du diuertissement, quand ce ne seroit qu'à cause des Figures. Que si vous y rencontrez des fautes, comme ie n'en doute pas, vous m'obligerés bien-fort de les excuser, & de ne point confondre les miennes auec celles de l'Impression, dont les principales sont les suiuantes:

Fueillet 453. D'où peut bien la Fable dont nous parlons, estre tirée. Lisez, D'où peut bien estre tirée, &c. f. 478. procede, lisez proceda. f. 445. Magicien, l. Magicienne. f. 545. qu'il n'en ouyst, lisez qu'elle n'en ouyst. là mesme Saptio, l. Sapho. f. 558. ignorence, l. innocence. f. 560. sans iamais renuerser, l. sans iamais les &c. f. 645. retranché, l. debauché. f. 663. qu'elle luy fit, l. qu'il luy fit.

TABLE DES DISCOVRS contenus en ce Volume.

DISCOVRS I.

Table des Discours

Discours V.

Discours VI.

Discours VII.

Discours VIII.

Discours IX.

Discours X.

Discours XI.

Discours XII.

Discours XIII.

contenus en ce Volume.

Discours XXIV.

Discours XXV.

Discours XXVI.

Discours XXVII.

Discours XXVIII.

Discours XXIX.

Discours XXX.

Discours XXXI.

Discours XXXII.

Discours XXXIII.

Discours XXXIV.

Table des Diſcours, &c.

RECVEIL D'EMBLÊMES DIVERS.

Qu'il n'y a point de prosperité perdurable.

DISCOVRS I.

LES perissables grandeurs du monde ne peuuent mieux estre demonstrées que par cét ingenieux Apologue de la Citroüille. Autrefois on en sema de la grene aupres d'vn Pin; Et soit que la nature du terroir, ou le temperament de l'air, ou les frequétes pluyes qui l'arrousoient, la fissent croistre & grossir, tant y a qu'elle porta ses branches si haut, qu'à force d'étreindre celles du Pin, & de remper à l'entour, elles en gaignerent le ſommet. Le Pin cependant chargé d'vn fruict éſtranger, le ſupportoit, & le laiſſoit croître; Ce qui fut cauſe que parmy tant de citroüilles qui le tenoiẽt enlaſſé, il s'en treuua vne, qui plus groſſe, & plus audacieuſe que les autres, s'eſtant miſe à l'attaquer; Et bien luy dit-elle, arbre groſſier & peſant, n'auoues-tu pas que tu es fort peu de choſe au prix de moy? Vois-tu point comme mes fueilles ſont beaucoup plus vertes & plus larges que les tiennes? comme elles s'eſleuent par deſſus tes rameaux; & comme ie te ſerre ſi bien que tu en es à la geſne. Voilà ce que dit la Citroüille. Dequoy le Pin ne tint compte: mais ſe mocquant de ſon inſolence; Pauure fruit, luy reſpondit-il, que tu me fais de pitié! & qu'auec peu de ſujet tu viens t'égaler à moy! Bien à peine es-tu encore au monde, & il y a deſia plusieurs années que i'y ſubſiſte. Il ne faut que la moindre gelée pour t'en oſter, au lieu que ie m'y ſuis touſiours maintenu contre le froid le plus violent. Attends donc que l'Hyuer vienne, & tu verras à qui de nous deux demeurera la victoire.

Par ce mysterieux Embléme se doiuent entendre, si ie ne me trompe, les amoureux de la vaine gloire, & des trompeuses prosperitez de la vie. Ces hommes ambitieux sont de belles hapelourdes, qui n'ont que l'apparence & l'esclat. Le desguisement fait la meilleure partie de leur vertu pretenduë. Tout ce qui manque d'ostentation, passe pour extrauaguant chez eux. Ils ne payent iamais que de mine; & pour peu qu'il leur arriue de bõ succez, ils en deuiennent insupportables. Ce n'est doncques pas merueille, si lors qu'ils sacrifient à leurs vanitez, ils s'immolent eux-mesmes à la risée publique. Puis que leur humeur altiere les porte naturellement à mépriser tout le monde, il est bien iuste que tout le monde les méprise aussi; Et que la soif qu'ils ont des grãdeurs, semblable à celle des hydropiques, les perde à la fin, sans qu'elle se puisse esteindre. Cette violente ardeur qu'ils ne cessent d'auoir pour les choses de la terre, est vn effet de leur Ambition, qu'ils entretiennent d'vne esperance friuole. C'est elle qui leur fait bastir en l'air mille desseins ridicules, ou pour mieux dire, mille Chimeres, qui se defont, à mesure qu'elles se formét. C'est elle qui leur donne des songes pour des veritez, en les flattant d'vne puissance imaginaire; Elle qui leur persuade folement, qu'ils ont assez de courage, pour se rendre redoutables aux plus vaillans, assez de merite, pour se faire aimer des plus belles dames, & assez de bonne fortune, pour venir à bout des entreprises les plus difficiles. C'est elle qui de moment en moment leur inspire de nouueaux desirs, qui s'estendent plus loing que leurs forces ne peuuent aller; Elle qui leur promet des conquestes & des thresors, des victoires & des triomphes, des Sceptres & des Couronnes. Mais cette esperance, qu'est elle autre chose qu'vne belle fleur, aussi-tost morte que née ? Qu'est-elle qu'vne ombre fugitiue, qu'vn tourbillon de fumée, qu'vne ampoule qui flotte sur l'eau, & qu'vne vessie pleine de vent? N'a-t'elle pas plus de monstre que de rapport, plus d'apparence que d'effet, & plus d'enflûre que d'embon-poinct? En quoy, ce me semble, elle ne peut mieux estre cōparée qu'à la Citroüille, qui en est le veritable symbole. A la voir sous l'estenduë de ses larges fueilles, s'estaler si grosse, & si polie, sur vne couche de terre, où elle represente diuerses formes, & s'esleue insensiblement à la faueur de ce qui l'appuye ; on s'en estonne d'abord, & il semble mesme qu'elle doiue auoir de tres-grands aduantages sur les autres fruits. Mais on trouue apres tout que ce n'est que ventre & qu'escorce; que le dedās ne respond point au dehors ; qu'il n'y a rien de si materiel, ny de si terrestre ; & qu'en vn mot c'est vne citroüille, qui couste plus qu'elle ne vaut, pour la bien aſaiſonner, tant le gouſt en eſt emouſſé de ſa nature, ſi l'art des Cuiſiniers ne l'aiguiſe, & ne luy donne vne pointe. Auec tout cela neantmoins, elle veut icy ſe comparer au Pin, iuſques à ſe faire accroire, quoy qu'elle ſoit extremement foible, que cét arbre ineſbranlable, qui eſt l'honneur des foreſts, luy doit ceder en toutes façons, & qu'il eſt bien fort au deſſous d'elle.

En cela certes elle a pour imitateurs ces hommes inſupportables, qui s'enorgueilliſſent des biens qu'ils poſſedent; ces Fanfarons, qui s'imaginent que tout le monde ſoit né pour eux; qui pour vn peu de bonne fortune qu'ils ont, ſe mocquent de ceux qu'elle traitte indignement; Et qui ne prennent pas garde que de toutes les Furies qu'on a miſes aux Enfers pour le châtiment des coupables, les plus dangereuſes, & les plus ſeueres ſont celles qui doiuent punir les Orgueilleux, & ſe venger de leur inſolence.

L'Histoire nous marque peu de gens ſujets à ce Vice, qui toſt ou tard n'en ayent porté la peine : Teſmoin cét ancien Pauſanias, que ſes proſperitez continuelles firent mettre au nombre des plus heureux de ſon temps. Il luy prit fantaiſie vn iour de traitter le ſage Simonides; qui parmy la bonne chere eſtant preſſé de luy deſcouurir quelque ſecret de Philoſophie, & le voyant par trop attaché aux choſes du monde, dont il eſtoit idolatre; *Ne te meſconnoy point*, luy dit-il ; *& dans le comble de tant de biens qui preuiennent tes ſouhaits ; ſouuien-toy que tu és homme.* En effet, l'orgueilleux Pauſanias eſpreuua bien-toſt apres la verité de ces paroles. Car l'inconſtante Deeſſe, qui l'auoit fauoriſé iuſques alors, changea tout à coup ſes careſſes en ſupplices, & le fit tomber entre les mains de ſes ennemis, qui luy teſmoignerent en meſme temps, qu'ils en vouloient à ſa vie. Comme il ſe vid donc ſur le poinct de la perdre; *Malheureux que ie* *ſuis*, s'écria-t'il, *d'auoir meſpriſé l'aduis du bon Simonides! O que ſi ie l'euſſe creu, ie ne ſerois pas maintenant reduit en ce deplorable eſtat!* D'où l'on peut aſſez conjecturer, que cét homme pouuoit manquer difficilement d'eſtre mal traitté de la Fortune, pour la trop grande confiance qu'il mettoit en elle. Philippe de Macedoine n'en vſoit pas ainſi, & ne s'en défioit iamais tant, que lors qu'il en receuoit quelques faueurs extraordinaires. Il ſçauoit trop bien que ny le tiltre de Souuerain, ny l'Empire qu'il auoit ſur tant de peuples, ne pouuoient empeſcher qu'il ne fût luy-meſme ſuiet aux loix de la Parque. A raiſon dequoy, pour ſe ſouuenir touſiours qu'il eſtoit mortel, il auoit mis ordre qu'vn de ſes Pages ſe trouuât tous les matins à ſon leuer, pour luy dire ces mots remarquables, *N'oublie point Philippe que tu es homme.* Celuy qui l'obligea particulierement à cela, fut à ce que l'on tient, le vaillant Archidamus, fils d'Ageſilaus, qui pour respondre à vne lettre pleine d'iniures & de menaces, qu'il auoit receuë de la part de ce Prince, luy escriuit ces genereuses paroles. *Mesure ton ombre, Philippe, & tu ne la treuueras pas plus grande qu'auant la victoire.* Par où ce grand Conquerant apprit, Que ny les peuples dóptés, ny les villes prises, ny les batailles gaignées, ny les superbes Trophées dressés de la dépoüille des ennemis, ne sont pas choses sur qui la Fortune n'ait de l'Empire, ny qui puissent empescher ses reuolutions. Estant, comme elle est, de l'humeur d'vne infidelle Maistresse, elle aime le change: elle n'oblige que par caprice; elle donne à l'vn ce qu'elle oste à l'autre, & fait quád il luy plaist, son galand & son fauory de l'homme du monde le plus infame, & le moins aimable. Tel fut autresfois ce fameux afranchy de Pompée, cét insolent Menas, que les Satyriques de son temps traitterent si mal, & que l'aueugle Deïté dont nous parlons, voulut exposer yeux des Romains, pour le plus illuſtre exemple qu'elle leur euſt ſceu donner de ſa puiſſance tyrannique. Car apres l'auoir monſtré publiquement chargé de fers & de cheines, tout deſchiré de coups de foüet, & tout couuert de cicatrices, que le feu luy auoit laiſſées, comme autant de caractères de ſes crimes, elle le fit voir enfin en la poſture d'vn homme libre, qui s'acqueroit tous les iours de nouueaux eſclaues, qui regorgeoit de toutes ſortes de biens, qui par ſon authorité ſe faiſoit craindre des plus Grands, & qui auoit l'honneur de commander l'armée nauale, en la guerre contre les Pyrates.

De tous ces exemples nous pouuons tirer pour noſtre inſtruction quelques cōſequences infaillibles, & qui meritent biē d'eſtre remarquées. La premiere, Que ceux qui par vn bon-heur particulier, ou par leur propre induſtrie, ſont en peu de temps deuenus riches, en deuiennent auſſi plus inſupportables. La ſeconde,

Que ce nouueau changement leur perd l'eſprit, & leur oſte la raiſon, tant il eſt veritable,

Que l'or eſt vn metal, par qui l'homme s'allie
Auecque la folie.

Ces euenemens ſont pour l'ordinaire des ioüets de la Fortune, qui eſt non ſeulemẽt aueugle, mais qui rend auſſi aueugles ceux qui la ſeruent. Elle-meſme, & c'eſt la troiſieſme remarque, fait gloire & couſtume enſemble, d'aduancer aux grands honneurs ceux qui bien ſouuent en ont le moins, & de laiſſer en arriere les honneſtes gens; d'eſtre enuers les vns liberale des choſes ſuperfluës, & de priuer les autres des neceſſaires. Il eſt vray qu'elle repare quelquefois l'injure faite à ces derniers, & ſe vange de ſes propres creatures, qu'elle precipite, quand il luy plaiſt, du haut de ſa roüe. Par où elle leur apprend, Qu'elle n'eſt pas du tout iniuſte, puiſque pour les mettre à la raiſon, elle ſçait ſi bien abaiſſer leur orgueil, & chaſtier leur méconnoiſſance. Il n'en faut point d'autre exemple que celuy de Sejanus & de Narciſſe. Elle finit les proſperitez du premier, par la plus honteuſe cheute que le monde euſt iamais veuë en la perſonne d'vn Fauory ; & ſe mocqua du dernier, en l'expoſant à la riſée des gens de guerre, dont il ne receut que des iniures & des affronts, au lieu des ciuilitez & des honneurs qu'il en attendoit. Car en la guerre qu'eurent les Romains contre les peuples de la grande Bretagne, les Legionaires ayãt fait refus d'obeïr à Plantius leur General, quoy qu'il fût homme qui entendoit ſon meſtier, & dont le commandement ne pouuoit eſtre plus beau ; ce meſme Narciſſe, Afranchy de Claudius, fut enuoyé pour les ranger au deuoir. Mais d'autant qu'il n'eſtoit pas de condition pour le pouuoir faire, & qu'il ſe le promettoit neantmoins, tant il eſtoit vain, il ſe vid d'abord traitté auec ignominie par les ſoldats; qui d'vne commune voix le renuoyerét aux Saturnales. Par ce trait de raillerie, dont ils picquoiét ordinairement les insolens venus de bas lieu, ils voulurent que celuy-cy se souuint de sa premiere condition d'esclaue, pource que durant les festes de Saturne, les Esclaues commandoient en Maistres, & en portoient mesme l'habit aux festins, qui leur estoient faits publiquement.

Il ne faut donc pas, ny que les petits deuenus grands, s'imaginent de le deuoir tousiours estre, ny que les grands non plus se fassent accroire, qu'ils ne puissent deuenir petits. C'est à eux à se representer, qu'en l'éternelle vicissitude des choses du monde, ce qui esleue les vns, sert à raualer les autres. C'est à eux à profiter de l'aduis du sage Pittachus, qui dedia jadis vne eschelle au Temple de Metelin, afin d'aduertir tous les mortels de leur commune condition, dans laquelle ils ne font que monter & descendre.

Qu'ils se souuiennent que ces mesmes Romains, qui sous l'Empire d'Antonin virent en moins d'vn an Cincius Fuluius fait Consul, & Gardien du Capitole; ses Fils Tribuns, & sa femme Gouuernante des filles de l'Empereur, s'estonnerent de le voir depuis, dans le mesme an, & tout en vn iour, publiquement decapité, ses enfans iettez dans le Tybre, sa femme bannie de Rome, sa maison rasée, & tous ses biens confisqués. Que si cét exemple ne suffit, qu'ils y adioustent, si bon leur semble, celuy de ce vainqueur des Vandales & des peuples d'Afrique, ce puissant & redouté Bellisaire, qui par sa cheute prodigieuse apresta si fort à rire au Roy Gelimer son prisonnier, qu'il ne fit autre chose depuis, & deuint le Democrite de son temps. Qu'ils considerent vn peu le miserable estat de Cresus, de Valerian, de Bajazet; & ie m'asseure qu'ils m'aduoüeront, Que plus on est bien auec la Fortune, & tant

& tant plus de mal il faut en attendre; Que le vray moyen de ne l'irriter pas, c'est de se sçauoir connoistre soy-mesme ; & qu'elle na point de force ny de malice, que la resolution & la patience ne puissent vaincre.

Briot f.

Que les choses douces deuiennent souuent ameres.

DISCOVRS II.

I'AVROIS mauuaise grace de vouloir prouuer icy que ce qu'il y a de plus doux dans les prosperitez deuient amer à la fin, puisque c'est vne matiere que i'ay, ce me semble, assez amplement traittée en l'Embleme precedét. En celuy-cy doncques c'est mó intention de faire voir, que si ce meslange de douceur & d'amertume se trouue par tout en general, c'est particulierement en amour qu'il se rencontre. Ce folastre Enfant se joüant vn iour parmi des roſes., en voulut fortuitement cueillir vne, où ſe treuua cachée vne mouche à miel. Comme il ſentit qu'elle le picquoit, il ſe mit auſſi-toſt à crier; Et s'adreſſant à Venus; Ie me meurs ma mere, luy dit-il; c'eſt fait de moy, ſi vous ne me ſecourez. Vn petit ſerpẽt, qui a des ailles, & que ceux de ce païs appellent Abeille, m'a ſi fort bleſſé à la main, que ie n'en puis plus. Cette naifueté de Cupidon toucha la belle Venus, qui luy reſpondit pour le conſoler. Taiſés-vous mon fils; voſtre douleur eſt trop violente, pour durer lõgtemps: Que ſi l'aiguillon d'vne mouche vous fait tant de mal, iugez par là combien vos fleches en doiuent faire.

Ie ne penſe pas qu'apres cette feinte, qu'Anacreon a iudicieuſement inuentée, il s'en puiſſe treuuer vne plus belle, ny qui ſoit plus cõuenable à la nature d'Amour: Soit qu'il le faille nommer le plus ancien de tous les Dieux, au iugement du Poëte Heſiode, qui luy donne la gloire d'auoir desbroüillé le Chaos; ou soit qu'auec les plus celebres Autheurs on doiue aduouër que son Empire est absolu sur toutes les creatures; tant y a que par les tragiques effets qu'il produit, il paroist assez que son humeur est tyrannique, & que ses roses ne sont iamais sans espines. Estime qui voudra ses atteintes douces, & ses coups agreables; De moy ie veux croire qu'il n'est point de playes qui se cicatrisent si tard, ny qui plustost se remettent à saigner, que celles qui viennent de luy. Ceux qui le font naistre de la Pauureté, luy attribuënt à mon aduis, vne naissance trop basse, & mal propre à son humeur, qui ne se plaist qu'aux richesses. Mais ceux qui luy dónent pour Nourrice vne lyonne, & qui veulent qu'elle l'ait alaité dans les deserts, ont quelque sujet de le feindre ainsi, pour representer sa cruauté. Elle est tellement fatale à ceux qui le seruent, qu'il s'en trouue peu qui n'en perdent la raison; & qui dans l'ardeur violente qui les transfporte, ne ſouffrent tous les tourmens & toutes le inquietudes imaginables. Tel fut le ſentiment d'Apollonius de Thianée ; lors que ſe voyant preſſé par le Roy de Babylone, de luy declarer de quel ſupplice aſſez rigoureux il pourroit punir vn Eunuque, s'il oſoit aimer la plus chere de ſes Maiſtreſſes ; Sire, luy reſpondit-il, ſi quelqu'vn eſtoit ſi hardy que de l'entreprẽdre, vous ne ſçauriés le mieux chaſtier qu'en le laiſſant viure. Par où il voulut monſtrer au Roy, que c'eſtoit aſſez ſouffrir que d'eſtre amoureux.

La Fortune en tous lieux à l'hõme eſt dãgereuſe;
Quelque chemin qu'il tienne, il treuue des cõbats;
Mais des conditions où l'on vit icy bas,
Certes celle d'aimer eſt la plus mal-heureuſe.

Voilà ce que dit de cette Paſſion le plus poly de nos Poëtes. Ceux qui l'ont precedé la definiſſent diuerſement : Car ils la nomment ſelon ſes effets, tantoſt vne loy tyrannique & ineuitable, tãtoſt vne choſe pleine de crainte, tantoſt vne Fureur aueugle, & tantost vne source de miel & de fiel.

Qu'il y ait de la tyrannie aux loix de l'Amour, c'est vne chose si manifeste de soy, qu'à moins que de manquer de sens commun on ne la peut mettre en doute. Car depuis que ce Maistre imperieux a fait vn Esclaue, il ne se contente pas de l'auoir priué de la liberté, qui est le plus doux bien de la vie, mais il prend plaisir encore à le voir gemir seruilement sous les chaines, dont il l'a chargé. Il veut alors, qu'au peril mesme de sa vie, il luy rende à tout moment vne obeïssance aueugle; & que s'il faut violer le droit, ce ne soit pas pour regner, comme fit Cesar, mais pour iouïr de la chose aimée. Il veut que ce pressant desir qui estouffe toutes les autres passions, luy ouure vn chemin à trauers les feux & les glaces, les mers & les Syrtes, les monts & les precipices. Il veut que suiuant ses mouuemens dereglés, il s'estudie à mettre en pratique la dissimulation & là ruſe, la malice & la perfidie, la vengeance & la cruauté. Il veut qu'aux deſpens de ſes plus proches, il fomente lâchemét des inimitiez, & des querelles ſanglantes; Qu'il ſe declare ennemi mortel de tous ceux qui choquent ſes deſſeins; & que pour le moindre ombrage que ce ſoit, il mette la main aux armes. Il veut en vn mot, qu'il prefere l'ignominie à la gloire, l'injure au deuoir, l'oiſiueté au trauail, la molleſſe à la valeur; & qu'en toutes ces choſes indignes d'vn grand courage, il ne ſe propoſe pour but que de flechir ſous la tyrannie de la Volupté. Pour elle le plus ſage de tous les hommes, negligea de cultiuer les Vertus morales, & les hautes connoiſſances que Dieu luy auoit infuſes. Pour elle le premier des Philoſophes donna de l'encens à la Beauté qui luy auoit donné de l'amour, & fit ſa Diuinité d'vne Creature mortelle. Quoy d'auantage? Ne fut-ce pas pour elle qu'Hercule changea ſa maſſuë en quenoüille? qu'Achille ſeruit à genous Polixene, adoration qui luy couſta la vie; & que par ie ne ſçay quel Deſtin fatal à la gloire des Conquerans, Maſſiniſſe & Anthoine ne furent iamais ſi fort hays de leurs ſoldats, que lors qu'ils furent le plus aimez, l'vn de Sophoniſbe, & l'autre de Cleopatre?

De ne voir pas maintenãt que la Crainte eſt inſeparable d'auec vn Amant, ce ſeroit n'auoir ny connoiſſance ny lumiere naturelle. L'experience le monſtre, toutes les fois qu'il s'en rencontre quelqu'vn parmy les Dames, & particulierement quand il approche de la perſonne aimée. Car à cét abord, il ſe la figure par deſſus l'humaine condition, & telle qu'vne Déeſſe, ſans laquelle il ne peut viure. Il ſent en ſon ame vne ſecrette eſmotion; & frappé de ſes regards, comme d'vn eſclat de foudre, il friſſonne, il tremble, il ne ſçait que dire, tant il a peur qu'ils ne luy ſoient pas fauorables. Que ſi pour luy renouueller ſes ſeruices, il ſe met en deuoir de l'entretenir, il ſemble pour lors auoir la langue noüée; & s'en acquitte ſi mal dans le tranſport où il eſt, qu'on iuge auſſi-toſt qu'il n'appartient qu'aux Amans d'vſer en parlāt d'vne éternelle Hyperbole. Cette timidité procede encore de ce que la paſſion qui eſt exceſſiue en celuy-cy, confond pelle-meſle ſes eſprits, & les accable ſi fort, qu'ils ne peuuent faire leur operation. Adjouſtons y pour vne troiſieſme marque de ſa crainte, qu'on le voit tantoſt rougir; & tantoſt pâlir à la rencontre de ſa Dame, ſoit qu'il faille attribuer la cauſe de l'vn à certains rayons imperceptibles, qui des yeux de la choſe aimée, paſſant au cœur de l'Amant, le troublent d'abord, & font que pour le ſecourir ce qu'il y a de ſang au viſage, s'eſmeut & s'agite; ou ſoit qu'on doiue imputer l'autre à ce que le meſme ſang ſentant le cœur foible, s'y retire pour le fortifier. Mais ces apprehenſions, naturelles aux Amans, ſeroient peu de choſe, ſi elles n'eſtoient ſuiuies d'vne infinité de chagrins & d'inquietudes, qu'eux meſmes ſe donnent, & dont i'alleguerois en vain des exemples, puiſque les effets qu'ils en reſſentent preuuét beaucoup mieux cette verité, que ne font mes parolles.

Comme il eſt donc vray que le fils de Citherée eſt pere des défiáces, des craintes & des ſoubçons; Auſſi eſt-il certain qu'eſtant luy meſme Creature de la Folie, il oſte la raiſon & le iugement à ceux qui ſont ſes adorateurs. Ils ont beau voir le precipice ouuert deuant eux; Au lieu de reculer, ils aduancent, pour s'y ietter dedans; & quelque grande que ſoit leur bleſſeure, ils ſe plaiſent à baiſer les armes qui l'ont cauſée. Cette paſſion n'eſt donc pas mal nommée par le plus ingenieux de tous les Poëtes, vne certaine Fureur aueugle, par qui les ſens ſont bouleuerſés, & les plus nobles fonctions de l'ame entierement ruïnées. Depuis qu'vne fois elle poſſede quelqu'vn, il n'eſt pas poſſible de luy faire lacher prise, principalement si c'est au cœur d'vne femme qu'elle s'attache. Car alors elle y commande insolemment, & tire aduantage de la foiblesse de ce beau Sexe, qu'elle se plaist à persecuter. Ainsi la pauure Didon, les cheueux espars, & les yeux noyez de larmes, courut forcenée par la ville de Carthage, apres que son fugitif Enée eut mis la voile au vent; & pour ne suruiure à cette perte, se laissa cheoir courageusemét sur la pointe de la mesme espée que cét Infidelle luy auoit laissée.

Ainsi fut sourde au reconfort,
Quand elle eust trouué dans le port
La perte qu'elle auoit songée;
Celle de qui les passions
Firent voir à la mer Egée
Le premier nid des Alcyons.

Ainsi dans le destroit de Seste & d'Abyde, la dolente Hero voyant du haut d'vne tour son cher Leandre, que la violence de la tépeste auoit ietté mort sur le riuage, ouïst retentir tous les escueils d'alentour des cris qu'elle fit à la fenestre, d'où elle se precipita, pour se ioindre à luy. En vn mot, ainsi finirent leur vie plusieurs infortunés Amans, dont les deplorables aduantures, tous les iours representées sur le Theatre, aprennent assez que cét imperieux Tyran qu'on appelle Amour, est l'Autheur & le sujet ensemble des aduantures les plus tragiques. Que si les Poëtes l'accusent d'auoir tourmenté Iupiter mesme, iusques à luy faire negliger le soing des choses du monde; & de s'estre opposé generalement au repos de tous les Dieux ; quelle apparence y a t'il de treuuer estrange qu'il persecute les hommes? Ne sçait-on pas bien qu'il s'est toûjours pleu à voir rependre le sang humain? que par son mouuement Hermionne donna la mort à Pirrhus, Martie à Commode, Timandre à Alcibiades? & qu'au point de desespoir & de rage, où il mit le mal-heureux Iphis, il le reduisit à s'estrãgler pour la belle Anaxarete? Toutes ces choses sont à mon aduis, d'assez visibles effets d'vne fureur extraordinaire, qui seule fut cause que la guerre d'Asie se vid de toutes parts allumée par Helene; celle des Samiens, par Aspasie, celle des Phrygiens par Hipodamie, & celle des Centaures par Dejanire. Par elle mesme Gyges, Roy des Lydiens, se laissa porter à l'adoration d'vne femme publique; la mort de laquelle le mit dans vne profonde resuerie d'esprit, qui ne l'abandonna iamais iusqu'à la fin de ses iours: Par elle Alexandre fit mettre le feu dans les sacrez Temples de Persepolis; Et par elle encore le renomme Pericles porta ses armes dans le Peloponnese.

Apres auoir monstre iusques-icy qu'il n'y a que de l'amertume en Amour, quelqu'vn me demandera possible, d'où vient donc que les Poetes l'appellent vne source inepuisable de miel & de fiel? C'est ie m'asseure, pource qu'il tient de tous les deux enſemble. En effet il a des appas qui flattent les ſens, des douceurs qui les rauiſſent, & des charmes qui les enchantent. Il a des attraits inéuitables aux Creatures viuantes, & des allechemens ſenſibles aux choſes inanimées. Quelques ſauuages que ſoient les beſtes, il ſçait l'art de les apriuoiſer. Il chatoüille la moelle des Tygres; il eſchauffe la ſeue des Arbres: il ſe gliſſe auec plaiſir iuſques dans les veines des Metaux. Mais quoy? c'eſt vn poiſon confit dans du ſucre, & vn ſerpent caché ſous de belles fleurs; que nous auons à peine cueillies, qu'auec vn effort impetueux & nuiſible, il nous fait ſentir ſa venimeuſe morſure: En cela cetres ſemblable à l'Abeille, qui ſe plaiſt bien à faire le miel qu'elle nous donne, mais qui ne laiſſe pas d'auoir vn dangereux aiguillon, dont elle nous picque, ſi nous en approchons de trop pres. C'eſt vne comparaiſon ingenieuſe, dont vſe Plutarque, qui dit là deſſus, Qu'elle meſme eſtant mortelle, ennemie de l'ordure & de l'impudicité, s'irrite particulierement contre les hommes lascifs, dont elle ne peut souffrir l'abord, ny en supporter l'haleine. Par où il veut donner à entendre, qu'il n'est rien si doux, ny rien si amer que la Volupté : Aussi le tesmoigne-t'elle bien au grand dommage de ceux qui la suiuent. Car ce qu'au commencement elle les mene par vn chemin agreable, & semé de fleurs, n'est que pour les precipiter insensiblement dans vn goufre horrible, & tout plein d'espines. Ainsi quelque bon visage qu'elle leur face, elle les trahit toûjours, & les traitte enfin comme vne Furie, apres les auoir amadoüez comme vne Syrene. Ce n'est donc pas sans suiet que les Poetes qui escriuent de l'Amour, se monstrent aussi volages que luy, dans les choses qu'ils en disent; & qu'en la pluspart de leurs vers se repentans de l'auoir loüé, ils ne cessent de luy reprocher sa cruauté, son inconstance, & sa perfidie.

A raison

A raiſon dequoy le Docte Bacon dit fort agreablement, *Que cette paßion a ſon flux & ſon reflux dans les ſaiſons des choſes humaines, & qu'il faut tenir pour bien aduiſez, ceux qui la ſeparent entierement des principales actions de la vie, dont elle ne fait que troubler le commerce.*

Briot fc

Que l'honneste Amour, l'Honneur, & la Verité sont inseparables.

DISCOVRS III.

CET Embleme semble tiré d'vn ancien marbre, qui se voit à Rome encore auiourd'huy. Il represente la Foy, par l'vnion mutuelle de trois qualitez inseparables, qui sont l'Honneur, la Verité, & l'honneste Amour.

L'Honneur est vestu d'vne robe de pourpre, pour nous apprendre, Qu'estant ennemy des fausses couleurs, c'est à dire, des apparences trompeuses, il ayme tousiours à se produire auec vn veritable éclat, & à porter des liurées qui ne soient point susceptibles d'aucune tache. Sçachant que ce luy en seroit vne grande, de n'auoir rien de beau que l'exterieur, & de recourir aux déguisemens, pour en accroistre son estime, il ne se dément iamais soy-mesme, & tel qu'il est au dedans, tel il paroist au dehors. Aussi n'est-il pas de ces Acteurs ridicules, qui monstrent aux autres à iouër plusieurs mauuais personnages, & qui n'en sçauent pas eux-mesmes representer vn seul qui soit bon. Luy tout au contraire n'enseigne que de bonnes actions, pource qu'autrement il ruïneroit ce qui le soustiét, & toute la gloire de son nom se changeroit en infamie. Mais pour empescher que cela n'aduienne, il apprend aux hommes à estre constans en ce qu'ils disent, & inébranlables en ce qu'ils font. Il est vray aussi qu'en ces deux points principalement consiste la Foy, que l'Honneur appuye, & qui est la creature de la Verité, à laquelle il tend la main.

Cette Vierge incorruptible, qu'on peut nommer la fille du Temps, la ruyne du Crime, & le ſupport de l'Innocence, a ſur le viſage mille beautez adorables; & tant de viues lumieres dans les yeux, qu'à la honte des meſchans elle perce les plus obſcures tenebres. Elle eſt peinte nuë, pour nous donner à connoiſtre, Que ceux qui luy font la cour, ſont pour l'ordinaire gens de probité, plains de franchiſe, amis des Vertus, ennemis des vices; & tels, comme dit le Sage, qu'ils ne tournent iamais leurs pas à la malice, ny à la ſupercherie: Ou poſſible qu'on la repreſente ſans habillement, & ſans parure, à cauſe qu'elle fait gloire de paroiſtre à deſcouuert aux yeux du monde, & de s'exprimer nuement, ne pouuant ſouffrir en ſon langage aucune ſorte d'affetterie.

L'honneſte Amour tient le milieu entre l'Honneur & la Verité, d'autant qu'il eſt comme le ciment de tous les deux, & que le nœud dont il les eſtreint, est si durable & si fort, que le temps mesme, qui brise tout, a de la peine à le rompre. Cela sembleroit incroyable, si dans l'Histoire Grecque & Romaine il ne se parloit encore de plusieurs hommes illustres, qui nous empeschent de le mettre en doute. Mais pource qu'il seroit ennuyeux d'en nommer tant à la fois, ie me contenteray de l'exemple de Socrate, & de celuy du valeureux Curtius. Certes, quand l'vn de ces grands personnages, iniustement accusé deuant l'Areopage, estima plus glorieux de sortir du monde en aualant la ciguë, que d'y demeurer honteusement, en trahissant son innocence ; il fallut bien que son honneur propre, l'amour de sa Patrie, & la deffense de la Verité, le portassent à cette noble resolution ; Et il fallut bien encore que ces mesmes considerations animassent l'autre, quand il se precipita si courageusement dans vn gouffre horrible, & dont les exhalaisons contagieuses estoient fatales à son païs.

Cela declare, assez, si ie ne me trompe, Que les trois figures de cét Embléme ne conuiennent pas mal à la Foy, puisqu'à les bien considerer, elles en sont le veritable symbole. A quoy l'on peut adjouster encore, sur le sujet de ces trois belles Vertus, qui s'entretiennent inseparablement auecque la Foy, Qu'auant la venuë de nostre Sauueur, les vieux Sabins auoient en grande veneration vne Image à trois testes, & mesme qu'ils l'adoroient sous les noms de *Sanctus*, de *Fidius*, & de *Semipater*: Par où sembloit estre representée la Saincte Trinité, principal Mystere de la Religion Chrestienne.

Or ce qu'elles se donnent la main, fut premierement de l'institution de Numa Pompilius, qui voulut que les Romains le practiquassent en leurs traictez, comme ils firent successiuement, ainsi qu'il se verifie par plusieurs Medailles de la Concorde. Depuis, cette Ceremonie passa si bien en couſtume chez les autres nations, qu'elle eſt à preſent obſeruée par la pluſpart des peuples du monde, & particulierement par ceux d'Afrique.

Il eſt neceſſaire de ſçauoir à ce propos, Que les Romains appelloient Saint, & Arbitre de la Paix, ce meſme Iupiter à qui les Grecs ſouloient dóner en leur langue l'Epithete de *Piſtien*, c'eſt à dire Dieu de la Foy: ce que les Latins n'ont pû mieux ſignifier que par le mot de *Fidius*, dont i'ay parlé cy-deuant. Les curieux en repreſentent la figure apres les Anciens, dans vne niche de marbre, faite en forme de feneſtre, où ſe voyent trois ſtatuës, preſque ſemblables à celles que nous venons de deſcrire; & qui ſont plantées de meſme façon. Toute la difference qu'il y a, c'eſt que la Verité iointe à l'Honneur, porte ſur la teſte vne Couronne de laurier, & que l'Enfant qui leur tend la main n'eſt pas l'image de l'Amour ny de l'Innocence. Ie tiens neantmoins qu'ils ne different pas beaucoup l'vn de l'autre; Et que cét enfant sans malice, peut estre pris pour l'honneste Amour. Il est icy couronné d'vne Guirlande de roses, à la façon des anciennes Deïtez, & particulierement de Pandore, qui la premiere de toutes en receut vne de la main des Graces, lors que les autres Diuinitez contribuerent auec elle au chef-d'œuure de sa beauté: Où il est à remarquer, Que les Anciens ne couronnoient pas seulement les Dieux & les Deesses, mais encore leurs Statuës, & celles des Vertus mesmes, principalement de la Foy, de l'Honneur, de la Gloire, & du Respect, qu'ils disoient estre mariés ensemble; & que de leur mariage estoit née la Maiesté: Aussi est-ce par elle que les personnes vertueuses & de haute naissance se font connoistre, & se rendent recommandables.

Qu'il ne f

DI

Qu'il ne faut point publier le ſecret des Princes.

DISCOVRS IV.

ES Romains mettoient au nombre de leurs Enſeignes militaires la myſterieuſe figure du Minotaure; pour montrer par là, Qu'en quelque temps que ce ſoit, les ſecrets des Princes, & des Generaux d'armée, ne doiuent pas eſtre moins cachés, que l'eſtoit anciennement le fameux Labyrinthe qui ſeruoit de retraite à ce Monſtre. Que ſi cette maxime eſt conſiderable en toutes les grandes entrepriſes, c'eſt particulierement en celles de la guerre qu'elle doit estre obseruée. Car comme il est vray que le silence importe beaucoup à la Victoire, il est tres-certain aussi que le dereglement de la langue est cause de la perte des batailles, & de la desolation des Prouinces. Tybere, le plus accort Politique de son temps, souloit dire à ce propos, Qu'il falloit que peu de gens prissent part aux deliberations des Princes; Et que c'estoit pour cela qu'il n'admettoit en son Cõseil que des Ministres fidelles, sur l'integrité desquels il se pouuoit reposer en toute asseurance. Metellus le Macedonien n'ignoroit point cette verité; qui fist que se voyant vn iour pressé par vn Amy, de luy dire pourquoy ses entreprises auoient vn succez si bon & si prompt: C'est, luy respondit-il, pource qu'auant que d'en venir à l'execution, ie les tiens si secrettes, & si cachées, que si ma robe mesme y prenoit part, ie la dêpoüillerois aussi-tost, & la brus lerois. Aussi à vray dire, le Conſeil eſtant de ſoy vne choſe diuine & ſacrée, il faut que le Conſeiller ſe garde bien de la profaner, & qu'il ne penetre point ſi auant dans l'intention de ceux qui en ſont les Chefs, qu'au lieu d'en eſtre éclairé, il en ſoit entierement ébloüy. Ce qu'apprehendant Philippides le Comique; & voyant que Lyſimachus luy vouloit communiquer quelque choſe d'importance; Sire, luy dit-il, cómandez-moy ce qu'il vous plaira pour voſtre ſeruice; me voilà preſt à le faire, pourueu que vous ne me declariez rien de ſecret.

Les Roys ſouffrent volontiers qu'on faſſe móſtre de leurs Palais, de leurs beaux meubles, & de ce qu'ils ont de plus precieux, & de plus rare: Mais ils endurét difficilement que leurs plus affidés Conſeillers aillent chercher, s'il faut ainſi dire, iuſques au fonds de leur ame, ce qu'ils y tiennent de plus caché. Que ſi quelque-fois le Souuerain leur fait l'honneur de ſe decouurir à eux, il eſt de leur deuoir de n'en parler à perſonne; & de n'imiter point cét ancien Fuluius, qui perdit en vn inſtant les bonnes graces d'Auguſte, pour auoir eſté ſi mal aduiſé, que de reueler à ſe Maitreſſe quelque ſecret de ſon Maiſtre.

Les anciens Perſes ſe gardoient bié d'en vſer ainſi. Au contraire, ils ſe montroient ſi religieux à ne point violer le ſecret de leur Prince, que ny la crainte, ny l'eſperance ne les y pouuoient faire reſoudre. A quoy les obligeoit ſur toutes choſes l'ancienne diſcipline de leurs Roys, qui vouloit qu'en matiere d'affaires d'Eſtat le ſilence ne ſe pûſt rompre, à moins que de ſe rendre criminel, & digne de mort. C'eſtoit leur maxime, de chaſtier les grãds par leurs plus ſeuerement que toute autre ſorte de coupables; & de ne croire point capable d'aucune choſe de conſequence, celuy qui auoit de la peine à ſe taire, quand il le falloit neceſſairement. Vn excellent homme des ſiecles paſſez nous apprend cecy, lors que traittant de la fidelité des suiets; Certainement, dit-il, si quelque chose les peut rendre recommendables à leur Prince, c'est la discretion qu'ils monstrent auoir à ne reueler iamais ce qu'ils ont oüy dire dans son Conseil.

Mais pour s'asseurer de cette moderation, il est necessaire d'auoir souuent épreuué leur foy, & sondé l'integrité de leur vie. Car bien que les bonnes actions meritent d'estre publiques, & dans la bouche de tout le monde, si est-ce qu'il y en a quelques-vnes qui sont d'vne autre nature, & qu'il ne faut pas que l'on sçache, qu'apres que le succez s'en est ensuiuy: tellement que plus on desire de les connoistre, & plus il importe de les tenir cachées.

Les Grands ne doiuent donc faire part de leurs desseins & de leurs secrets, qu'à ceux qu'ils sçauent estre gens de bien, & si retenus en leur parole, qu'ils ne descou-

urent iamais le dessein de leur Maistre:
mais se tiennét tousiours sur leurs gardes,
quãd on essaye de les surprédre. Ainsi l'on
peut dire d'eux en quelque façon, qu'à
l'exemple des Esprits celestes, ils agissent
plustost par la pensée que par la langue;
& qu'encore qu'il y ait souuent du vice à
ne se declarer pas en certaines choses, c'est
en eux vne vertu de dissimuler tout, comme
s'ils ne sçauoient rien. A quoy, si ie ne
me trompe, il est necessaire qu'ils se reduisent
pour le commun bien des affaires;
dont beaucoup d'esprits plus penetrans
que les autres, tirent quelquefois des conjectures
par la seule mine de ceux qu'ils
prient de leur en apprendre l'estat, s'ils ne
sont assez ingenieux à se déguiser.

L'Empereur Leon veut pour cét effet
que le Conseiller du Prince apprenne à
estre fidelle, par l'exacte obseruation du
silence; n'y ayant point de pire trahison
dans le monde, que celle qui se fait par la
langue. Par elle aussi les mauuais Citoyens

toyens violent indignement les loix de l'amour & du respect enuers leur patrie: Par elle ils animent les mutins, à force de publier la sedition & le meurtre; Par elle ils entretiennent les peuples dans la Rebellion; & par elle-mesme ils font que les Traitres se vont laschement ietter dans le party des ennemis, pour en estre les espions; sur l'esperance qu'ils ont que ce leur sera vn chemin pour s'auancer aux grandes charges, & pour se mettre en fortune. Cela se void si souuent, que l'experience ne souffre pas qu'on le mette en doute; puis qu'ordinairement dans les armées, ces courages mercenaires & poltrons espargnent ceux qu'ils deuroient combatre, & les fortifient par les aduis qu'ils leur donnent, sur tout quand ils ont descouuert quelque secret d'importance, & lors qu'on est sur le poinct d'en venir aux mains.

Pour remedier à ces laschetez & à ces desordres, les Egyptiens auoient vne loy, par laquelle ils condamnoient à auoir la langue coupée tous ceux qu'ils pouuoient conuaincre d'auoir descouuert quelque poinct important à leur Estat. Les Atheniens en faisoient de mesme; & vouloient que ceux qui apprenoient quelque chose de leur Republique, ou par oüy-dire, ou autrement, en aduertissent le Magistrat auant que tout autre; de peur que s'ils en parloient aux particuliers, tout le public n'en receust quelque dommage. Il se racōte à ce propos, qu'en la ville d'Athenes vn certain homme ayant dit fortuitemēt dans la boutique d'vn Barbier, que les Atheniens auoient perdu la bataille en Sicile, fut aussi-tost saisi par celuy à qui il en faisoit le conte, & mené deuāt le Magistrat. Or soit que cét Imprudēt manquast d'asseurance à soustenir ce qu'il auoit dit; ou que par ce bruit il eust donné l'alarme à la Ville; tant y a qu'il fut mis en prison, d'où il ne bougea, iusques à ce qu'on eut de plus certaines nouuelles de cette affaiſe. Par cét exemple, & par pluſieurs autres que ie pourrois alleguer, il me ſeroit tres-facile de preuuer icy combien il importe de ne ſemer iamais de faux bruits, ou peu vrays-ſemblables, en des affaires de conſequence; de peur que d'vne trop grande joye il ne s'enſuiue à la fin vn excez de déplaiſir. Mais ie me croirois blaſmable, ſi apres auoir loüé le ſilence, ie ne me l'impoſois moy-meſme, pour expliquer l'Embleme ſuiuant.

Que par
dence, o
rie, &

Que par la Valeur & par la Prudence, on vient à bout de la Fourberie, & des efforts les plus violans.

DISCOVRS V.

Oicy l'image de la parfaite Valeur, qui nous eſt repreſentée par celle de l'inuincible Bellerophon. Ce vertueux ieune homme, eſgalement recommandable pour ſon grand courage, & pour ſa merueilleuſe beauté, ayant donné de l'amour innocemment à la Reyne des Argiens, n'eſpreuua que trop à ſon dommage, à qu'elles extremitez se porte vne femme, quand elle se laisse posseder vne fois à la plus violente de toutes les passions: Car dans l'ardeur de la sienne, cette Impudique ne pouuant treuuer la satisfaction qu'elle attendoit de celuy qu'elle sollicitoit si violemment; l'excez de la hayne & du deplaisir qu'elle en conceut, la fist recourir à son Mary, pour estre vengée. Elle luy persuada follement, que Bellerophon auoit du dessein pour elle, & que ce dessein estoit si peu honneste, qu'il ne pouuoit auoir de succez que par la ruyne de son honneur. Le voylà donc bãny en mesme tẽps, & laschement exposé à toute sorte d'embuches, & à tous les accidens, qui pouuoient apparamment luy faire perdre la vie: Il ne s'en estonna pas neantmoins, & veinquit par sa constance tous les obstacles que la rage de ses ennemis luy opposa pour l'oster du monde. Or bien qu'en de si glorieuses victoires, il n'y en eut pas vne seule qui ne fust illustre, si est-ce que le plus haut chef-d'œuure de sa valeur fut la deffaite de la Chimere. De quelque façon qu'on pût regarder ce Monstre, qui tenoit du Lyon, de la Cheure, & du Dragon tout ensemble, il est bien à croire qu'il n'estoit pas moins épouuentable que dangereux, pour les dégasts qu'il faisoit: Et toute-fois ce ieune Herôs reduit à le combattre, & monté sur le cheual Pegase, en vint à bout fort heureusement.

Plusieurs Autheurs serieux & dignes de foy, nous ont assez bien expliqué cette fable: mais ie n'en treuue point qui s'en soit mieux acquité que Plutarque. Il n'est rien si fabuleux, dit-il, que ce qu'on publie de la Chimere: Ce qui n'empesche pas toutesfois, qu'vn si beau conte n'ait pris naissance de quelque euenement vray-semblable. Car c'est vne verité receuë parmy tous les peuples de Lycie, qu'Amisodarus, autrement Isaras, s'en vint autre-fois en leur païs dans vn vaisseau de Corsaires; qui sous la conduite d'vn certain Chimarus, homme de courage, mais grandement cruel & brutal, couroit cette coste, & y faisoit d'estranges rauages. Le nauire de ce Pyrate, qui auoit pour enseigne à la prouë, vn Lyon, & vn Dragon à la poupe, en attira plusieurs autres, qui se grossirent en flotte; & incommoderent si fort les Lyciens, dont ils rompoient le trafic sur mer, qu'ils se resolurent de la purger de ces voleurs, affin de restablir le commerce, & de repeupler leurs villes desertes. Cette resolution prise, il ne fut plus questió que de treuuer quelqu'vn qui l'executât. A quoy le valeureux Bellerophon s'estant offert, il fût déclaré Chef de cette entreprise, & s'en acquita si bien, qu'ayant donné la chasse aux Pyrates, il les défit tous, & veinquit depuis les Amazones.

Ce que ie viens de rapporter, n'est pas, sans apparence d'auoir esté, cóme tenant plutost de l'Histoire que de la Fable. quelques-vns neantmoins ont vn sentiment contraire: & soustiennent pour veritable, que cette anciéne Chimere, si fort vantée dans les escrits des anciens Poëtes, n'estoit autre chose qu'vne montagne opposée au Soleil; qui par la reflexion de ses rayons sur cette grande masse de rocher, brusloit si fort la campagne d'alentour, qu'elle en estoit sterile: ou si elle produisoit quelques fruits, ils deuenoient secs à l'instant, par cette chaleur excessiue: Ce qui fit que Bellerophon connoissant la cause de ce mal, y voulut mettre remede; & commanda pour cét effet, que cét endroit de la montagne, où la reuerberation du Soleil estoit la plus forte, fust promptement abattu: D'où il s'ensuiuit qu'il ne fit plus si grand chaud aux plaines voisines, & qu'ainsi elles deuindrent fertiles. Mais d'autant que les Lyciens ne luy sceurent aucun gré d'vn si bon office, il s'en alla fondre sur eux, pour chastier leur ingratitude: Ce qu'il eust fait asseurement, si les Dames du pais ne l'eussent flechy.

Que si dans sa diuine Eneide le grand Virgile dit là dessus,

De tourbillons de feu la Chimere est armée;

Il suit en cela l'opinion de quelques Naturalistes, qui tiennent que ce qu'on appelle Chimere, est vn mont en Lycie, dont le sommet qui brusle tousiours, a pres de luy plusieurs Lyons, au milieu quantité de Chevres, & en bas vne infinité de Serpens que Bellerophon fit mourir, s'estant saisi de ceste Montaigne. Or ce qu'on donne trois formes à la Chimere, cest pour montrer que la Volupté brutale surprend les sens en Lyon, qu'elle rend le corps lascif, & plus puant que n'est vn Bouc; Et qu'enfin elle l'infecte d'vn venin contagieux, tel que celuy du Dragon.

Quant à Bellerophon, bien qu'on le represente sur vn cheual qui auoit des aisles, ce ne fut pas neantmoins sur cét animal prodigieux qu'il fit de si grandes choses, mais bien dans vn nauire nommé Pegase. Aussi est-il vray, que les vaisseaux de rame, à cause de leur merueilleuse vitesse, & du juste contre-temps auec lequel ceux qui manient les auirós, les font mouuoir de part & d'autre, paroissent d'abord des animaux aislez, à quiconque les considere de loing. Et d'autant que par la defaite de la Chimere, & par ses autres faits heroïques, Bellerophon merita de viure dans la memoire des plus grands hommes; c'est à raison de cela qu'on le peint monté sur le cheual Pegase, à qui la mort de Meduse donna naissance, & qui est vn Symbole de Renommée & d'Immortalité; La Vertu ayāt cela de propre, que de donner de l'estime aux honnestes gens, apres que par son moyen ils ont abbatu la crainte, qui nous est representée par la Gorgone.

Des qualitez d'vn Iuge équitable.

DISCOVRS VI.

CETTE Aiguiere & ce Bassin, qu'on a mis sur ce Tombeau, sont les symboles d'vn Iuge équitable, que l'or ny l'argent, non plus que les faueurs, ny les promesses des Grands n'ont sceu corrompre durant sa vie. Car anciennement, quand quelqu'vn se vouloit iustifier d'vn crime dont on le soupçonnoit, & monstrer qu'il ny trempoit en façon quelconque, il auoit accoustumé de se lauer les mains en pleine assemblée. Ce fût ainsi qu'en vsa Pilate; le plus detestable de tous les Iuges, lors qu'apres auoir méchamment condamné à mort l'Autheur de la vie, il voulut se declarer innocent; & en reietta la faute sur les Iuifs. Or bien que cette ablution exterieure n'ait rien de commun auecque la pureté de l'ame, puis qu'elle n'en efface pas les ordures, comme les Mahometans se le persuadent; si est-ce qu'elle fait souuenir les hommes qui sont dans les grandes charges, de tenir leur conscience nette de toute sorte de corruptions, en l'administration de la Iustice. C'estoit ce qu'Auguste recommendoit aux Romains, & ce qu'il obseruoit luy-mesme ponctuellement; en leur apprennant par son exemple les qualités que les bons Iuges doiuent auoir. La principale leur est representée dans cét Embleme, qui leur apprend à ne violer iamais le droit, pour satisfaire à leur auarice. Car depuis qu'ils se laissent vaincre vne fois, soit par leurs interests propres, soit par vn lâche desir de plaire aux riches; il faut de necessité qu'ils abandounent la bonne cause des pauures. Isidore le remarque ainsi, quand il dit à ce propos, *Qu'on ne donne pas volontiers audience à celuy qui n'a rien à donner; mais que la plus-part du temps on le traitte iniustement, & à toute rigueur.* A raison dequoy le Prophete Esaye parlant aux Iuges d'Israel; *Malheur à vous*, s'escrie-t'il, *qui iustifiez le mechant, & qui ostés le bon droit aux Iustes.*

Le vray Iuge ne doit ny flechir sous la crainte, ny s'espouuanter des menaces qui luy sont faites; d'autant qu'il n'est point de puissance, quelque forte qu'elle soit, qui ne doiue ceder à la Iustice. Aussi fut-ce pour la faire obseruer par son exemple, que Phocion n'espargna point son gendre, ny Brutus ses deux enfans, ny Zeleucus son fils, ny soy-mesme. Pour cette fin encore, Antiochus Roy d'Asie, escriuit expres à tous les peuples de son Royaume, Qu'ils n'eussent point à luy obeïr, en cas qu'il leur cómendât quelque chose, qui fust contraire aux bonnes Loix du pays. Trajan & Anastase, Empereurs Romains, en ordonnerent autant ; Et parmi les Grecs il se remarque, Que Theopompe, Roy de Lacedemone, ayma si fort l'équité, que pour la mieux obseruer il créa luy-mesme les Ephores, pour estre Controlleurs de ses actions. A quoy sa femme ayant voulu s'opposer, sous pretexte que cette integrité trop religieuse, choqueroit vn iour la puissance de ses Enfans; Cela ne m'importe point, respódit-il; si leur pouuoir n'est si grand, il en sera plus durable. Et sans mentir, ie ne me represente iamais, Que tous ces grands hommes qui sont fameux dans l'anciéne Histoire, ont esté si ardamment amoureux de la Iustice, qu'en mesme temps ie ne treuue, Que les vns l'ont aymée d'inclination, les autres pour y estre obligez par le deuoir de leur charge, & tous ensemble, pour ioüir des fruits & des hau-

tes

tes preeminences qu'elle dóne à ceux qui la seruent. Car s'il est vray que par l'experience on iuge des choses, elle nous fait voir à l'œil, Qu'entre tant de priuileges acquis aux Iustes, ils en ont quatre fort remarquables; en ce qu'ils peuuent tenir dans le respect, ceux qui sont au dessous d'eux; estouffer l'enuie de leurs égaux, se rendre redoutables aux Tyrans, & vaincre leurs ennemis plus par la Vertu que par la Force.

Nous lisons à ce propos, dans l'ancienne Histoire, Que Denis de Syracuse, ne craignoit personne comme Platon, & dans les Saintes Letres, Que Saul se cachoit plustost de Dauid son Gendre, que des Philistins ses ennemis: Qu'Aman s'affligeoit plus de se voir desdaigné de Mardochée, qu'il ne se plaisoit à estre adoré de tous les autres: Et qu'Herode creignoit plus Saint Iean Baptiste que tout le Royaume de Iudée. Ce qui montre assez, Que l'effort des armes est moins fascheux aux méchans, que n'est l'authorité des gens de bien. Si le Iuge veut conseruer la sienne, Qu'il prenne bien garde à ne point suiure les mouuemens de sa passion, & à se comporter prudemment en tout ce qu'il fait; se representant, comme dit Saint Ierosme, Qu'il n'appartient pas à tous de bien iuger, mais seulement à ceux qui ne se reglent que par la prudence. Auec tout cela, Que l'amitié ny la parenté ne l'obligent point à se laisser corrompre, puisque selon Ciceron, Celuy qui en matiere de Iustice fauorise son Amy, se despoüille de la personne de vray Iuge: Que s'il se connoist enclin à estre touché de la misere d'autruy, qu'en tel cas il se souuienne, que la compassion doit estre équitable, & non pas iniuste; estant bien certain, comme le remarque Saint Ambroise, Qu'vne trop grande misericorde, se tourne quelquefois en iniustice. Qu'il fasse dõc en sorte de tenir en esgale balance la Iustice & la Pitié, par qui l'Empereur Trajan fut estimé le meil-leur de tous les Princes; & qui furent les deux Vertus, où recourut autrefois Anne Reyne d'Angleterre, quand elle voulut prier Henry VIII. de ne point rompre le mariage qu'ils auoient legitimement contracté ensemble.

A ce que ie viens de dire eust esgard anciennement le genereux Titus Man-lius, lors qu'estant iuge de son propre fils en vne certaine cause, en laquelle les Ma-cedoniens l'accusoient de concussion, il prononça cét Arrest contre luy-mesme, Que son fils Tilanus estant manifeste-ment conuaincu de deniers mal pris, il le desauoüoit pour sien, & le declaroit in-digne d'estre mis au nombre de ses an-cestres. Et certainement, comme il n'est rien qui renge les peuples au deuoir, à l'e-gal d'vne iuste seuerité, le Iuge en doit monstrer des effets, & dire auec Ciceron, *Qu'il faut si bien proceder au iugement que l'on donne, qu'auec toute la moderation que l'on a-*

porte à la peine, elle ne laisse pas de s'y trouuer tousiours iointe ; Aussi est il vray que sans elle il n'est pas possible de pouuoir iamais bien gouuerner vn Estat. C'est ce que les Poëtes nous representent, par les qualités qu'ils attribuent à Radamante, à l'ancien Minos, & au rigoureux Eacus, tous trois Iuges Souuerains au Royaume de Pluton. C'est là, comme le feint ingenieusement le plus illustre de tous les Poëtes Latins, que ceux qui durant leur vie ont imaginé toute sorte de vices enormes, pour s'en seruir à la ruïne de leur prochain, sont punis aussi de toutes les peines imaginables que leurs mauuaises actions ont meritées. A quoy particulieremét il veut que soient exposez les hommes auares, les Blasphemateurs, les Traistres, & les Impies, dont il represente les supplices en la personne de Tantale, de Sysiphe, d'Ixion, de Salmonée, & de leurs semblables. Ce n'est pas pourtant qu'il faille inferer de là, Que les Iuges doiuent laisser en arriere cette diuine Vertu, par qui l'on eſt touché de la miſere d'autruy. Au contraire, il eſt de leur deuoir de la pratiquer autant que l'équité le peut permettre, à l'imitation de Celuy qui nous iugera tous à la fin du monde, & dont le Prophete Abachuc a eſcrit, *Qu'il ſe ſouuiendra de ſa miſericorde, quand il ſera courroucé.*

D:

D

ne mesf
de ses p
vagues,
que lon
prendre
stin; C'e
& vne s
neralem
guerres
rison l
seditieu
ue le h
peu de

Des fruicts de la Paix.

DISCOVRS VII.

ET Alcyon, qui de plusieurs arestes de poisson jointes ensemble, & cimentées de bouë, bastit son nid dans la mer, & que Neptune mesme respecte, puis qu'en sa faueur & de ses petits, il apaise les vents, & calme les vagues, est le plus mysterieux Symbole que lon sçauroit donner de la Paix. A la prendre en particulier auecque S. Augustin; C'*est vne serenité d'esprit, vn lien d'amour, & vne simplicité de pensée.* Mais à parler generalement de ses effects, elle estouffe les guerres, reconcilie les Ennemis, met à la raison les Mutins, retient les desseins des seditieux, rabaisse les courages altiers, esleue les humbles; & pour dire beaucoup en peu de parolles,

C'eſt en la Paix que toutes choſes
Succedent ſelon nos deſirs ;
Comme au Printemps naiſſent les roſes,
En la Paix naiſſent les plaiſirs.
Elle met les pompes aux Villes,
Donne aux champs les moiſſons fertiles ;
Et de la Maieſté des Lois
Appuyant les pouuoirs ſupremes,
Faict demeurer les diademes
Fermes ſur la teſte des Rois.

Les anciens Poëtes nous ont figuré cette verité, quand ils ont feint, qu'vn certain differend eſtant ſuruenu entre Neptune & Minerue, pour ſçauoir lequel des deux apportoit plus de commodités au monde, ou l'vn par l'Eau, ou l'autre par l'Oliuier, on trouua bó d'adjuger le prix à Minerue: Et certainemét ce ne fut pas ſans raiſon, pource qu'à le bien conſiderer, il n'eſt rien qui ſoit plus agreable à Dieu que la Paix. C'eſt elle auſſi qui l'a fait deſcendre du Ciel en terre, pour l'eſtablir parmy nous. Car ce n'a pas eſté par les parolles seulement, mais par les effects qu'il nous l'a monstrée, jusqu'à nous la laisser comme hereditaire, & par testamét. Cela estant, il nous faut estre d'autant plus soigneux de la garder, qu'il est veritable, comme le remarquent les Iurisconsultes, que celuy doit estre priué de l'heritage, qui n'obserue pas de point en poinct le Testament & la derniere volonté de son Pere; Et voyla pourquoy, *Bien-heureux sont les Pacifiques, pource qu'ils seront nommez Enfans de Dieu*: Comme au contraire, malheureux sont les boute-feux, & les Ennemis de la Paix, d'autant qu'ils seront appellez Enfans de Sathan, & qu'ils n'auront jamais part à l'heritage celeste.

Nous deuons donc bien cherir la Paix, & la priser par dessus toutes les choses du monde, puis que c'est Dieu qui nous l'a donnée. A quoy certes quand nous ne serions pas obligez par les Loix Chrestiennes, l'exemple mesme des Anciens nous y deuroit inciter. Car tous despourueus qu'ils estoient des lumieres qui nous sont infuses, ils l'estimoient à vn poinct, que pour joüir du bien qu'elle apporte, Antiochus donna liberalement aux Romains douze mille talens Attiques, qui valent neuf millions d'or, ensemble cinq cens quarante mille boisseaux de fourment. Aussi tenoient-ils entr'eux pour vne maxime tres-asseurée, Que la Paix estoit si necessaire à la conseruation des Estats, qu'ils ne pouuoient aucunement subsister sans elle. Ce que le Roy Iugurtha sceut sagement remonstrer à ses Enfans; lors que les ayant fait venir deuant luy, vn peu auant que rendre l'esprit: *Souuenés-vous*, leur dit-il, *que par l'Vnion & la Concorde les moindres choses s'accroissent; comme au contraire par le discord & la diuision, les plus grandes se ruynent, & se dissipent.*

Pour cette raison encore les Poëtes ont feint, que le Roy Geryon auoit trois corps, pource qu'il viuoit en vne si bonne intelligence auec ses deux freres, qu'on eust dit que tous ensemble n'auoient qu'vne ame, & qu'ils n'estoient qu'vne mesme chose. Sur quoy l'on remarque qu'Hercule, quelque inuincible qu'il fut, ne les pût iamais veincre, qu'apres qu'ils furent separez l'vn d'auec l'autre. Par où l'on peut voir, combien est veritable cette maxime des Philosophes, Que des forces diuisées ne font iamais d'effet, que lors qu'elles sont vnies. Qu'on ne trouue donc pas estrange, si pour la mesme raison que le corps naturel ne peut estre sain, s'il y a du desreglement, & de l'intemperie dans les humeurs; il n'est pas possible non plus que le Politique se porte bien, tant qu'il y a du desordre en ses Prouinces, & en ses principales Villes, qui en sont comme les membres & les plus nobles parties. Car depuis que la licence & l'impunité authorisent vne fois les desseins des Factieux, & leur mettent les armes à la main, on est tout estonné que la guerre s'allume dans vn Royaume, & qu'ainsi la Paix en estant bannie, ses fruicts les plus doux en sont de mesme bannis.

Que les Con
le pri

DISC

vertu, si fau
loüent, que
gats on n'a p
de donner au
dire coups
qu'd'honn
siderables à l
les autres q
beaucoup,

Que les Couronnes ont tousiours esté le prix des Veincœurs.

DISCOVRS VIII.

QVelques plaintes que puissent faire les hommes du mauuais traittement que reçoiuent de la Fortune les personnes d'vne eminente vertu, si faut-il pourtant qu'ils m'aduoüent, que dans les Siecles les plus ingrats on n'a pas tout à fait perdu le soing de donner aux Vertueux, sinon de grandes reconpenses, à tout le moins des marques d'honneur, qui les ont rendus considerables à leur païs. En voicy vne entre les autres que les Romains estimoient beaucoup; & dont il est fait mention à tout propos dans leur Hiſtoire, comme d'vne choſe recommendable de ſoy, pour auoir ſeruy de prix à la valeur de leurs Citoyens. C'eſt la Couronne *Obſidionale*, dont ils ſouloient honnorer celuy de leurs Capitaines, qui commendant en quelque place que les ennemis tenoient aſſiegée, s'eſtoit defendu vaillamment, & les auoit reduits à leuer le ſiege. La meſme Couronne eſtoit autremēt nommée, *Graminée*, pource qu'on la faiſoit de *Gramen*, c'eſt à dire de toutes les herbes generalement, qui ſe trouuoient ſur le lieu, apres la retraite de l'ennemi. Quelques-vns neantmoins ont voulu que cela ne s'entendiſt que de cette ſorte de plante qu'on appelle vulgairement *Dent de chien*. Quoy qu'il en ſoit, il eſt bien certain que chez les Anciens, le *Gramen* eſtoit vn ſymbole de defence & de ſauuegarde; Que l'Aloüette, oiſeau de Mars, s'en ſert d'ordinaire à fortifier ſon nid; Que ce Dieu de la guerre, & le vieil Saturne voulurent jadis que cette herbe leur fut consacrée; & que pour en auoir mangé, Glaucus deuint Dieu Marin. Que si l'on recherche maintenant la source de cét Embleme, on trouuera qu'elle est tirée d'vne ancienne coustume qu'auoient les Bergers, de s'exercer à la course dans les prairies, où le moins dispos arrachoit de l'herbe, & la presentoit à celuy qui l'auoit deuancé, par où il se confessoit vaincu. Les assiegés en faisoient de mesme, quand pour s'acquitter de leur deuoir enuers leur liberateur, ils luy offroiēt, cōme i'ay desia dit, la Couronne Obsidionale. Telle fut autresfois celle dont le Senat & le peuple Romain honnorerent le valeureux Q. Fabius, Æmilius, Scipió, Calphurnius, & Sicinius Dentatus; pour auoir durant la seconde guerre Punique deliuré leur ville de la violēce des ennemis, par qui elle étoit assigée. Or bien qu'au rapport de Pline, cette Couronne de *Gramen*, fut grandement estimée, elle n'estoit pas la seule neantmoins que l'on donnoit aux vain-cœurs, pour leur seruir de marque d'honneur. Car il y en auoit quantité d'autres differantes, & qu'on distribuoit aussi diuersement, selon la valeur & l'importance des actions militaires. Mais d'autant que cette matiere n'est pas des moins agreables de l'Antiquité, ie ne feindray point de la prendre vn peu de loing, pour la deduire plus amplement, ny de rapporter icy ce qu'autresfois i'en ay remarqué.

L'inuention des Couronnes est venuë des Egyptiens, comme le remarque Elanicus, qui dit, Qu'en Egypte est vne certaine Ville appellée Tindon, scituée sur le fleuue du Nil, où ceux du païs s'assembloient anciennement, pour y consulter du fait de la Religion, & des sacrées ceremonies. Cette consultation se faisoit pour l'ordinaire aux iours solemnels, dans vn magnifique Temple, qu'ils souloient orner de Couronnes faites de fleurs de vigne, & de pamres; affin de renoueller la memoire de

ce que

ce que les Dieux mirent iadis en depost en ce lieu de ſemblables guirlandes, quand ils s'aperceurent que Babys ou Tiphon deuoit regner quelque iour. Le meſme Autheur rapporte, Que par le moyen d'vne Couronne, tiſſuë de diuerſes fleurs ſymboliques, Amaſis fut fait Roy d'Egypte. Car l'ayant donnée au Roy Parthemis, il luy en ſceut ſi bon gré, qu'il le mit au rang de ſes plus grands Fauoris, ſi bien qu'il fut fait General de ſon Armée, & luy ſucceda depuis au Royaume.

Bien que ce teſmoignage ſemble ſuffire, pour accorder aux Egyptiens le premier vſage des Couronnes; les Poëtes neantmoins l'attribuent à Promethée, & diſent qu'apres qu'il fût deliuré des liens qui le tenoient attaché ſur le Mont Caucaſe, pour la reuelation faite à Iupiter, que par vn decret ſouuerain des Parques & du Deſtin, le fils de Thetis deuoit eſtre vn iour plus grand & plus puiſſant que ſon Pere, il ſe couronna le chef d'vne guirlande de fleurs, pour marque de sa deliurance, & de la victoire par luy gaignée. Possible aussi que pour ce mesme sujet, on souloit vser de Couronnes apres les grandes victoires, & pareillement aux Sacrifices des Dieux.

Ariston Cee, Peripateticien, & André Tenedius, parlent tout autrement de l'origine des Couronnes, & disent qu'aux anciens temps, quelques bons Yurongnes se sentans la teste pesante, à cause des vapeurs & des fumées du vin, s'aduiserent de se serrer les tempes de rubans & de bandelettes, si bien qu'en estant soulagez, ils y adjousterent depuis pour ornement des bouquets de fleurs. A quoy se rapporte ce que dit le Medecin Philonides, à sçauoir que les Anciens se couronnoient de Lierre, pource qu'il est restringeant & refrigeratif. A raison dequoy plusieurs font le Dieu Bacchus Autheur des Couronnes, & luy consacrent le Lierre, d'autant que par vne vertu specifique, il apaiſe les furieux mouuemens cauſés par le vin, proprieté qui eſt encore particuliere aux Couronnes de Myrthe, de Roſes, & de Laurier.

Ces Couronnes, que Petrarque appelle Guirlandes, ſe portoient ordinairement ſur la teſte, ou autour du col, comme il eſt confirmé par les Eſcrits d'Anacreon & d'Alcée. Elles eſtoient toutes de forme ronde, & autant de Symboles de Victoire & d'Eternité. Sozomene rapporte à ce propos, qu'vn iour comme Iulien l'Apoſtat ſacrifioit aux Dieux des Gentils, on trouua dans les entrailles de la Victime l'image d'vne Croix couronnée; Dequoy s'eſpouuenterent ſi fort les Miniſtres du Sacrifice, qu'ils aduoüerent tous enſemble, que la Religion Chreſtienne ſeroit touſiours victorieuſe, & dureroit eternellement. I'obmets ce recit fabuleux des Poëtes; Que Bacchus plaſſa dans le Ciel la Couronne d'Ariane ſa femme, pour vne immortelle marque de l'amour extreme qu'il auoit eu pour elle. Ces vers d'Aratus le tesmoignent.

Parmy les Estoilles des Cieux,
Ariane monstre à nos yeux
Sa Couronne d'or & de flame;
Et Bacchus d'amour transporté
Ne sent point de feu dans son ame
Que celuy de cette Beauté.

Il faut remarquer encore, que pour vn symbole de perfection, les Anciens couronnoient les Vases mesme en leurs Sacrifices, & pareillement les Victimes qu'ils immoloient. Aristote en rend la raison, quand il dit, Qu'il ne faut rien offrir aux Dieux qui ne soit parfait, & accomply de tout point. A quoy i'adiouste, qu'ils dedioient aux Diuinités des Guirlandes particulieres, suiuant les Plantes particulierement dediées à chasque Dieu. Car selon Callimachus, la Vigne estoit voüée à Iunon, l'Oliuier sauuage à Hercule, le Laurier à Apollon, le Lierre à Bacchus, le Mirthe à Venus, & le Chesne à Iupiter. Pandore fut la premiere des Deïtés que les Graces couronnerent: il eſt vray que les vns attribuent cét honneur à Iupiter, & les autres à Saturne. La Couronne eſtoit de plus vn myſterieux ſymbole d'amour parmy les Anciens, ainſi que le teſmoigne Clearque; Et voylà pourquoy les Amans en portoient vne ordinairement, pour monſtrer qu'en la Beauté ſenſible, ils adoroient la Beauté premiere, immaterielle.

Comme les Couronnes eſtoient differẽtes en eſpece, on les portoit auſſi à diuerſes fins. Ie mets au premier rang la *Naucratique*, faite de Myrthe & de roſes. Elle eſtoit vn ſymbole de ioye, à cauſe qu'on auoit accouſtumé de chanter jadis parmy les feſtins, & de porter à la main vn rameau de Mirthe, comme l'on peut voir dans les Simpoſiaques de Plutarque. La Roſe nous figure auſſi la Vertu, d'autant qu'elle naiſt parmy les eſpines, & que les plus belles fleurs de noſtre vie ſont ſuiuies

d'amertumes & de fatigues diuerſes.
Quant au Mirthe dedié à Venus, c'eſt vn Hierogliphe de la Beauté intelligible, & du rauiſſement d'eſprit, que les Platoniciens appellẽt Extaſe, ou fureur diuine. Pour ce meſme ſuiet l'Enfant Ganymede, ſymbole d'vn eſprit que Dieu a eſleué à la ioüiſſance des delices ſpirituelles, eſtoit ſignifié par cette Plante; d'où vient que les Myrthes croiſſent abondamment au meſme lieu, où ce beau Troyen fut enleué par Iupiter, qui prit la forme d'vne Aigle.

La Couronne ditte *Antinoa*, dont il eſt fait mention dans les eſcrits de Calixene Rhodien, eſtoit faite de feuilles de Lothe, Plante qui ſignifie l'Eternité. Vn Poëte Egyptien nommé Panerate, voulant flatter l'Empereur Adrian, durant ſon ſejour en Alexandrie, luy fit accroire que cette Couronne ſe nommoit ainſi, parce que cette eſpece de Lothe à fleur rouge eſtoit née de la terre, abreuuée du ſang du Lion Maurusien, que ce mesme Adrian auoit mis à mort. Mais il y a bien plus d'apparence qu'elle ait pris son nom d'vn certain ieune homme Bithinien, nommé Antinous, qui fut tellement aimé de l'Empereur Adrian, qu'apres sa mort il fit bastir à sa memoire la ville d'Antinoüs, auiourd'huy nommée Antime La Couronne *Pilee*, faite de feuilles de Vigne estoit fort prisée des Lacedemoniens, lesquels, selon Pamphile, en souloient orner le chef de la Deesse Iunon. Seleuque en son Liure des langues, dit que les Hælottes portoient ordinairement en leurs festes solemnelles, la Couronne *Hellotide*, faite de Myrthe, & qui auoit enuiron vingt brasses de circonference. Les Lacedemoniens vsoient encore de la Couronne *Thyneatice*, ou *Psiline*, faite de Palmes, en signe de victoire, comme le remarque Sesibius en son Liure des *Sacrifices*. Les peuples d'Eolie & d'Ionie ceignoient leur front de Couronnes Hypothimides mentionées dans les Escrits d'Alcee & d'Anacreon. On les souloit faire de Myrthe, & les embelir d'vn meslange de violettes, & d'autres fleurs odorantes. La Couronne Cyliste, dont il est parlé dans Nicandre Thyatireme, se faisoit de roses & de feuïlles de figuier. Or d'autāt que la rose marque la difficulté de la vie vertueuse, & que le figuier en demonstre la douceur & la tranquilité, cette Couronne signifioit, Que les trauaux des Vertueux aboutissent au repos de l'Esprit.

La Couronne *Struthio*, de laquelle Asclepiades a traitté, estoit faite d'vne certaine herbe ainsi nommée par Theophraste, qui dit que la fleur en est grandement agreable à la veuë, mais sans odeur, si bien que cette Couronne estoit vn Symbole d'vn amour sans fruit, ou, si vous voulés, d'vn homme qui ne tient rien de ce qu'il promet. Nicandre Colophonien, parle d'vne autre Couronne nommée *Petho*, [illegible] que Theophraste diuise en deux, dont l'vne ressemble à l'Hyacinthe; & l'autre, qui tire sur le blanc, seruoit iadis à l'ornemét des tombeaux. Ie pourrois rapporter icy la Couronne Egidienne, tissuë de diuerses fleurs, la Philinie, qui n'auoit aucunes fueïlles, celle de Lierre, & de Narcisse, que les habitans d'Alexandrie prenoient pour vn Symbole d'Abstinence; La Sinthemée, dont il est traitté dans Aristophane en ses Cereales; L'Hypoglosside rapportée par Platon, & l'Isthmiaque, qu'Aristophane a descrite.

Lon prennoit pour l'ordinaire les fleurs suiuantes, pour en faire des Couronnes; La violette blanche, le Serpoulet, le Lys sauuage, la Valeriane, qu'on a feint estre née de Venus, quand elle coucha auecque Vulcan; Le Narcisse, le grand Trifolium, le Lys rouge & blanc, le Thim le Melilot, l'Hyacinthe, le Iasmin, l'Amaranthe, & le Saffran; Où il est à remarquer que ce dernier, comme le Lierre, par vne Vertu ſecrette, arreſte les fureurs violentes, que le vin produit dans les cerueaux des Yurongnes. Du-Bartas eſt de cette opinion, quand il dit.

Si dans ta chaude teſte,
L'immoderé Bacchus eſmeut quelque tempeſte,
Ceins ton front de Saffran freſchement amaſſé,
Et tu verras bien-toſt cét orage paſſé.

Ie laiſſe à part vne infinité d'autres fleurs deduittes au long par Athenée, & par Theophraſte, qui diſent à ce propos, Que les Anciens faiſoient leurs Couronnes, ou de fleurs odorantes, ou qui n'auoient aucune ſenteur, ou meſme de ſimples feüilles. Philoxene adjouſte, Qu'à l'entrée des feſtins, châcun des Conuiés mettoit ſur ſa teſte vne Couronne, pour vn teſmoignage d'allegreſſe; & Nicoſtrate affirme, que cette meſme couſtume fût introduitte en Egypte.

Pluſieurs ſortes de Couronnes furent encore en vſage parmy les Romains; comme la Triomphale, l'Ouale, la Ciuique, la Murale, la Vallaire, la Nauale, la Castrense, & l'Obsidionale, de laquelle i'ay desià parlé à l'entrée de ce Discours. La Triomphale ne fut que de Laurier au commencement : mais depuis on la fist d'or; Et les seuls Empereurs entrans dans Romme Victorieux, en furent honorés. L'Ouale faite de Myrthe, plante cósacrée à Venus, estoit pour les plus signalés d'entre tous les Chefs, pour lesquels on ordonnoit le petit Triomphe, qu'on appelloit *Ouation.* Où il sera bon de remarquer que l'Ethimologie en est tirée selon quelques-vns, du mot latin *Ouis*, qui signifie Brebis, d'autant qu'en cette resiouïssance publique, on auoit accoustumé d'en sacrifier des troupeux entiers aux Deïtez boccageres, & particulierement à la Deesse Pales. D'autres neantmoins veulent que ce mot soit deriué du bruit que les soldats souloient faire en repetant plusieurs fois o o, lors qu'ils marchoient pesle-mesle deuant celuy qui triomphoit. On donnoit la Ciuique à quiconque auoit saué la vie à vn Citoyen ; & l'on tient que Cicinius Dentatus receut quatorze de ces Couronnes. La Murale, faite à creneaux de fin or, estoit le prix de celuy qui alloit tout le premier à l'Escalade. Manlius Capitolin , Trebellius , & Sextus Digitius, la receurent pour marque de leur courage. A celle-cy ressembloit à peu pres la Castrense ; de laquelle on couronnoit vn soldat, lors qu'il entroit le premier dans les trenchées. La Nauale, faite en proüe, ou en beq de Nauire , estoit toute d'or, & seruoit de prix à celuy qui plus hardy que les autres, se iettoit dans quelque galere de l'Armée ennemie. M. Varron en receut vne de Pompée, en la guerre contre les Corsaires, & M. Agrippa en eust vne autre de la main d'Auguste. Ie laisse à part plusieurs Couronnes semblables, instituées par les Anciens, qu'il me ſeroit facile de mettre en ſuitte de celles que i'ay deſcrittes, n'eſtoit qu'il me ſemble temps de finir ce Diſcours, & paſſer de ce ſujet à vn autre.

De la Prudence requise à faire la guerre.

DISCOVRS IX.

LA Fable dit que Persée eut commandement de la Deesse Pallas d'aller couper la teste à Meduse, qui causoit plusieurs grands degasts aux peuples d'Occident, dans les dernieres contrées d'Espagne. Car ce Monstre estoit si felon & si horrible, que par sa veuë il changeoit les hommes en pierres. Or d'autant que toutes les autres Gorgonnes estoient invulnerables, & Meduse seule sujette à la mort, Persée s'appreſtant à vne ſi genereuſe entrepriſe, receut des Dieux des armes & des preſens. Mercure luy donna ſes tallonnieres, Platon ſon heaume, Pallas ſon bouclier & ſon miroir. Ainſi quoy qu'il fuſt aſſez bien pourueu de forces, au lieu d'attaquer Minerue de plain abord, il tourna ſes pas vers les Grees. Celles-cy eſtoient encore ſœurs des Gorgonnes; mais nées d'vne autre mere, & dés leurs naiſſance venuës au monde auec les rides au front, & toutes chenuës. Elles n'auoient ſeulement qu'vne dent & vn œil, dont elles ſe ſeruoient en commun. Quand quelqu'vne de leur troupe vouloit ſortir ſelon l'occurrence, elle ſouloit prendre cét œil auec cette dent, & à ſon retour elle poſoit l'vn & l'autre. Elles preſterét donc leur dent & leur œil à Perſée, qui s'eſtimant alors bien armé, s'en alla droit à Meduſe pour l'aſſaillir. Ce luy fut vn grand auantage de la treuuer endormie; & toutefois la peur qu'il eut qu'elle s'eſueillaſt, luy oſta l'aſ-

ſeurance.

ſeurance de la regarder; De maniere que luy tournant le dos, & tenant ſa veuë attachée ſur le miroir de Pallas, il approcha de cette Gorgonne: & luy trencha la teſte, d'vn coup qu'il luy deſchargea deſſus. Du ſang de Meduſe ainſi reſpandu naſquit auſſi-toſt le cheual Pegaſe, ayant des aiſles ſur les deux flancs. Perſée attacha depuis le chef de Meduſe à l'Eſcu de Pallas, qui retint touſiours cette force occulte, de rendre eſperdus, & comme hors d'eux meſmes tous ceux qui le regardoient.

Il ne faut point mettre en doute que cette Fable n'ait eſté inuentée pour monſtrer la diſcretion & la Prudence requiſe à faire la guerre. Elle nous propoſe trois preceptes grandement profitables & graues, qui ſemblent venus du conſeil de Pallas, touchant la deliberation & la reſolution qu'il faut ſuiure, en l'entrepriſe de quelque fait d'armes.

Le premier eſt, qu'aucun ne ſe doit

trop mettre en peine de ſubjuguer les peuples voiſins, attendu qu'il y a diffe-rence entre accroiſtre le patrimoine & l'Empire. En ce qui touche les particu-lieres poſſeſſions, il eſt certain qu'on y peut eſtre induit par le facile accez des terres voiſines. Mais quand il eſt que-ſtion d'eſlargir les bornes d'vn Empire, il faut auoir plus d'eſgard au profit qui en reuient, & à l'occaſion de faire la guerre, que non pas aux confins, quelques pro-ches qu'ils puiſſent eſtre. Ainſi les Ro-mains s'eſtoient bien à peine ouuers vn paſſage par de là la Ligurie, du coſté de l'Occident, quand par la force des armes & de leur Empire, ils auoient des-ja ſub-jugué les Prouinces de l'Orient, iuſques aux limites du Mont Taurus.

Le ſecond precepte conſiſte à prendre vn extreme ſoing, pour connoiſtre ſi les cauſes de faire la guerre, ſont honorables & iuſtes: ce qui eſt le vray moyen de rẽdre enſemble les ſoldats prompts à combatſtre, & les ſujets touſiours preſts à contribuer aux deſpenſes qui ſont neceſſaires.

Le troiſieſme enſeignement ſe tire de ce qui eſt adjoûté à la Fable, auec vne merueilleuſe prudence, à ſçauoir que Perſée n'aſſaillit que celle des Gorgonnes (par leſquelles nous eſt repreſentée la guerre) qui eſtoit ſujette à la mort. Cela nous apprend, qu'il ne faut iamais entreprendre vne guerre, qu'auparauant on ne ſçache bien le moyen de l'acheminer à ſa fin. Auſſi Perſée n'entrant point en des eſperances de ſi large eſtenduë, & comme infinies, fit prouiſion de tout ce qu'il iugea neceſſaire pour le duel qu'il s'en alloit faire, & ſembla tirer la bonne fortune auecque ſoy: Car il fut doüé de la viſteſſe de Mercure, du profond conſeil de l'Orque, & de la prouidence de Pallas.

Or ie treuue encore fort à propos de remarquer que ſes aiſles eſtoient entées à ſes pieds, & non pas à ſes eſpaules; pour monſtrer que la dexterité n'eſt pas tant requiſe aux premieres entrepriſes de la guerre, qu'à celles qui ſuyuent, & à la neceſſité de les ſecourir. La plus grande & plus ordinaire faute qu'on puiſſe faire en matiere de guerre, aduient lors que les pourſuites & les forces du ſecours ne correſpondent point à la promptitude, ny à la dexterité des commencemens. Bref le Heaume de Pluton laiſſé à part (qui ſouloit rendre les hommes inuiſibles, ce qui eſt vne Parabole aſſez forte de ſoy) il me ſemble que la Preuoyance eſt auec beaucoup d'eſprit diuiſée du Bouclier & du Miroir: Car il ne faut pas que l'hõme ſe ſerue ſeulemẽt de cette meſme Preuoyance, qui repouſſe comme vn eſcu les coups qui luy ſont portez, mais bien de cette autre encore, par le moyen de laquelle, cõme par le miroir de Pallas, les forces, les conſeils, & les demarches de l'ennemy ſe manifeſtẽt preſque touſiours. C'eſt pourquoy quelque fort & courageux que fuſt

Perſée, il reconnut bien que pour entreprendre la guerre, il luy manquoit ie ne ſçay quoy de grande importance: ce qui fut cauſe qu'il s'en alla treuuer les Grees.

Par celles-cy ſont denotées les Trahiſons, ou les Sœurs des guerres, qui neantmoins n'ont rien de legitime, veu que les guerres teſmoignent vne grandeur de courage, & les trahiſons vn effet de baſſeſſe & de laſcheté. Auſſi les inquietudes & les continuelles apprehenſions qui accompagnent les Traiſtres nous ſont fort gentiment denotées par la naiſſance de ces meſmes Grees, qui vindrent au monde chenuës & vieilles. D'ailleurs les forces des Traiſtres deuant qu'aboutir à vne manifeſte Rebellion, conſiſtent ou en l'œil, ou en la dent; pource que toute action des ſujets qui ont du mécontentement & de la mauuaiſe volonté, a cela de propre de regarder de loing, & de mordre. De plus l'vſage de cét œil & de cette dent, ſemble eſtre commun, pource que les desseins des traistres passent entr'eux, & courent de l'vn à l'autre. Ils n'ont tous qu'vne dent, quand ils veulent mordre, & chantent tousiours vne mesme notte: tellement qu'il n'en faut oüyr qu'vn seul, pour sçauoir tout ce que les autres vëülent dire. Persée fit donc bien de gaigner ces Grees, affin qu'elles l'accommodassent de cét œil, & de cette dent: de l'œil, pour espier de loing; & de la dent, affin de semer de faux bruits, de causer des inimitiez, & d'irriter les courages des hommes. Apres tous ces preparatifs s'ensuiuit l'action militaire, pour l'execution de laquelle il treuua Minerue endormie: Ce qui nous apprend, qu'vn Guerrier bien aduisé doit prendre son ennemi au despourueu, & sur le poinct qu'il se défie le moins, ou quand il s'estime l'hõme du monde le plus asseuré. C'est alors que le miroir de Pallas luy est grandement necessaire, pource que plusieurs, deuant que s'engager aux perils, peuuẽt auec attẽtion

& ſubtilité peneter dãs les reſolutions de l'ennemy. Mais l'vſage de ce miroir eſt principalement requis en la naiſſance du danger, affin d'en voir l'eſtat, & de ne ſe laiſſer eſbloüir à la crainte ; ce qui nous eſt figuré par le regard de Perſée, deſtourné du chef de Meduſe. La guerre eſtant ainſi miſe à fin, deux principaux effects s'en enſuiuent. Le premier eſt la generation, ou la naiſſance de Pegaſe, qui eſt vn ſymbole aſſez euidẽt de la Renommée, qui vole de toutes parts, & s'en va publiant les loüanges de la Victoire. Le ſecond depend de la teſte de Meduſe, attachée au bouclier de Pallas, qui eſt vne eſpece de ſecours ſi excellent, qu'il n'a point ſon pareil ; eſtant veritable, Qu'vne ſignalée entrepriſe, & vn memorable fait d'armes, heureuſement mis à fin, ſuffiſent enſemble, pour tenir en arreſt tous les deſordre des ennemis ; & pour en rendre la mal-veillance aſſoupie.

Qu'il n'est point de si contagieux venin que celuy d'vne mauuaise langue.

DISCOVRS X.

IL seroit difficile de mieux representer les pernicieux effects de la Mesdisance, que par la nature des guespes, qui volent partroupes sur ce tombeau. Car comme il ne faut attendre ny plaisir, ny profit de ces mouches importunes; Il n'y a de mesme rien de bon à esperer d'vne langue mesdisante. Telle fût autres-fois celle du Poëte Archilocus, qui sert de sujet à cet Embleme. Ce meschant homme se pleust ſi fort à parler mal de tout le monde, qu'il n'eſpargna point ſon propre beau-pere, & le reduiſit à s'aller pendre, tant il euſt de honte de voir ſa reputation publiquement deſchirée par ſes eſcrits ſatyriques. Et à vray dire, il ne faut qu'vne parolle picquante, ou qu'vn faux rapport faict à deſſein par l'artifice d'vn Fourbe, pour produire en moins de rien vne infinité de querelles, de partialités, & d'actes ſanglans.

L'ingenieux Ouide nous a voulu donner à entendre cecy fort delicatement, quand il a feint, que des dents de ce dangereux ſerpent, à qui Cadmus les arracha pour les ſemer, on vid naiſtre en meſme temps des hommes armés, qui s'entretuoient. Ce qu'on ne peut plus proprement applicquer qu'aux langues des Meſdiſans, qui pour cét effet ſont appellées ſerpentines, à cauſe qu'elles portent leur venin iuſques dans le cœur, & font perdre aux plus innocens l'honneur & la vie ensemble. C'est pour cela mesme que S. Pierre souloit dire ; Qu'il y a trois sortes d'Homicide, dont l'vn tuë par le glaiue, l'autre par la langue, & le troisiesme par les oreilles ; Où il est à remarquer, que la Mesdisance comprend les deux derniers, qui ne sont pas moins pernicieux, ny moins à creindre que le premier. Cette verité nous est confirmée par les saintes Lettres, où il est dit, Que *le Medisant est l'abomination des hommes*, & qu'il est maudit de tous, à cause qu'il trouble le commun repos & la tranquilité de la vie. Aussi est-il vray que les plus puissans, & les plus sages l'ont en horreur, & l'apprehendent comme vne peste ; En cela semblables à l'Elephant, qui pour estre, au rapport de Pline, le plus grand & le plus aduisé de tous les animaux, ne laisse pas de creindre le rat, à cause qu'il a des dents aigües, & qui rongent iusques à l'os. Mais plus aigüe encore & plus tranchante est la langue du Mesdisant, de qui l'on peut dire fort à propos, Qu'elle couppe traiſtreuſement comme vn raſoir neuf; & qu'il n'eſt point de ſi bonne reputation, que ſon venin n'eſſaye de rendre mauuaiſe. C'eſtoit pour cela que Themiſtocles, cét illuſtre Cappitaine Thebain, ne pouuoit trouuer d'aſſez grand ſupplice pour les Meſdiſans, qu'il vouloit eſtre punis plus cruellement que les Voleurs, à cauſe que ces derniers ne s'attaquent qu'aux biens de Fortune, au lieu que ces autres vont ſi auant, qu'il ne tient pas à eux, que par les artifices de leur langue, ils n'attirent inſenſiblement les plus gens de bien, & qu'à la fin couuant vn poiſon mortel ſoubs des diſcours emmiellez, ils ne les engagent malicieuſement dans des pieges dont il leur eſt impoſſible de ſe tirer qu'à leur grand dommage. Pour preuue de cette verité, on n'a qu'à lire la vie de Dauid, où l'on trouuera ſans doute, que toutes les pleintes qu'il fait de la perſecution de ſes Ennemis, ſont fondées ſur ce qu'ils auoient accouſtumé de meſdire de luy; & que de leur ſeule detraction il en tire tout le ſujet de la hayne qu'il leur porte.

Il eſt des hommes d'vn ſi mauuais naturel, qu'ils font gloire de meſdire de leur prochain, & de le railler, ſans conſiderer combien dangereuſes & damnables en ſont les conſequences. Il y en a d'autres, qui ſont bien-aiſes en leur ame d'oüir blaſmer en compagnie quelques-vns de leur cõnoiſſance, quoy qu'ils n'en faſſent aucun ſemblant; Et d'autres encore, qui au lieu de prendre puiſſamment leur cauſe en main, ou pallient lachement ce que l'on en dit, ou ſe font meſme de la partie, & leur reprochent de petits defauts, tandis que les leurs propres ſont ſi grands, qu'ils ne ſouffrent point de comparaiſon. I'obmets ceux qui par vne mauuaiſe habitude, qu'ils ont priſe de blaſmer les autres, font paſſer leurs railleries iuſques à leurs parens meſmes, ou iuſques à ceux qui leur font du bien ; Et qui ne croyent pas mesdire de bonne grace, s'ils n'emportent tout à fait la piece, ou du moins, s'ils ne picquent iusques au sang. De cette nature estoit jadis vn certain Medius, si grand gausseur, & si ennemi des personnes de probité, qu'vn iour s'estant mis à discourir ouuertement de la Raillerie, deuant les Courtisans d'Alexandre, *Messieurs*, leur dit-il, *vous ne faites qu'effleurer la peau, quand vous parlez de quelqu'vn; Et ne considerés pas, qu'il n'est que de mordre tout de bon. Car de cette façon, bien que la playe puisse guerir, la cicatrice en reste tousiours* ; parolles qu'on ne peut autrement appeller, qu'abominables & diaboliques.

Or parmy toutes les diuerses especes de mesdisance, ie n'en trouue point de pire que celle de ces ames perduës, qui de leur Createur mesme en font le sujet de leurs parolles injurieuses, & de leurs blasphemes horribles, iusques à tourner en risée la Saincte Escriture, qu'ils expliquent à contre-sens; En céla certes plus dignes du feu, & de tous les autres supplices, que n'estoient anciennemét ceux qui se mocquoient des liures de la Sybille, les gardiens desquels pouuoient de puissance absoluë, condamner à mort tels hommes impies, s'ils estoient conuaincus d'auoir proferé le moindre mot contre le respect qui se deuoit à ces volumes sacrez.

Que si lon demande maintenant, d'où vient que la Mesdisance est auiourd'huy si commune, ie respondray en peu de parolles, que cela procede de ce qu'on y preste ordinairemét l'oreille trop volontiers; A raison dequoy l'Empereur Domitian haïssoit non seulement les Mesdisans, mais ceux aussi qui les escoutant sans les reprendre, deuenoient pires qu'eux-mesmes. Ce qui à fait dire au grand Saint Bernard, Que le Calomniateur porte le diable en la bouche, & que celuy qui l'escoutte le porte en l'oreille. Et certainement, comme nous auons trois differantes vies, à ſçauoir la ſpirituelle, qui conſiſte en la grace de Dieu; la corporelle, qui eſt attachée à l'ame, & la ciuile, qui depend de la bonne reputation; il n'y a point de doute qu'vne meſchante langue ne ſoit d'autant plus pernicieuſe, qu'elle fait ſouuent trois meurtres par vn ſeul coup. Car auec ce qu'elle tuë l'ame du meſdiſant, & de la perſonne qui l'eſcoute, elle priue encore de la vie ciuile celuy à qui elle oſté l'honneur.

Voilà generalement pour ce qui eſt du vice de la langue, dont nous pourrons nous exempter, ſi nous conſiderons auecque Lactance, Qu'il n'eſt point d'homme ſi aduiſé, qui ne puiſſe faillir quelquefois: auec Saint Hieroſme, Qu'il faut fuyr la Detraction de la bouche, autant que celle des oreilles; auec Saint Chryſoſtome, Que pour n'oüyr blaſmer autruy, c'eſt vne eſpece de prudence bien grande, que de fuïr les aſſemblées des

faineants

faineants, & auec vn Payen mesme, Qu'il faut tenir pour gents noircis d'infamie ceux qui parlent mal de leur prochain, ou qui prennent plaisir aux contes injurieux que les Calomniateurs ont accoustumé d'en faire.

De l'

DI

mer, est l

De l'Astrologie, & de ses Professeurs.

DISCOVRS XI.

CE mal-aduisé ieune homme, qui pour auoir voulu s'esleuer trop haut, fondist aux rayons du Soleil ses aisles de cire, & se precipita dans la mer, est le vray Embléme de la pretenduë suffisance de la plus-part des Sçauans du monde. La curiosité qu'ils ont pour les choses qui sont au dessus d'eux, est ce qui les perd, & qui leur fait rencontrer des goufres & des abismes, lors qu'au lieu d'étudier les merueilles de la terre, ils s'obstinent à vouloir penetrer iusques dans les ſecrets du Ciel. Tels ſont pour l'ordinaire, les Aſtrologues, & tous ceux de leur Cabale, de la profeſſion deſquels ayant à parler en ce Diſcours, ie dois pluſtoſt craindre de ne m'en pouuoir acquitter comme il faut, que de manquer de matiere, en ayant vne ſi ample.

Ie commenceray donc par la difference qu'il y a de *l'Aſtrologie* à *l'Aſtronomie*: Car au lieu que cette derniere, comme agiſſant ſur la Theorie; traitte du monde en general, & des Spheres en particulier, enſemble de leur ſcituation, de leur cours, & de leur mouuement; des Eſtoiles fixes, de leurs aſpects, de la Theorie des Planetes, des Eclypſes, des Poles, des Clymats, de diuers Cercles, Eccentriques, Concentriques, & Epicicles; s'arreſtant particulierement ſur les Ethimologies des mots; L'Aſtrologie au contraire (i'entends parler de celle qu'on nomme *naturelle*) met en pratique les mouuemēts des Eſtoiles & des Cieux, outre qu'elle iuge du futur euenement des choſes.

Isidore au 3. liure de ses Ethimologies, attribuë aux vieux Egyptiens l'inuention de l'Astronomie : Car quant à la pratique de l'Astrologie, & aux obseruations des Horoscopes, les Caldées furent les premiers qui en monstrerent l'vsage, apres l'auoir appris d'Abraam. C'est l'opinion de la plus-part des Grecs, qu'Atlas a esté l'inuenteur de cette Science, d'où vient que les Poëtes feignent qu'il soustient le Ciel sur ses espaules. Pline dit, qu'elle est deriuee de Belu ; & Lucian, au liure qu'il en a fait, affirme que les Ethiopiens l'enseignerent aux Egyptiens. Voylà pourquoy Philon-Iuif, & Diodore Sicilien, donnent la gloire aux Babiloniens & aux Caldées, d'y auoir excellé par dessus tous ceux de leur temps.

Parmy le grand nombre d'Autheurs que cette Science a rendus recommendables, on prise fort Anaximandre Milesien, Disciple de Thales, & premier inuenteur de la Sphere ; Eudoxe Gordien, qui en a doctement escrit, Conon Egyptien, loüé par Virgile en ses Bucoliques, Iules Hygin, grand amy de Quintilian, Hiparque de Nicée, qui a traitté des Estoiles fixes, & du mouuement de la Lune, contre Platon, & trouué, selon Pline, l'vsage des instrumens de Mathematique; G. Manilius d'Antioche, Pub. Nigidius, Cleostrate, Endimion, premier Inuenteur de la nature de la Lune, ce qui a donné lieu à ce que les Poëtes ont feint de ses Amours auec elle; Necepse Roy des Egyptiens, Thales Milesien, Theon d'Alexandrie, Protagoras, Enopides, Architas, Horus, Apollonius de Thianée, Ptolomée Egyptien, Thimochares, Leptinus, Proclus, Thrasibule, Dorochius, Alsarabius, Azurcheles, Thebith, Andruzogur, Albumater, Albumazar, Albategni, Messebala, Zael, Albozali, & vne infinité d'autres Anciens, ausquels ont succedé plusieuts Modernes, qui ont dignement escrit de cette haute connoissance.

Or il eſt hors de doute que l'Aſtrologie eſt vne partie de la Philoſophie naturelle, & par conſequent grandement vtile à ceux qui en ſçauent bien vſer. Ce qui oblige particulierement Auerroës à l'approuuer, c'eſt qu'elle attribuë les quatre premieres qualitez aux actions des corps ſuperieurs, comme lon peut voir au ſecond Chapitre de ſon liure, *De la ſubſtance du monde*, où il loüe fort les Anciens, pour auoir dit auec apparance de verité, que parmy les corps celeſtes, ceux-cy communiquent le ſec & le chaud, ceux-là, le chaud & l'humide; les vns le froid & le ſec, les autres le froid & l'humide; & qu'ainſi les autres premieres qualitez ſont communes aux corps celeſtes: Et au Commen. 68. du 2. du Ciel, il ſouſtient que les Eſtoiles ont non ſeulement leur action commune, mais propre à chaſque choſe en ſon genre: comme par exemple, ſi Saturne auoit ſon action propre aux Plantes, & aux Mineraux, & ainſi des autres Eſtoiles. Conformémét à cecy, Platon en ſon Timée, dit qu'en ce bas monde il ne ſe fait rien qui n'ait ſa naiſſance, & qui ne procede d'vne cauſe celeſte; Galien en ſon liure *de la ſemence*, Que les Planetes & les Eſtoiles du Zodiaque communiquent leurs influances à toute ſorte de corps; Damaſcene en ſes Aphoriſmes, Que les indiſpoſitions & les maladies, procedent de la reuolution, & du changement des Eſtoiles; Et Saint Thomas d'Aquin en ſon liure de la Foy, Que Dieu gouuerne les choſes du mõde par les creations d'enhaut, c'eſt à dire par les cauſes ſecondes, adjouſtant que les corps inferieurs reçoiuent leurs formes & leurs eſpeces des Vertus du Ciel. Saint Ieroſme eſcriuant à Paulin, appelle l'Aſtrologie vne Science fort profitable aux hommes. Auſſi fut-ce par ſon moyen, que Sainct Denis Areopagite reconnut que l'Eclypſe aduenu durant la paſſion du Sauueur, eſtoit miraculeux, & ſurnaturel. Ce qui me fait croire qu'elle eſt neceſſaire en quelque façon au vray Theologien, pour l'intelligence de pluſieurs & diuers paſſages de la Sainte Eſcriture, où il eſt traitté des Cieux, enſemble du cours du Soleil, des Eſtoiles, & de la Lune.

Or bien que l'Aſtrologie naturelle, comme vraye ſcience qu'elle eſt, apporte à la vie des hommes beaucoup de contentement & de fruict; cela n'empeſche pas toutesfois, que parmy les Autheurs qui en ont eſcrit, il n'y ait de grandes contrarietés, qui la rēdent ſuſpecte au monde. Car touchant ſa premiere inuention, l'on treuue differans d'opinion les Indiens, les Caldées, les Egyptiens, les Mores, les Iuifs, les Arabes, les Grecs & les Latins anciens & modernes. Platon, Ariſtote, Proclus, & Auerroës, ont mis ſeulement huict Spheres, bien qu'Hermes, & quelques Babiloniens en mettent neuf, & que les Modernes y en adjouſtent vne dixieſme. Les Egyptiens & les Caldées diſent que la huictiesme Sphere n'a qu'vn mouuement; Et tout au contraire ceux qui tiennent le party d'Hipparque, luy en donnent plusieurs. I'obmets les mouuemens qu'ils appellent de *Trepidation*, *&* *d'Aggiration*, comme aussi leurs cõtraires, opinions en la consideration tant des Images du Ciel, & de l'ordre des Planetes, que de la mesure du mouuement des Estoiles fixes.

Quant à l'Astrologie Iudiciaire, elle differe de la Naturelle, en ce qu'elle ne s'arreste qu'aux natiuitez & aux Horoscopes, c'est à dire qu'à juger de ce qui doit arriuer aux hommes, par le Signe soubs lequel ils ont pris naissance. La trop grande curiosité, qui accompagne ordinairement les Professeurs de cette science, en a fait tomber plusieurs en des erreurs qui chocquent directement les poincts de la Foy. De ce nombre sont les Stoïciens, & les Heretiques Priscillianistes, qui ont creu que les Cieux agissoient en nous par necessité, comme le remarque Saint Augustin en son 4. liure de la Cité de Dieu, & Saint Thomas en son liure de la Verité Catholique. Telles furent aussi autrefois les opinions de Democrite, d'Heraclite, d'Empedocles, d'Aristote, & d'autres semblables ; qui tous d'vn commun accord, ont voulu attacher les hommes à vne infaillible necessité du Destin ; Creance qui s'authorisa de telle sorte auec le temps, parmy les Babyloniens & les Caldées, qu'ils souloient offrir des Sacrifices aux Intelligences qui font mouuoir les corps celestes, & se gouuerner en toutes leurs actions par le cours des Estoiles, comme si elles seules auoient vn Empire souuerain sur la vie des mortels. C'est pourquoy dans le Prophete Esaye, chap. 47. Dieu menace grandement tels Consulteurs d'Estoiles, qui le delaissent, pour suiure la vanité d'vne opinion du tout fausse & impie ; puisque nous priuant de la liberté du franc Arbitre, elle fait Dieu vn Ageant naturel, & non pas volontaire.

Scot. au 2. des Sent. dict. 14. quest. 3. dit, Que les Estoiles operent naturellement en nos corps; Saint Damascene, Qu'elles produisent en nous des complexions, ou des habitudes diuerses; Et Saint Thomas en la 1. partie de sa Som. quest. 115. art. 4. Que l'Astrologie iuge quelquefois veritablement des actions des hommes, parce qu'il s'en trouue fort peu qui sçachent resister aux sensualitez.

Les objections que plusieurs font là dessus, sont differentes, & en fort grand nombre, à sçauoir, Que les premiers Philosophes du monde, comme Platon, Aristote, Democrite, Seneque, & autres, n'ont point fait estat de cette Science, & par consequent qu'elle est inutile, Que Ptolomée l'appelle incertaine, au premier de ses Apotelesmes, où il escrit en termes expres, Que les choses traittées par les Astrologues, tiennent plus du vray semblable que de la Verité; Qu'il n'est rien si absurde que de croire qu'vn miserable s'approchant d'vn homme aussi mal-heureux que luy, l'vn participe à la qualité de l'autre, à l'égal du pouuoir des figures, & selon qu'elles predominent; Qu'il se peut faire que le fils d'vn Roy & celuy d'vn païsan, naissent dās vne ville, en vne mesme heure, & sous vne mesme constellation, & qu'il aduiendra neantmoins par succession de temps, que l'vn sera Roy, & l'autre simple laboureur. Bref, qu'il n'y a que Dieu seul qui sçache les choses futures, & que les vrayes conjonctures se treuuent esgales fort rarement.

A toutes ces objections lon respond, Qu'encore que Democrite, Platon, Aristote, & Seneque, n'ayent non plus escrit de l'Astrologie que de la Musique, de la Geometrie, & de la Perspectiue; il ne faut pourtāt pas inferer que ces sciences soient vaines; Que les parolles de Ptolomée ne peuuent estre entenduës de l'Astrologie, puisque luy-mesme tesmoigne, Qu'il n'est pas impossible de preuoir par son moyen les choses futures ; Qu'estant veritable que par vne secrette vertu l'aymant attire le fer, & l'ambre la paille, rien n'empesche qu'il ne se treuue des hommes qui par l'impression des corps celestes viennent à bout d'vne chose que les autres ne sçauroient faire ; Qu'en la natiuité de deux enfans l'on n'a iamais remarqué qu'ils soiét nez à mesme poinct d'heure : & que si telle chose aduenoit en diuerses contrées, les Horizons & les Meridiens seroient tousiours differans ; Qu'il est tres-veritable que Dieu seul sçait asseurément les choses à venir : que les hommes neantmoins en peuuent auoir vne connoissance vniuerselle, bien qu'elle ne soit point distincte ; Et pour conclusion, Que iamais l'Astrologue ne doit iuger affirmatiuement du futur, puisque les iugemens tiennent vn milieu entre le necessaire & le possible, comme le remarque Ptolomée en la premiere proposition de son Centiloque : d'où vient que cette Science n'est blasmée, que lors qu'elle impose aux choses vne absoluë necessité.

Outre les responses faictes aux objections sus mentionnées, lon peut alleguer pour la deffense de l'Astrologie iudiciaire plusieurs predictions veritablement reüssies. Il me suffit de produire icy celle de Spurinna, qui selon Plutarque & Suetone, ayant aduerty Cesar de se donner garde des Ides de Mars, ne predit rien que de veritable, & qui n'aduint ce mesme iour auquel vn si puissant Empereur fut mis à mort en plein Senat. Nous lisons que le Mathematicien Ascletarius ne pût euiter d'estre déterré & mangé des chiens, apres qu'on l'eut tué par l'expres cõmandemẽt de Domitian; ny ce Prince mesme se guarantir de la mort, dãs le temps qu'elle luy fut predite. Il en aduint de mesme au Poëte Eschile, lequel, selon Valere le Grand, estant aduerty, Qu'il deuoit mourir d'vn coup qui viendroit d'enhaut, fut écrasé d'vne Tortuë, qu'vne Aigle luy laisſa cheoir ſur la teſte. L'Aſtrologue Seleu-cus predit à Othon, qu'il ſuccederoit bien-toſt à Neron, comme il aduint quelque temps apres: Sulla ne mentiſt point, quand il aduiſa Caligula qu'il ſeroit tué; ny le Mathematicien Elius, lors qu'il diſt qu'Adrian paruiendroit vn iour à l'Empire. Ie treuue du tout admirable la remarque de Pline, lequel parlant d'Anaxagoras, affirme qu'il predit veritablement qu'en l'Olympiade 78. vne groſſe pierre tomberoit du Ciel: Ce qui aduint pres de la riuiere Egée: Et au 7. liure il adjouſte, Que pour memoire à la poſterité des infallibles predictions de Beroſe, ancien Aſtrologue, les Atheniens luy dedierent vne Statuë, auec vne langue d'or. I'obmets l'exemple d'Auguſte, lequel ayant oüy dire au Mathematicien Theagene, que ſon Aſtre luy promettoit l'Empire Romain, eut tant de creance ſur cette prediction, qu'il fit battre en meſme temps vne eſpece de monnoye d'argent

gent marquée au reuers du signe du Capricorne, sous lequel il estoit né. Tous ces tesmoignages que ie viens de rapporter doiuent suffire, ce me semble, pour preuuer la verité de l'Astrologie Iudiciaire, qui a cela de propre, de declarer les dispositions des Estoilles fixes, les figures des Natiuités, les conionctions & les aspects des Planetes, les directions des Maisons celestes, leurs Tables, & en vn mot tous les iugemens des choses vniuerselles.

Il faut donc aduoüer que si l'Astrologie a quelque chose de blasmable, ou qui doiue estre defendüe, ses Professeurs mesme en sont la cause, pour la trop grande creance qu'ils mettẽt aux demonstrations de cette Science, & aux influances des Astres. Et à vray dire, ie m'estonne fort de ce qu'ils ont les yeux de l'entendement si troublés & si louches, de ne voir pas que vouloir iuger asseuremẽt des actions humaines, & de leurs euenemẽs, est vne chose qui sent la superstition & l'impieté, par ce qu'elle oſte la liberté du franc Arbitre. Car outre que les Eſtoiles n'ont aucunes influances ſur nos ames, elle ne peuuent directemét mouuoir la volonté de l'homme, bien qu'elles produiſent ſur les corps des diſpoſitions ou des complexions differantes, dont les qualités reueillent dans les puiſſances ſenſitiues attachées aux organes, diuers mouuemens de paſſions, & d'inclinations à beaucoup de vices; C'eſt de la meſme façon qu'on dit des Eſtoiles, qu'elles inclinent l'homme à pecher, bien que telles inclinations puiſſent proceder de pluſieurs autres cauſes, comme d'vne mauuaiſe habitude, qui par ſucceſſion de temps ſe tourne en nature, ou de quelque ſuggeſtion diabolique. Par où l'on peut inferer, qu'il n'y a que les Aſtrologues indiſcrets & pleins de vanité, qui ſe vantent de pouuoir predire l'aduenir auec vne ſcience certaine. Ce n'eſt doncques pas merueille, ſi Suetone dit que Tibere bannit de Rome cette eſpece de Mathematiciens. Auſſi n'y a t'il que les inſencés qui s'arreſtent à leurs predictions ridicules. Car ſi la vie de l'homme & ſes euenemens dependoient neceſſairement des Aſtres, il ne ſeruiroit de rien de s'appliquer à bien faire, & nous aurions ſujet à tout coup d'imiter la folie des Poëtes, leſquels en la deſcription de leurs Amours, appellent à châque mot le Deſtin cruel, & les Eſtoiles impitoyables, ſans conſiderer qu'elles ne peuuent contraindre les volontés, & que les mouuemens en ſont libres.

De la Musi
blasm

DIS

E
Sc
phi
nomius, dit
en ce bel Am
ces luy dress
mon vn Cith
gue. Ce qu
faire pour m
quable, qui
fa it au Musi
de de son C

De la Musique, & qu'on ne peut la blasmer qu'injustement.

DISCOVRS XII.

CEt Embleme me semble tiré de Strabon, qui dans sa Geographie parlant du Musicien Eunomius, dit que pour son grand sçauoir en ce bel Art, il merita que ceux de Locres luy dressassent vne Statuë, tenant à la main vn Cistre, sur qui se voyoit vne Cigale. Ce qu'ils creurent auoir raison de faire, pour memoire d'vn accident remarquable, qui luy aduint en vn défi par luy fait au Musicien Ariston, lors qu'vne corde de son Cistre venant à se rompre, comme il en ioüoit, vne Cigale y estant vo-lée dessus, supplea fortuitement à ce de-faut. Cette Histoire, qui est rapportée encore par Clement d'Alexandrie, en vne Harangue qu'il fait au peuple, pour l'ex-horter à la pieté, monstre clairement combien on doit priser la Musique, soit pource qu'il semble que les puissances ce-lestes l'ayent particulierement en leur protection, soit pour la merueilleuse esti-me où elle a tousiours esté parmy les An-ciens, qui n'ont iamais manqué d'en vser en leurs festins, en leurs assemblées, & en tous leurs Sacrifices. Auec cela neant-moins, comme la Calomnie s'attaque souuent aux meilleures choses, celle-cy de mesme n'en est pas exemte, & ne man-que point de Medisans qui s'opposent à sa gloire, s'imaginant d'en pouuoir ternir l'esclat par ie ne sçay quelles objections qu'ils font contre elle, qui ne me semblét pas moins friuoles qu'elles sont fausses & ridicules.

Ils disent donc, que tant s'en faut qu'on doiue loüer la Musique, qu'au contraire l'vsage en est grandement blasmable, puisque les plus Sages de l'Antiquité ne l'ont iamais approuué. Plutarque en la vie d'Alexandre le Grand rapporte à ce propos, que son Pere Philippe ayant sçeu comme ce ieune Prince auoit fait le Musicien en compagnie, *N'as-tu point de honte*, luy dit-il, *de si bien chanter? Sçache qu'vn Prince abuse assez de son loisir, quand il prend la peine d'oüir ceux qui chantent, sans en faire mestier luy-mesme.* L'on raconte encore de luy, qu'vn iour comme il chantoit auec trop d'attention, son Gouuerneur Antigonus luy arracha le luth des mains, & luy dit, *En l'aage où vous estes, il faut apprendre à regner, & non pas à chanter.* A ces exemples on adjoûte celuy d'Alcibiades l'Athenien, qui faisoit si peu d'estime de la Musique, qu'il la nommoit ordinairement vne profession indigne d'vne ame libre. Ce qui fit qu'Alcibiades & Platon la rejetterent entierement de leur Republique.

Les Rois de Perse, continuent-ils, ne tenoient les Musiciens qu'en qualité de Bouffons, & d'Escornifleurs, dont ils se seruoient pour en tirer du plaisir à la table. Les Egyptiens les prisoient encore moins, comme le remarque Diodore; & ne vouloient point que leurs enfans apprissent la Musique, de peur qu'ils auoient qu'elle ne les rendît trop effeminez. Cela faisoit dire à Polibe Megalopolitain, au rapport d'Athenée & d'Ephore, qu'elle n'auoit esté inuentée qu'afin de tromper les hommes plus doucement. Ce qui fut encore cause que les femmes des Sicioniens poursuiuirent cruellement Orphée, & conspirerent sa mort, pour empescher, disoient-elles, que par les charmes de sa voix il ne corrompist les courages masles. Pour ce mesme suiet Homere en son Iliade introduit le vaillant Hector, qui par maniere de gausserie reproche à Paris, qu'il estoit indigne de porter les armes, & qu'il n'auoit gaigné l'amour d'Helene que par le moyen de ses chants lascifs.

Pour rendre encore la Musique plus odieuse, ils alleguent auec Plutarque l'exemple du Roy Pirrhus, lequel oyant vn certain homme qui l'entretenoit des loüanges d'vn joüeur d'instrumens, excellent en sa profession, donna bien à connoistre que ce discours ne luy plaisoit pas: car changeant de propos aussi-tost; *Il me semble*, respondit-il, *que Polipercon estoit vn grand Capitaine.* Ils adjoustent en suitte, Que le Philosophe Antisthenes ayant ouy joüer le flusteur Ismenias, luy reprocha, *Qu'il en sçauoit trop, pour estre honneste homme*, Que Pallas rompit son flageollet au bord du marest Tritonien, comme elle vid à son ombre l'enfleure de ses ioües, & les grimasses qu'il luy falloit faire pour en joüer; Qu'Alcibiades en fist de mesme d'vn instrument en façon de cornemuse, qui luy fut donné par Antigenides, le plus sçauant flusteur de son temps; Et finalement qu'entre les Docteurs de l'Eglise, Saint Ierosme écriuant à Leta, apres plusieurs bonnes instructions qu'il luy donne pour le bien de sa fille, il adjouste en termes exprés ces parolles, Qu'elle soit sourde au son des Orgues, des Luths, & des Cistres, & mesme qu'elle ne sçache pas à quelle fin ils sont faits.

Voylà ce qu'alleguent à leur aduantage les ennemis de la Musique, ausquels ie responds hardiment, & de poinct en poinct; Que si les Romains la mespriserent jadis, & en reprindrent Neron, ce fut parce qu'estãs d'vn naturel agguerry, & enclin à la seuerité, ils ne pouuoient souffrir que leur Prince en fit mestier, & qu'en plein Theatre il s'amusast à chanter deuant le peuple, pour en tirer vne gloire commune, & trop petite à comparaison de l'honneur que les Empereurs ses Predecesseurs auoient acquis par les armes;

Que pour le regard d'Alexandre, il ne fut blasmé ny par son Pere Philippe, ny par Antigonus pour autre occasion, sinon parce qu'au lieu d'vser de la Musique comme d'vn jeu, il y employoit le temps destiné aux plus importantes affaires de son Royaume; Que pour ce mesme sujet Alcibiades ne s'y voulut point adonner, de-peur qu'il eust de s'y attacher par trop, & qu'vn si doux diuertissement ne luy fit negliger vn plus grand employ; Que les Perses, les Medes, les Egyptiens, & les femmes des Sicioniens la detesterent veritablement, à cause que les Musiciens de leur temps n'en rapportoient l'vsage qu'à des actions de mollesse. Que si le valeureux Hector blasma Paris, ce fut seulement pour monstrer qu'vn grand Capitaine comme luy, voulant gaigner l'amour de sa Dame, deuoit plustost auoir recours aux armes qu'à sa belle voix; Que le Roy Pirrhus preferant le Capitaine Polipercon à vn ioueür d'instrumens, parloit en Caualier, & non pas en Muſicien; Que ſi Pallas & Alcibiades ne ſe plaiſoient point à la cornemuſe, parce qu'elle desfigure & bouffit d'ordinaire ceux qui en joüent, cela n'empeſchoit point qu'ils n'en aymaſſent le ſon: Bref, que l'authorité de *S.* Ieroſme ne reprend aucunement la Muſique, mais pluſtoſt cette particuliere façon de chanter toute pleine de diſſolution, dont ſe ſeruoient les Anciens ſur les Theatres.

Ce ſont les reſponſes que lon peut faire aux ennemis de ce bel Art, dont l'origine, ſelon Beroalde, eſt vrayement celeſte : & c'eſt pourquoy les Pytagoriciens ont tiré de l'Harmonie la naiſſance de l'Vniuers. Auſſi à vray dire leur opinion n'eſt pas ſans raiſon, ny ſans fondement. Car les Cieux, au rapport de Macrobe, & de Ciceron au Songe de Scipion, font vne maniere de concert harmonieux en leur mouuement. A raiſon dequoy Platon en ſon Timée, attribuë à chacun d'eux en particulier, vne

Syrene, qui leur donne le branſle, parce que le mot Grec *Siren*, ſignifie Harmonie ; Et c'eſt l'opinion que tiennent encore Marcil Ficin, Calcidius Platonicien, Angel. Politian, au neufieſme liure du Panepiſtemon, & Pons de Tyard en ſon Traitté de la Muſique. A cela ſe rendent conformes les Sroïciens, qui croyent le monde auoir eſté fait auec vn artifice harmonieux & muſical: Et pareillement Iamblicus, Porphire, Calcidius, Proculus, & Syrianus; qui tous d'vn cōmun accord, & ſelon le teſmoignage de François Gorgia, en la preface de ſon Harmonie du monde, affirment que la Nature voulant produire la machine de l'Vniuers, ne treuua rien de ſi propre que l'Harmonie: ce qui faiſoit dire à Timagenes, que ſon antiquité ſurpaſſoit celle des Lettres.

Quant à ſon inuention, les Anciens l'attribuent diuerſement à pluſieurs. Pline en ſon liure. 5. en fait autheur Amphion, fils d'Antiope & de Iupiter : à quoy ſe rapportent ces vers de Virgile en ses Bucoliques.

Ie dis les mesmes chants sur ma Lyre champestre,
Qu'entonnoit Amphion, au temps qu'il menoit paistre,
Tantost dãs les pastis, tantost sur les coupeaux,
Des monts voisins du Ciel, l'hõneur de ses troupeaux.

Et Stace au 1. de sa Thebaïde.

Ie diray comme par troupes,
Des monts les hautaines croupes
Suiuoient insensiblement
La docte Lyre d'Orphée,
Qui le menoit en trophée,
Et les charmoit doucement.

Les Grecs, selon Eusebe liu. 10. donnẽt la premiere gloire de cette discipline à Zethés, & à Amphion, tous deux freres, & qui viuoient au temps de Cadmus. Solin en defere l'origine aux Candiots, Polibe aux Arcadiens, Diodore auec Philostrate à Mercure, & Cameleon le Pontique au chant des oyseaux, comme le remarque Athenée au 9. Liure de ses Gymnosophistes. Mais l'opinion d'Isidore est bien differente de celles que nous venons d'alleguer. Car luy-mesme au troisiesme Liure de ses Ethimologies, affirme que Pytagore fut le premier qui du battement des marteaux, & du son que rendent les cordes estenduës en long, s'aduisa de tirer en consequence les concerts, ou les accords qui se forment de l'Harmonie. Et toutesfois Moise au quatriesme Chapitre de la Genese en fait Tubal inuenteur, le nõmant. *Le Pere de ceux qui ioüoient en ce tẽps-là du Cistre & de l'Orgue.*

Or l'on eut à peine inuenté cette excellente discipline, qu'elle fut approuuée & suiuie du commun consentement de tout le monde. Athenée dit à ce propos, en son troisiesme Liure du Banquet des Sages, Que les Arcadiens estoient obligez à l'apprẽdre dés leur enfance, pour chanter des Hymnes à la loüange de leurs faux Dieux; De maniere que si quelqu'vn d'entr'eux l'ignoroit, ils le reiettoient des meilleures compagnies, & n'en tenoient compte. Les Anciens auoient encore cette coustume, au rapport de Philocorus, de mesler les Hymnes & les Chansons aux Sacrifices qu'ils faisoient à Apollon, & au bon Pere Liber. Mais les Grecs principalement cherissoient la Musique par dessus tous. Ciceron en ses Questions Tusculanes, remarque à ce propos, que l'Athenien Themistocles fut estimé mal habile, pour auoir refusé de chanter en vn certain festin, & de ioüer de la Lyre; Et qu'au contraire Epaminondas le Thebain, estoit grandement estimé parce qu'il sçauoit la Musique, la seule connoissance de laquelle, comme dit Quintilian, au premier de ses Institutions, rendoit les plus sçauans des Grecs dignes de la faueur des Graces & des Muses. C'est pourquoy Lycurgue, quelque seuere Legislateur qu'il fut, disoit ordinairement, Que la Musique auoit esté donnée à l'homme par la Nature, affin de supporter plus facilement

cilement les fatigues. Aussi trouuera-t'on peu d'Autheurs qui ne l'ayent fort prisée. Platon la nóme vne Science entierement necessaire au vray Politique; adioustant que les gens de bien ont vne inclination naturelle à chanter les loüáges d'autruy; comme au contraire les méchans se plaisent presque tousiours à les taire. Aristote en ses Politiques la met au rang des disciplines les plus illustres, & Beroalde en vne sienne Harangue, luy donne vn pouuoir absolu sur les Sciences les plus hautes. Philostrate la voulant loüer; *C'est elle*, dit-il, *qui oste aux affligez les ennuis qui les trauaillent, qui redouble les contentemens des ames ioyeuses, & qui attire les courages où bon luy semble.* Le docte Isidore, au troisiesme de ses Ethimologies, dit à sa loüange, Que sans elle aucune discipline ne peut estre parfaite; & Ptolomée, Que par la force de la Musique, les Anciens souloient appaiser le courroux de leurs Dieux, & les rendre propices à leurs prieres.

Dans la ſainte Eſcriture, combien de fois ſommes-nous inuitez aux Hymnes ſacrez ? Le Prophete ne dit-il point, *Qu'il faut chanter au Seigneur vn nouueau Cantique* ? Le Sage, *Que le vin & la Muſique reſiouyſſent le cœur* ? Et Saint Iean en ſon Apocalypſe, *Qu'il voyoit des Animaux qui chantoient, & ſe reſiouyſſoient deuant le Thrône de l'Agneau.* Les effets miraculeux de cette excellente profeſſion ſe deſcouurirent aſſez, quand par ſon moyen (comme Ciceron & Boëce l'ont remarqué), le Philoſophe Pythagore calma la folle paſſion d'vn ieune homme; dequoy il vint à bout par vn ſeul changement de voix. Nous liſons le meſme de Damon, au rapport de Galien; Et pareillement, que par l'artifice de la Muſique le Medecin Pronus gueriſt vn malade que les plus experimentez de ſon temps auoient abandonné. A cecy eſt conforme l'opinion d'Aſclepiades, qui tient qu'il importe beaucoup à l'allegement des frenetiques de chanter deuant eux, ou de ioüer de quelque instrument de Musique; celle de Theophraste & d'Aule-Gelle, qui escriuent que la Musique appaise les douleurs de la goutte; celle d'Empedocles, qui affirme d'auoir arresté par l'harmonie de sa voix le furieux mouuement de la colere d'vn de ses hostes, qu'vn autre auoit offencé; Et finalement celle de Boëce, qui rapporte qu'Ismenias le Thebain par les doux concerts de sa voix, guerist des maladies qu'on estimoit incurables. Dion & Plutarque remarquent, que le Musicien Timée auoit tant de puissance sur Alexandre, qu'il l'incitoit à courir aux armes, toutes les fois qu'il se mettoit à chanter. Le mesme Autheur a laissé par escrit, que la belle Lesbie gouuerna comme il luy pleût, les affections du Roy Demetrius par le moyen de sa belle voix; Et en son Traitté de la Musique, il adiouste, que pour chasser la peste hors du Royaume de Candie, Thales le Milesien n'eust recours qu'à la seule Harmonie. I'obmets la Fable d'Arion le Lesbien, pour estre assez commune dans les escrits des Poëtes, qui tous d'vn accord, disent qu'vn Dauphin l'ayant oüy ioüer de la Harpe, luy presta l'eschine, pour le garantir de la violence des vagues, apres que les Mariniers l'eurent ietté dans la mer.

Ie pourrois encore alleguer icy l'exemple du Musicien Crisogonus, qui selon Pline, du frappement des mains que faisoient par sa conduite ceux qui nauigeoient, & du bruit des auirons manié auec industrie, en formoit vne maniere de concert, grandement agreable à l'oreille. Le mesme Autheur parlant de Terpandre le Lesbien, dit qu'auec la douce Harmonie de sa voix, il appaisa plusieurs fois les courages des Lacedemoniens portés à la sedition. Il me seroit fort facile d'en produire icy quantité d'autres, qui ont excellé en cette profession, comme vn Ariſtoxene Tarentin, vn Theon, vn Alypius, vn Gaudentius, & ainſi de leurs ſemblables, que i'obmets pour venir à la melodie des inſtrumens.

Il faut que les plus iudicieux m'adnoüent, qu'on ne ſçauroit aſſez loüer l'inuention des inſtrumens de Muſique; leſquels bien que trop recommendables pour leur Harmonie, le ſont encore plus pour leur antiquité. Quintilian au premier Liure de ſes Inſtitutions, affirme que les Romains, quoy qu'aſſez auſteres en leur façon de viure, s'en ſeruoient neantmoins en leurs feſtins ordinaires. A ce meſme propos nous liſons, que le ſon des inſtrumens eſtoit iadis en ſi grande eſtime parmy les Grecs, qu'en vn banquet ſolemnel vn certain Cimon fut preferé à Themiſtocles, pour auoir excellé par deſſus tous à jouër de la Lyre. Martiã adiouſte à cecy, Que pluſieurs villes de la Grece auoiẽt accouſtumé de faire publier leurs Edicts au ſõ de ce meſme inſtrumẽt,

& Thucidide, Que les Lacedemoniens en souloient vser à la guerre, pour animer les soldats, ce qu'Aule-Gelle attribuë à ceux de Candie. Mais parmy les diuers exemples qu'on pourroit produire sur ce sujet, celuy des Lacedemoniens me semble fort memorable. En la iournée qu'ils eurent contre les Meceniens, la valeur de leurs ennemis commençoit desia de les mettre en déroutte, lors qu'en vn instant le flusteur Tirtée ayant changé de notte, & entonné ie ne sçay quoy de guerrier, remit tellement le courage des siens, qu'ils se mirent à charger l'ennemy tout de bon, & ainsi de veincus qu'ils estoient, ils deuindrent victorieux. L'Historien Erodote dit conformément à cecy, Qu'Haliates Roy de Lydie, n'alloit iamais à la guerre, qu'il n'eust à sa suitte des ioüeurs de Cistre & de Fluste; Et que les anciennes Amazones combattoient au son des Cornets & des Hauts-hois. Theopompe rapporte le mesme des Gettes, qui auoient accouſtumé de iouër du Ciſtre, pour vn teſmoignage de leur commune reſiouïſſance, apres le bon ſuccez de leur Ambaſſade. Quoy d'auantage? N'eſt-il pas vray que les Dieux meſmes ſont Muſiciens? Et qu'au commencement de ſon Iliade le Poëte Homere introduit Apollon, tenant en main vne Lyre? Virgile en dit autant d'Iopas; & Quintilian affirme que le Philoſophe Socrate, quelque auſtere qu'il fuſt en ſa maniere de viure, ne laiſſa pas toutefois d'apprēdre à iouër de la Lyre, en l'aage de ſoixante ans. Ce fut auſſi la premiere diſcipline que le Centaure Chiron apprit au vaillant Achille, affin que ſes mains, qui deuoient vn iour reſpandre tant de ſang Troyen, quittaſſent quelquesfois l'eſpée, pour prendre le Luth. Que s'il me falloit maintenant faire vne liſte de ces excellents ioüeurs d'inſtrumens, que les Anciens Autheurs ont ſi fort recommandez, ie ne manquerois iamais de matiere. Ie dirois qu'Homere appelle Demodocus incomparable en cette profession, Que Philamon est loüé dans Ouide pour les merueilles de sa voix, & que Martianus Capella, & Valerius Flaccus mettent au rang des premiers Musiciens de leur temps, Orphée, Amphion, & Arion; Et pareillement, qu'Hiparchius, Ruffin, & Dorcée, estoient les meilleurs ioüeurs d'instrumens qu'eussent les Grecs & les Thraces. Mais ie ne le pourrois faire, sans estendre bien plus auant ce discours, que ie finiray par trois consequences fort remarquables, qu'on peut tirer de cét Embleme. La premiere, Que les Anciens, quelques dépourueus qu'ils fussent de la connoissance du vray Dieu, ne laissoient pas toutesfois de croire qu'il y auoit certaines Diuinitez, qui ne manquoient iamais d'estre secourables à ceux qui esperoient en elles. La seconde, Qu'il arriue ordinairement que ceux qui par supercherie veulent rauir à leurs esgaux la gloire qui leur est deuë, s'en trouuent fort mal; Comme au contraire les gens de bien, quand ils semblent foibles, l'emportent souuent sur les plus forts, dont ils demeurent victorieux; Et le troisiesme, Que le secours du Ciel vient aux hommes par des ressorts inconnus, & dans les affaires les plus pressantes, du bon succez desquelles ils desesperent entierement.

Des eff.

DISC

sonne d'Or
vrayement
bien chant
Harmonie
est capable

grandemen
les trauau

Des effets de la Philosophie.

DISCOVRS XIII.

LA Fable, qu'on á escritte d'Orphée, qui n'a iamais esté fidellement expliquée, nous figure la ressemblãce de toute la Philosophie. Car la personne d'Orphée (homme merueilleux & vrayement diuin, si excellent en l'art de bien chanter, que par la douceur de son Harmonie il attiroit à soy toutes choses) est capable de nous conduire à la description de la Philosophie, par vn chemin grandement facile: Estant veritable que les trauaux d'vn si excellent homme, sont preferables à ceux d'Hercule ; tout ainsi que les effets de la Sagesse gaignent le dessus à ceux de la Force.

Orphée aimoit tellement sa femme, que la mort l'ayant rauie au plus beau de son aage, la grande confiance qu'il auoit en la douceur de sa Lyre, luy fit entreprendre de s'en aller aux Enfers, esperant que par ses prieres il fleschiroit à pitié les Ombres ; comme en effet son esperance eut le succez qu'il se promettoit. Car les ayant appaisées & adoucies par les charmes de sa voix & de sa Lyre, il fit si bien qu'il luy fut permis de reprendre sa femme, & de la ramener ; à condition neantmoins qu'elle le suiuroit, & que luy ne regarderoit iamais derriere, qu'il ne ioüît de la lumiere du iour. Il s'en falloit fort peu qu'il ne fust hors de danger, quand l'impatience de son amour, & l'inquietude où il estoit, luy firent rompre sa promesse ; & ainsi sa femme tomba derechef aux Enfers. Le regret qu'en eut Orphée fut si grand, qu'il ne voulut plus depuis oüir parler d'aucune femme, & se retira dans les solitudes. Ce fut là que par les charmes de sa Lyre, & de sa belle voix, il pût si bien attirer à soy toute sorte d'animaux, que se despoüillans de leurs naturel sauuage, sans se laisser plus emporter à la felonnie, ny aux aiguillons de leurs furieuses brutalitez, ny au gourmand appetit de se saouller, & de courir apres la curée; ils l'enuironnoient comme en vn Theatre, & n'auoient de l'attention que pour oüyr la melodie de cette Lyre merueilleuse, & qui les sçauoit si bien apriuoiser. Disons encore que cette Musique auoit tant de pouuoir & de force, qu'elle esbranloit hors de leurs fondemens naturels les montagnes & les forests, qui se transportoient de leur place, pour se renger pres de luy. Il fut quelque temps à voir auec admiration l'heureux succez de ces prodiges, lors qu'il aduint à la fin que les femmes de Thrace esprises

& forcenées des furieux mouuemens du Dieu Bacchus, se mirent à faire vn bruit si horrible auec leurs cornets enrouëz, qu'il ne fut plus possible d'oüyr la Musique d'Orphée.

Ainsi toute cette force, qui estoit comme le lien de cét ordre, venant à se rompre, la confusion s'y mella tout aussi-tost: De sorte que les animaux retournans à leur naturel sauuage, se firent la guerre comme auparauant; outre que les rochers & les forests reprirent leur premiere place : En vn mot, Orphée mesme fut mis en pieces par ces Forcenées, qui en semerent les membres par la campagne. Cependant le Fleuue d'Helicon consacré aux Muses, s'attrista de telle sorte de cette mort, que du regret qu'il en eut, il cacha son eau dans les lieux sousterrains; puis il en fit derechef rejallir la source par vn autre endroit.

L'intention de cette Fable me semble estre telle : La Musique d'Orphée eut ces deux proprietez, d'appaiſer les Enfers, & d'attirer à ſoy les beſtes ſauuages & les foreſts. L'vn ſe peut rapporter fort à propos à la Philoſophie Naturelle, l'autre à la Morale & à la Ciuile. Car pour en parler veritablement, le plus excellent chef-d'œuure de la Philoſophie Naturelle, conſiſte à ſçauoir rendre à vn corps ſa premiere forme, apres l'auoir comme renouuellé, en le purgeant de toute matiere corruptible, & terreſtre; & pareillement (ce qui ſemble eſtre le moindre degré des operations naturelles) à conſeruer ce meſme corps en eſtat, & en retarder la diſſolution, & la putrefaction.

Or preſuppoſant qu'il y ait moyen de le faire, il eſt impoſſible d'en voir l'effect autrement, qu'en y procedant par la voye des temperamens que la Nature requiert, comme par la parfaite Harmonie d'vne Lyre, & par vn concert accomply.

Que ſi la choſe ſemble trop difficile de

ſoy, la principale raiſon pour laquelle on n'en vient pas à bout la plus-part du tẽps, ne procede, comme il eſt vray-ſemblable, que d'vn ſoin trop curieux & hors de ſaiſon; qui ſe ioint à vn excez d'impatience. Doncques la Philoſophie s'attriſtant auec beaucoup de raiſon, de ne pouuoir ſuffire à vn tel effect, ſe tourne du coſté des choſes humaines, & par le moyen des perſuaſions & de la force de l'eloquence, diſtillant dans les courages des hommes l'amour de la Vertu, de la Paix, & de l'Equité, elle fait que les peuples s'vniſſent tous en vn corps, qu'ils reçoiuent tres-volontiers le ioug des loix, & que ſe ſoubmettans à l'Empire, ils oublient entierement leurs affections indomptées, en eſcoutant les preceptes de la Diſcipline, auſquels ils rendent obeyſſance. De cette vnion de volontez il s'enſuit enfin, qu'ils ſe baſtiſſent des villes, & que les cãpagnes ſont labourées, & les jardins cultiuez, & embellis d'arbres fruitiers qu'on y plante.

Suiuant

Suiuant cecy, la Fable n'a pas feint sans suiet que les rochers & les bois estoient transportez ensemble hors de leur lieu naturel, par l'harmonieuse Lyre d'Orphée. Or c'est auec vn fort bon ordre, accompagné d'vne excellente inuention, que le soin des choses ciuiles suit apres le vain effort qu'on a fait de renouueller le corps humain, & de le maintenir tousiours en vne parfaite santé; Et voylà pourquoy l'ineuitable necessité de la mort, qui ne se fait que trop connoistre par ses effets, inspire dans les courages des hommes vn ardent desir de se mettre en honneur par leurs merites, & par le moyen d'vne loüable reputation. Dauantage la Fable n'adjouste pas sans raison, qu'Orphée ayant perdu son Espouse, quitta les femmes & le Mariage, pource que les plaisirs des Nopces, & l'amour des enfans destournent les hommes des choses grandes, & des plus sublimes merites enuers la Patrie, lors qu'il se contentent de chercher l'immortalité en leurs descendans, plustost que de l'acquerir eux-mesmes par leurs beaux faits. Adjoûtons à cecy, qu'encore que les œuures de la Sagesse paroissent le plus entre les choses humaines, elles ne laissent pas toutefois d'estre encloses dans leurs limites: Car il aduient souuent qu'apres que les Royaumes & les Estats ont esté bien fleurissans durant quelque temps, ils se treuuent enfin exposez aux troubles, aux seditiōs, & aux guerres cōme à des orages impetueux. C'est alors que dās ces desordres les Loix deuiennent müettes d'abord, & que les hōmes retournent au premier train de leurs peruerses inclinations; Alors, dis-je, l'on ne voit que dégasts & que ruynes, soit parmy les champs, soit dans les villes. Que s'il aduient que telles fureurs soient de trop longue durée, il est certain que la Philosophie mesme, & les bonnes lettres sont aussi-tost desmembrées; De maniere que s'il en reste quelque eſchantillon en fort peu d'endroits, c'eſt comme vne table qui ſe treuue apres le naufrage. En cette déplorable ſaiſon, la Barbarie eſt ſi auant introduite dans le monde, que les eaux d'Helicon cachent ſous la terre leurs viues ſources, iuſques à ce qu'apres la reuolution ordinaire des choſes, elles rejalliſſent derechef, & s'eſtendent parmy d'autres peuples.

De la

DIS

lent point
Les vns luy
& les autre
ction bien
Penelope,
sion de
choient,

De la Nature, & de ses diuers effets.

DISCOVRS XIV.

LES Anciens voulant representer la Nature, l'ont fort exactement descritte soubs la personne de Pan; bien que toutesfois ils ne parlent point de la Genealogie de ce Dieu. Les vns luy donnent pour frere Mercure, & les autres luy attribuent vne extraction bien differante. Car ils disent que Penelope s'estant abandonnée à la passion de tous les Amans qui la rechercherchoient, engendra Pan leur commun

Enfant, pour estre né de ce meslange d'accouplemens. Cette mesme opinion a sans doute donné suiet à quelques-vns des plus modernes, d'aproprier au nom de Penelope l'ancienne Fable de Pan, chose qui n'est que trop commune à plusieurs, dont la coustume est de rapporter les vieilles Narrations aux personnes, & aux noms de plus fraiche memoire, sans s'aduiser de la grande obscurité qui s'en ensuit. Cela se peut remarquer pour deux raisons. L'vne, Que Pan, Dieu fort ancien, estoit long-temps auant qu'Vlisse; Et l'autre, Que si quelque particuliere Vertu rendoit Penelope recommandable, c'estoit sans doute sa Chasteté. Il ne faut non plus oublier icy la troisiesme generation qui s'attribuë au Dieu Pan, à sçauoir qu'il nasquit de Iupiter, & d'Ibrie, qui signifie iniure, ou affront. Mais de quelque façon qu'il ait esté engendré, on luy donne pour Sœurs les trois Parques.

Les Anciens le peignoient auec des cornes aiguës, qui s'esleuoient vers le Ciel, tout velu par le corps, & portant la barbe longue. Il estoit my-homme & my-beste, depuis le haut iusques en bas, & auoit des pieds de Chevre. Pour marque de sa puissance, il portoit en sa main droite vne Fluste à sept tuyaux; En la gauche vne Houlette recourbée par le haut-bout, & se couuroit de la peau d'vn Leopard. Entre les plus honnorables charges qu'on luy donnoit, il pouuoit se vanter d'estre le Dieu des Chasseurs, des Bergers, & de tous les Villageois en general. Luy-mesme presidoit encore aux montaignes; & apres Mercure, il estoit le second Messager des Dieux. Les Nymphes le reconnoissant pour leur Chef, ne cessoient de sauteller, & de dancer à l'entour de luy. Auecque cela les Satyres le courtisoient d'ordinaire, principalement les plus vieux d'entr'eux, appellez Silenes. I'obmets le pouuoir qu'il auoit, de trauailler les esprits de certaines frayeurs superstitieuses & vaines, que pour ce mesme suiet on nommoit *terreurs Paniques*. Les effets de son courage, & de sa vaillance ne furent pas en grand nombre. Il défia Cupidon à la lutte, qui le veinquit, & print dans ses rets le Geant Typhon. L'on raconte encore de luy; que sa bonne fortune voulut qu'allant à la chasse, il descouurit la Deesse Ceres; laquelle surprise de regret & de fascherie, à cause du rauissement de Proserpine, auoit grandement mis en peine tous les Dieux, qui pour la chercher s'estoient separés l'vn d'auec l'autre. Ayant eu l'asseurance de se dire aussi grand Musicien qu'Apollon, il fut declaré Victorieux par Mydas, à qui des oreilles d'asne furent données secretement, pour punition d'auoir fait vn iugement si iniuste & si temeraire. L'on ne raconte pas beaucoup de choses des Amours de Pan; dequoy ie m'estonne d'autant plus, qu'entre les Dieux à peine s'en trouuoit-il vn seul, qui ne fut de complexion amoureuse. Tout ce qu'on en dit, c'est qu'il ayma la Nymphe Echo, & mesme qu'il la tint pour sa femme, ensemble vne autre Nymphe appellée Syringue; & que Cupidon l'embarqua dans cét Amour, pour se venger de la hardiesse qu'il auoit eüe de le défier à la lutte. C'est merueille qu'il n'eust aucuns enfans, puisque l'ordinaire des Dieux est d'estre feconds. Il est vray qu'on luy donnoit comme pour fille vne certaine *Iambe*, qui souloit entretenir ses hostes auecque des contes faits à plaisir, pour les inciter à rire; Et mesme quelques-vns tenoient, qu'il auoit eu cette fille de sa femme Echo. Dans toutes les anciennes Fables ie n'en trouue point de plus excellente que celle-cy, ny qui soit pleine de plus de secrets & de mysteres de la Nature. Par le nom de *Pan*, nous est representée l'vniuerselle Generalité des choses; ou si vous voulez, cette mesme Nature dont nous venons de parler. Les Philosophes n'ont iamais eu que deux opinions touchant son origine; comme en effet ils n'en sçauroient auoir dauantage. Car il faut de necessité qu'elle procede, ou de Mercure, qui est le *Verbe Diuin*, ou des confuses semences des choses. Pour le regard du premier, outre que les saints Escrits n'y mettent aucune doute, les Philosophes ne le nient non plus, ceux-là principalement dont les argumens ont approché de plus pres de la Diuinité. C'est vne maxime infallible, Que tous ceux qui ont mis vn principe aux choses, l'ont rapporté à Dieu, ou du moins que luy donnant vne Matiere, ils l'ont estimée diuerse en puissance. De maniere que tout ce different aboutit à cette distribution, Que le monde a pris son origine de Mercure, ou bien de tous les Amoureux ou Riuaux.

Il chantoit curieux, comme en vn profond vuide,
Se pouuoient assembler les semences des corps,

Des ames, de la terre, & de la mer liquide,
Puis, comme desliant leurs inconnus ressorts,
Ils venoient à s'vnir, pour animer l'essence
De ce grand Vniuers, & luy donner naissance.

La troisiesme generation de Pan, est telle, qu'il semble, comme l'on dit, que les Grecs ayent eu le vent des mysteres des Iuifs par le moyen des Egyptiens, ou que la connoissance leur en soit venuë par quelque autre voye. C'est icy qu'en ce qui touche l'estat du monde, ie le considere, non en sa pure naissance, mais tel qu'il fut apres la cheute d'Adam, à sçauoir, suiet à corruption & à peché; suiuant quoy l'estat dont ie parle, se peut appeller en certaine façon, la creature de Dieu, & du peché mesme. Les trois differantes generations de Pan peuuent encore sembler veritables, si lon en fait vne distinction qui soit conforme aux temps & aux choses. Car ce Pan, tel que nous le contemplons maintenant, & à qui nous deferons plus d'honneur qu'il n'eſt requis, prend ſon origine du *Verbe Diuin*, moyennant la matiere confuſe, la *Preuarication* & la corruption s'y faiſant vne entrée au dedans. Or c'eſt auec beaucoup de raiſon qu'on luy donne pour ſœurs les Deſtinées & la Nature des choſes, puis qu'en effet c'eſt la liaiſon des cauſes naturelles, qui attire auecque ſoy la Naiſſance, la Durée, la Decadence, les Eminences, les Defauts, & l'heureuſe iſſuë des choſes, ou finalement tout ce qu'on tient leur arriuer par la volonté du Deſtin. L'on attribuë de plus des cornes à l'Vniuers, & ces cornes, cõme toutes les autres, ſont d'ordinaire plus larges par le bas, & plus aiguës par le bout. Cela nous apprend, qu'en quelque choſe que ce ſoit, il n'eſt point de Nature qui n'aboutiſſe en pointe & en Pyramide. Par exemple, les Indiuidus, comme infinis, ſe raſſemblent auec les Eſpeces, qui ſont encore pluſieurs en nombre ; les Eſpeces montent par apres iuſques aux Genres, qui s'eſleuant au deſſus, ſe reſſerrent plus generalement, ſi bien qu'il ſemble à la fin, que la Nature ſe reduiſe toute en vn corps. Or ie ne penſe pas qu'on s'eſtonne, ſi les cornes de Pan s'auoiſinent des plus hautes nuës, ſi l'on conſidere que le ſommet de la Nature, ou plûtoſt les Idées vniuerſelles, paruiennent en certaine façon aux choſes diuines, & qu'il n'eſt pas difficile de paſſer bien-toſt de la Metaphyſique à la Theologie naturelle.

Diſons encore que c'eſt auecque beaucoup de gentilleſſe & de verité, qu'on dépeint le corps de la Nature tout velu, à cauſe des rayons des choſes qui en ſont comme les poils. Car toutes les choſes du monde ont leurs rayons, les vnes plus, & les autres moins. Cela ſe deſcouure aſſez clairement en la puiſſance viſuelle, & en châque Vertu qui opere vn peu de loing; de qui l'on peut dire veritablemẽt, qu'elle darde ſes rais par dehors. Mais entre les poils du Dieu Pan, ceux de ſa barbe paroiſſent fort longs, pour monſtrer que les rayons des corps celeſtes penetrẽt mieux, & qu'ils operent de beaucoup plus loing que ceux de tout autre corps. De là vient que le Soleil nous ſemble barbu, quand il eſlãce icy bas quelques-vns de ſes rayons, en perçant le nuage qui s'oppoſe à ſa clarté. La Nature nous eſt auſſi repreſẽtée par deux formes, pour la differẽce qu'il y a des corps ſuperieurs aux inferieurs. Les ſuperieurs ſõt à bon droit denotés ſous vne figure humaine, tant à cauſe de leur beauté & de l'égalité de leurs mouuemens, que pour la conſtãce & l'empire qu'ils ont ſur la terre, & ſur les choſes terreſtres. Quant aux inferieurs, il leur doit ſuffire d'eſtre peints en beſtes irraiſonnables, & brutes, puis qu'ils n'ont rien de reglé, outre que ce ſont les corps celeſtes qui les gouuernent. Or cette meſme deſcription du corps appartient à la participation des Eſpeces, veu qu'on ne peut dire d'aucune

Nature qu'elle soit simple, mais bien qu'elle tient de tous les deux. Ainsi nous voyons que l'homme a ie ne sçay quoy de commun auec la Plante, & la Plante vne partie du corps inanimé; ce qui monstre assez, qu'il n'est rien dans le monde qui n'ait deux formes, & qui ne soit composé de l'espece superieure, & de l'inferieure. Quant à l'Allegorie des pieds de Chevre, ie treuue qu'elle est fort subtile, à cause du mouuement des corps celestes aux parties superieures de l'air & du Ciel. Car comme la Chevre est vn animal dispos à monter, & qui grimpe d'ordinaire sur les rochers, y sautelant à petits bonds; Les choses destinées au globe inferieur en font de mesme, auec vne merueilleuse vistesse; comme il est aisé de remarquer aux nuées, & dans les autres Metheores.

Les Enseignes d'Harmonie & de Souueraineté, que le Dieu Pan porte en ses mains, ne sont pas sans vn mystere particulier. Par sa Fluste à sept tuyaux, il faut entendre le concert de l'Harmonie des choses; ou plustost leur commune concorde, composée d'vn meslange de contraires accords, & causée par le mouuement des sept Estoiles errantes. Sa Houlette est grandement bien appropriée aux voyes de la Nature, qui sont en partie tortues & droittes. Mais sur tout ce qu'il y a de courbé dans les parties d'enhaut, monstre que les œuures de la Prouidence diuine se font dans le monde par diuers tournoyemens; & qu'à telle fois, lors que nous attendons le succez de quelque affaire, nous en voyons reüssir vne autre à laquelle nous ne pensons nullement; comme il aduint en la vente de Ioseph en Egypte, & ainsi des autres. Nous esprouuons ordinairement dans les Estats Politiques, Que ceux qui les veulent gouuerner auec la Prudence requise, ont recours à diuers pretextes, & à certaines voyes obliques, par le moyen desquelles ils ne

laissent

laiſſent pas de faire pour le peuple tout ce qu'ils iugent luy pouuoir eſtre proffitable: ce qui nous apprend, Qu'il n'eſt point de Sceptre ny de baſton, pour vn Symbole d'Empire, qui veritablement ne ſe courbe, & ne ſe plie par le haut bout.

L'on a feint que le manteau de Pan eſtoit d'vne peau de Leopard, ſemée de petites taches; pour monſtrer, que le Ciel eſt embelly d'Eſtoiles; la Mer de diuerſes Iſles, & la Terre de Fleurs. D'ailleurs, les choſes particulieres ont accouſtumé d'eſtre diuerſes autour de la ſurface, qui leur ſert comme de toit. L'office de Pan ne ſe pouuoit propoſer ny expliquer plus au vif, qu'en le faiſant Dieu des Chaſſeurs. La raiſon que i'en donne, eſt; Que toute action naturelle, ſoit de mouuement, ſoit de progrez, ne ſçauroit mieux eſtre comparée qu'à vne chaſſe. Les Arts & les Sciences chaſſent apres leurs propres œuures, & les deſſeins des hommes ont pareillement leurs pretentions & leur fin.

En vn mòt, l'on peut dire à bon droit que les actions naturelles vont toutes à la chasse, lors que par des moyens artificieux & subtils, elles cherchent ce qui peut contenter leur goust, ensemble les plaisirs & les delices du corps.

Le Lion suit le Loup, & le Loup suit la Chevre.

L'on tient que Pan est le Dieu de tous les Laboureurs en general, pource qu'ils sont les hommes du monde, qui en leur façon de viure s'accommodent le mieux à la Nature; qui tout au contraire est corrompuë dans les Villes, & à la Cour des grands Rois, par vn excés de déguisemens & d'affetteries. Ce vers du Poëte le demonstre, lors que parlant de la Fille encore ieune, & à marier, il dit,

Qu'elle a de soy la plus petite part.

Or l'on attribuë plus particulierement au Dieu Pan, vn Empire dans les montagnes, pource que la nature des choses se descouure mieux des lieux haut esleuez, que des basses vallées ; si bien que tels lieux sont ordinairement les plus propres à la Contemplation. De dire maintenant, que Pan est apres Mercure vn second Messager des Dieux, c'est vne Allegorie toute Diuine; estant veritable qu'apres le *Verbe Diuin*, la forme de cét Vniuers entonne les loüanges & les grandeurs de la Sapience eternelle. Ce Cantique du Royal Prophete le tesmoigne assez.

Les Cieux vont publiant la gloire du grand
Dieu,
Et le Firmament dit; Ie suis sa Creature,
Et l'œuure de ses mains.

Les Nymphes font passer le temps au Dieu Pan, c'est à dire les Ames des viuans, qui sont les delices du monde, & Pan mesme en est le cōducteur. Nous voyons aussi que les choses suiuent leur inclination naturelle, comme leur chef, autour duquel elles dansent l'vne apres l'autre, auec vne infinie diuersité, conforme à leur propre couſtume, ſans mettre iamais aucune fin à leur mouuement. Quelque part où ſe puiſſe tranſporter cette Nature, ſignifiée par le Dieu Pan, elle eſt touſiours accompagnée des Satires & des Silenes, c'eſt à dire de la Ieuneſſe. Car il n'y a rien dans le mõde qui ne ſe laiſſe fleſtrir à la fin, apres auoir pouſſé dehors les rejettõs de ſa premiere vigueur. De maniere que ſi quelqu'vn regarde de bien pres, comme vn ſecond Democrite, les affections de l'vn & de l'autre aage, il les trouuera poſſible auſſi redicules, que celles des Syllenes & des Satyres.

Quant à la doctrine qui nous eſt propoſée touchant les terreurs Paniques; elle me ſemble inuentée auec beaucoup de Prudẽce. Il n'y a celuy qui ne ſçache, que tous les hommes en general tiennent de la Nature vne certaine crainte, & vne aprehenſion de la vie, ou de l'eſſence, qu'on appelle conſeruation, capable de bannir & d'effacer tous les maux qui leur peuuent suruenir. Il est vray neantmoins que cette mesme Nature ne sçait tenir aucune mediocrité, veu que ce luy est vne chose ordinaire de mesler ensemble les aprehensions profitables, & les terreurs inutiles & vaines. C'est pourquoy si des yeux de l'ame on pouuoit penetrer bien auant dans la nature des choses, on les trouueroit toutes pleines de telles erreurs, principalement les affaires humaines, lesquelles durant l'affliction & l'aduersité, ne manquent iamais d'estre fort trauaillées d'vne certaine superstition, qui ne peut mieux estre comparée qu'à vne terreur Panique.

Par l'audace de Pan, qui fût si hardy que de défier Cupidon au combat, les Poëtes nous ont voulu represéter, Que la Matiere a ie ne sçay quelle inclination, & vn certain appetit à ruïner le monde, & à le reduire à son ancien Chaos; mais que l'extreme concorde, ou la parfaite vnion des choses, denotée par l'amour, ou par le

Dieu Cupidon, tient cette violence en arrest, & la contraint de ne point ſortir des bornes, ny hors de l'ordre requis; tellement que c'eſt vn grand bien pour les hómes, & pour les choſes du monde, qu'en ce combat le Dieu Pan demeure vaincu. A cecy ſe rapporte encore ce qui aduint à Typhon, lors qu'il ſe trouua pris dans des filets. Car quelques grandes & extraordinaires que puiſſent eſtre les choſes, veu que Typhon ſignifie tumeur; ſoit que la terre, les mers, & les nuages viennent à s'enfler, rien n'empeche que la Nature n'enueloppe en des rets indiſſolubles les ſuperfluités des corps, & qu'elle ne les lie enſemble, comme ſi elle en faiſoit vne chaine de diamens, affin qu'ils ne ſortent point hors de leurs bornes.

Pour le regard de ce qu'on attribuë à ce Dieu, qu'allant à la chaſſe le bon-heur voulut pour luy ſeul, qu'il trouuât la Deeſſe Cerés; & que tous les autres Dieux ne la peurent iamais rencontrer, quelque peine qu'ils y priſſent; cela contient vn aduis, qui n'eſt pas moins veritable qu'il eſt iudicieux, & plein de Prudence. Cét aduis nous apprend, Que ce n'eſt pas des Philoſophes, comme des plus grands Dieux, dont il faut attendre l'inuention des choſes vtiles, & bien-ſeantes à la vie, quand meſme ils employeroient à cét effet toutes les forces de leur eſprit; mais ſeulement du Dieu Pan, c'eſt à dire, de la ſubtile experience, & de la reconnoiſſance vniuerſelle de l'eſtat du monde; inuention qui n'aduient la plus-part du temps que par accident, & comme en chaſſant. Par le défi de Pan & d'Apollon en l'Art de Muſique, & par ce qui en aduint, nous eſt enſeignée cette ſalutaire doctrine, Qu'il eſt impoſſible que celuy qui a trop bonne opinion de ſoy-meſme, & qui s'emporte hors des limites, puiſſe reſſerrer des liens de ſobrieté la raiſon & le iugement humain. Car il faut remarquer icy, qu'il y a deux ſortes d'Harmonie, ou de Musique; l'vne de la Prouidence diuine, & l'autre de l'humaine Raison. Le gouuernement des choses du monde, & les plus secrets iugemés de Dieu, sonnent à l'entendement humain, ou, pour mieux dire, aux oreilles des mortels, ie ne sçay quoy de rude & de discordant: Or bien que cette ignorance soit à bon droit demontrée par des oreilles d'Asne, il est vray neantmoins qu'on les porte pour l'ordinaire en cachette, & non pas en public; d'où vient que le grossier populaire ne peut ny voir ny remarquer la deformité de tels iugemens. Bref, il ne faut pas s'estonner si l'on a dit que le Dieu Pan n'aimoit que la Deesse Echo, pour monstrer que le monde ioüit de soy-mesme, & en soy, de toutes les autres choses. Et comme celuy qui aime ne desire que de ioüir, le desir tout au contraire n'a point de bien où l'abondance se trouue: Voylà pourquoy le monde, comme content de soy-mesme, est sans amours,

& sans desirs de ioüir, si ce n'est possible qu'il aime le Discours, representé par les Nimphes & par l'Echo, ou, s'il est plus exact, par Syringue. Or entre les plus excellantes parties de la parolle, on choisit la seule Echo, pour la marier auec le monde. Aussi est-elle la vray Philosophie, qui repete fidellement les parolles de l'Vniuers, qui escrit ce que sa bouche luy dit & qui n'estant qu'vne ressemblence & vne reflection de luy-mesme, n'y adjoûte rien du sien, & ne fait seulement que reïterer les mots apres luy. Il appartient à la perfection & au merite du monde de ne faire aucuns Enfans, estant bien veritable que le monde engendre quant à ses parties; mais quant à son tout, comment peut-il engendrer, si hors de luy-mesme il ne se trouue aucun corps? Touchant sa fille putatiue, appellée *Iambe*, c'est vne certaine addition à la Fable, sagement inuétée pour representer les sciences, qui agissent autour de la Nature des choses,

& s'estendent par tout en quelque temps que ce soit ; mais qui en effet sont inutiles, & comme autant d'enfans exposés ; tantost plaisantes, à cause de leur cajolerie , & quelquefois aussi, facheuses & importunes.

Tovt ce que ie viens de dire est vn pur raisonnement du grand Chancelier Bacon, sur le sujet de cét Embleme, dont l'explication est presque toute comprise dans les vers suiuans, imitez d'Alciat.

Ce PAN *, velu par tout le corps,*
Dont tu vois icy la peinture,
Nous represente les efforts,
Que fait en l'homme la Nature.

Par le haut il s'esleue aux Cieux,
Par le bas il tient de la Beste ;
Le moindre obiet charme ses yeux,
La moindre Paßion l'arreste.

Mais cette partie Animale,
Ou ſe perd, ou s'enfuit de luy:
Si contre ſon humeur Brutale
Il prend la Raiſon pour appuy.

Contre la Gourmandiſe.

DISCOVRS XV.

AVoir cét homme qui n'eſt que ventre, on iuge auſſitoſt qu'il repreſente la Gourmandiſe. Il a le col d'vne grüe, tel que le ſouhaittoit auoir autrefois le diſſolu Philoxene, affin de gouſter mieux les viãdes, & de les ſauourer plus long temps. Auecque cela il tient d'vne main vn Loir, & de l'autre vn Butor, pource qu'à l'imitation de ces oiſeaux inſatiables, il ne ſe peut iamais ſaouler; & tant plus il mange, tant plus il s'imagine d'en auoir beſoin.

Ce vice, à vray dire, eſt vne brutalité bien monſtrueuſe, & bien grande, puis qu'au rapport de Seneque, l'homme a le ventre ſi vaſte, que la mer & la terre luy peuuent à peine ſuffire, au lieu qu'vn pré ſuffit à vn Bœuf, & vne foreſt à quantité d'Elephans. Auſſi faut-il aduoüer, que les deſreglemens & les excez inſupportables à la Nature, ont touſiours rendu odieux ceux qui les ont faits, & particulierement les Princes. Suetone le dit ainſi en la vie de Vitellius, où il luy reproche, Qu'il deuoroit la chair des Sacrifices, ſans ſe donner preſque le loiſir d'attẽdre qu'on l'euſt tirée hors du feu; Qu'au reſte il meſloit enſemble la ceruelle des Faiſãs & des Paons, les entrailles des Murenes, & les langues des Fenicopteres. Ce que Tacite remarque encore, & il y adiouſte, que dans les huict mois de ſon Empire, il conſomma vingt deux millions, cinq cens mille eſcus, en ſes diſſolutiõs, & en ſes desbauches. Cela m'oblige à croire, que les plus grandes calamitez qui s'attacherent autresfois à la fortune des Romains, ne procederét que de leur luxe, & particulierement de leur Gourmandise, qui en faisoit la principale partie. Et sans mentir, comme les maux qui naissent de cette Hydre sont infinis, aussi est-il impossible de les descrire tous. Le grand S. Ierosme en rapporte deux bien remarquables, quand il dit, Qu'elle est vn obstacle aux fonctions de l'esprit, & au corps vn brasier de Concupiscence. A quoy se rapporte encore le sentiment de S. Chrisostome, qui l'appelle la cause efficiente de toutes les maladies, qui mettent l'homme au tombeau. Eusebe racóte à ce propos, Que Domitius Afer mourut à la table, & que les viandes qu'il auoit englouties l'estoufferét en la compagnie de ses amis; ce qui verifie assés ce dire de Galien; *Que ceux qui ont trop de soing de leur ventre, ne peuuent, ny estre sains, ny viure long temps.* Ils se procurent la mort eux mesmes, par le desespoir, qui est le pire de tous les maux, & leur refuge ordinaire, quand il ne leur reste plus dequoy fournir à leur despense superfluë: tesmoin Gabinius, cét homme voluptueux, qui s'estrangla miserablement, ayant vn iour veu ses comptes, & trouué qu'apres auoir despensé la meilleure partie de ses biens en festins & en autres desbauches, il ne luy restoit plus que cent sesterces. I'en pourrois nommer quantité d'autres, qui ont passé leur vie comme luy, & qui l'ont finie aussi de mesme. Mais il me suffit de dire que les plus celebres Autheurs de leur temps les ont tous eus en execration, & que leur memoire est & sera tousiours infame dans les Escrits qu'ils en ont laissez. Possidonius en ses Epigrames, & Theodore d'Hieropolis pestent tous deux contre l'Athlete Theagines, & contre Milon Croteniate; l'vn desquels mangeoit vn Boeuf, & l'autre vn Taureau. Solithee le tragique reproche à Lythiersa, fils de Mydas, qu'il estoit suiet à sa bouche plus qu'homme du monde. Theopompe at-

tribuë

tribuë ce mesme vice à Thiar, Roy des Paphlegoniens. Hellamie fait vne inuectiue sur le mesme suiet contre Erisicthon, fils de Myrmedon, surnommé Atho, c'est à dire *insatiable*. Eubole en son Anthiope, reproche le mesme aux Thessaliens; & Palemon escriuant à Timée, dict que les Atheniens furent si peu ialoux de l'hóneur de leur Nation, & si effrontés, qu'ils dedierent vn Temple à la Gourmandise. I'obmets là dessus les pensees des Comiques, entre lesquels vn certain Platon rapporté par Athenée, eust fort bonne grace de reprocher à Philoxene le Leucadien, Que ses plus serieuses occupatiós estoient dans vne cuisine, où il faisoit son Dieu de son ventre: Et Hermippe l'eust encore meilleure, lors que parlant de Notippe le Tragique, homme gourmand, s'il en fut iamais: Certainement, s'escria-t'il, si tous les autres soldats sçauoient ioüer des cousteaux aussi bien que celui-cy, il ne faudroit que les enuoyer à la guerre, car ie quand il ne leur reſte plus dequoy fournir à leur deſpenſe ſuperfluë: teſmoin Gabinius, cét homme voluptueux, qui s'eſtrangla miſerablement, ayant vn iour veu ſes comptes, & trouué qu'apres auoir deſpenſé la meilleure partie de ſes biens en feſtins & en autres desbauches, il ne luy reſtoit plus que cent ſeſterces. I'en pourrois nommer quantité d'autres, qui ont paſſé leur vie comme luy, & qui l'ont finie auſſi de meſme. Mais il me ſuffit de dire que les plus celebres Autheurs de leur temps les ont tous eus en execration, & que leur memoire eſt & ſera touſiours infame dans les Eſcrits qu'ils en ont laiſſez. Poſſidonius en ſes Epigrames, & Theodore d'Hieropolis peſtent tous deux contre l'Athlete Theagines; & contre Milon Croteniate; l'vn deſquels mangeoit vn Bœuf, & l'autre vn Taureau. Solithee le tragique reproche à Lythierſa, fils de Mydas, qu'il eſtoit ſuiet à ſa bouche plus qu'homme du monde. Theopompe at-

tribuë

tribuë ce mesme vice à Thiar, Roy des Paphlegoniens. Hellamie fait vne inuectiue sur le mesme suiet contre Erisicthon, fils de Myrmedon, surnommé Atho, c'est à dire *insatiable*. Eubole en son Anthiope, reproche le mesme aux Thessaliens; & Palemon escriuant à Timée, dict que les Atheniens furent si peu ialoux de l'hóneur de leur Nation, & si effrontés, qu'ils dedierent vn Temple à la Gourmandise. I'obmets là dessus les pensees des Comiques, entre lesquels vn certain Platon rapporté par Athenée, eust fort bonne grace de reprocher à Philoxene le Leucadien, Que ses plus serieuses occupatiós estoient dans vne cuisine, où il faisoit son Dieu de son ventre: Et Hermippe l'eust encore meilleure, lors que parlant de Notippe le Tragique, homme gourmand, s'il en fut iamais: Certainement, s'escria-t'il, si tous les autres soldats sçauoient ioüer des cousteaux aussi bien que celui-cy, il ne faudroit que les enuoyer à la guerre, car ie ste; ceux de Lucullus, par qui fut premierement introduict le Luxe dans Rome; & encore plus ceux de Neron, & de Commode; qui pour contenter leurs ventres tousiours affamez, dépeuplerent l'air d'oiseaux, la mer de poissons, & la terre de ce qu'elle a de plus delicieux? Ne voudront-ils point esleuer au Ciel toute cette engeance d'hommes goulus, qui rampent comme eux contre la terre? Tel fut autresfois le Romain Apicius, ce deuorateur public des finances du Capitole, qu'on tiēt auoir composé vn liure de l'Art de faire des saupiquets, des sausses, & des ragousts; outre qu'il prit bien la peine luy mesme de nauiguer iusques en Lybie, sur vn simple rapport qu'on luy fit, qu'il y auoit en ce païs-là certaines figues delicieuses, & d'vne grosseur demesurée. Tel fut le prodigue Crispin, qui achetta vn mulot six mille sesterces; Tel Caligula, qui parmy les putains & les maquereaux, engloutit presque tout le Thresor que

Tybere luy auoit laissé; Et tel encore Neron, qui ne cessoit d'yurógner depuis midy iusqu'à la minuict. Ie ne parle point d'Heliogabale, qui ne faisoit point de festin à moins de cét sesterces, ny du ieune Maximin, qui en vn seul repas beut vn demi-muid de vin, & mangea quarante liures de chair; ny de l'Empereur Getha, qui se fit seruir par ordre Alphabetique de toute sorte de mets exquis; & qui fut trois iours entiers à se saouler; ny de Claudius Albinus, qui en vn seul soupé mangea cent poissons, dix melons, cinq cens figues, trois cens huistres, & vingt liures de raisins; ny pareillement d'Astidamante Milesien, qui deuora luy seul toute la viande qu'on auoit seruie au Roy Ariobarzanes en vn festin solemnel.

Voila les braues gens que loüeront ces Sardanapales, pour tant d'explois remarquables qu'ils aurõt faits à la table; Comme au contraire, ils blasmeront publiquement les diettes de Pythagore, les banquets Attiques, les disners des peuples d'Arcadie, les soupers des Lacedemoniens, & l'abstinence des Thraces. Ils tiendront pour ridicules les Prestres Egyptiens, qui estoient trois iours entiers sans manger, les Mages de Perse, qui ne viuoient que d'herbages, & les Gymnosophistes des Indes, qui n'auoient que des pommes en leurs repas ordinaires. Ils ne voudront point ouyr parler, ny d'Anacharsis, ny de Zenon, ny de Telemachus, ny de Protogenes, qui faisoient leur plus delicieuse nourriture de féves, de glands, de raues, de poires sauuages, & de lupins: cette austerité leur fera mal au cœur: Elle passera chés eux pour ostentation, & ne leur seruira que d'vn suiet de risee. Mais qu'ils se mocquent tant qu'ils voudront de la sobrieté de ces grands hommes: pour tout cela leur memoire ne laissera pas d'estre à iamais en veneration. Cette glorieuse habitude, par laquelle ils ont trouué l'art de dompter la faim auec peu de chose, les a mis en possession de toutes les vertus; au lieu que la Gourmandise a rendu esclaues de tous les Vices ceux qui n'ont vescu que pour elle, qui les a fait mourir miserablement. Que si l'on recherche bien quelle a esté leur vie, & quelle est ordinairement celle de leurs semblables, on trouuera que c'est vn Monstre espouuentable, qui tient beaucoup plus de la beste que de l'homme, & d'auec qui sont inseparables generalement tous les defauts les plus imparfaits de l'ame & du corps.

C

DIS

l'homme n

s'attendre a

son trauail,

Car c'est a

Boisson, a

contenan

en vn iour

Contre l'Oisiueté.

DISCOVRS XVI.

CE mysterieux Embleme est tiré d'vn Symbole de Pythagore, qui defend de s'asseoir sur le Boisseau ; comme s'il vouloit monstrer par là, Que l'homme ne doit iamais estre Oisif, ny s'attendre aux biens-faits d'autruy; mais plustost se faire du bien à soy-mesme par son trauail, & par sa propre industrie. Car c'est asseurément ce que signifie le Boisseau, ancienne mesure d'Athenes, contenant autant de bled qu'il en falloit en vn iour, pour la nourriture d'vne perſonne. De maniere que quand Pythagore dit, Qu'il ne faut point s'y aſſeoir deſſus, c'eſt tout de meſme que s'il diſoit, Que ce n'eſt pas aſſez d'auoir auiourd'huy gaigné ſa vie; mais qu'il faut penſer encore à la gaigner pour demain, & fuïr de tout ſon poſſible l'Oiſiueté, comme la pire de toutes les choſes du monde.

Elle eſt en effet le plus grand mal de la vie: & cette propoſition n'eſt pas ſi obſcure, qu'elle ne paroiſſe claire à quiconque la voudra conſiderer. Ie veux qu'il ſoit veritable, qu'entre tant de maux qu'on abhorre naturellement, il n'y en a point de plus odieux aux hommes que ceux qui ſont attachez à la Pauureté, comme encore les maladies du corps, & les vices de l'ame; ſi eſt-ce que pour contagieuſes que ſoient ces imperfections, il n'eſt pas incompatible qu'on n'en retire quelquesfois de l'vtilité, & meſme qu'il n'y puiſſe auoir en elles, ie ne ſçay quoy de loüable. Car nous voyons par eſpreuue, que celuy n'eſt pas moins genereux, qui ſçait vertueuſemét vſer des richeſſes, que cét autre qui n'en poſſedant aucunes, les meſpriſe au lieu de les deſirer. L'on en peut dire de meſme des maladies, leſquelles quoy qu'inſuportables au corps, ſont neantmoins cauſe bien ſouuent, que l'ame ſe détachant des affections de la terre, ſe ramaſſe toute en ſoy, pour s'eſleuer auec moins de peine à la contemplation des choſes celeſtes. Quant au Vice, encore qu'il ne puiſſe de ſoy cauſer aucun bien, il peut toutesfois eſtre ioint à beaucoup de bonnes choſes. De maniere que dans les tenebres meſme de celuy qui en eſt entaché, l'on voit quelquefois eſclatter vne merueilleuſe viuacité d'eſprit, accompagnée d'autant de reſolution que de grandeur de courage. Dequoy ſans mentir l'ancienne Hiſtoire nous donne de beaux exemples, en la perſonne d'Annibal, d'Alcibiades, de Sylla, de Catilina & de pluſieurs autres; qui dans le meſlange de leurs vices, ne laiſſoient pas de cacher de grandes vertus, ſi bien que pour leurs qualitez bonnes & mauuaiſes, on les pouuoit proprement nommer des Monſtres compoſez d'vne diuerſe nature.

S'il eſt donc vray que le Vice, tout pernicieux qu'il eſt, peut auoir quelque liaiſon auec les choſes bonnes & loüables; de ce que ie viens de dire il faut inferer, Que l'Oiſiueté doit eſtre fuye, non ſeulement plus que les maladies du corps, & les diſgraces de la Fortune: mais encore plus que le Vice meſme. Car outre qu'vne ſi dangereuſe peſte n'a iamais eſté cauſe d'aucun bien, il eſt impoſſible qu'il y ait la moindre conformité entre elle, & les qualitez qui ſont reellement bonnes, ou du moins qui en ont quelque apparence. Où cét Hydre croupit lâchement, là n'eſclatte aucun rayon d'eſprit: là n'eſt conceuë la moindre penſée de gloire: Et là finalement ne ſe remarque, ny trace de Vertu, ny ombre d'Immortalité. L'on peut donc bien dire que les ames oisiues n'ont point de vie, non plus que ces eaux marescageuses qui à force de croupir deuiennent mortes, ou corrompuës. En quoy certes les hommes oisifs sont d'autant plus à blasmer, qu'au lieu que les vicieux n'imitent seulement que les Bestes, en perdant l'vsage de la Raison, qui est le plus precieux don de Dieu & de la Nature; ces autres par leur mollesse engagent leur condition dans vn mal-heur sans exemple, d'autant qu'ils se priuent ensemble, & de la vraye Raison, & du bon sens, toutes leurs meditations n'estant que pure folie. C'est estre plus qu'insencé, dit le plus Sage de tous les hommes, que de mener vne vie oisiue. Que si lon en demande la cause; c'est que par l'Oisiueté les passions sont aux hommes, ce que les escueils sont d'ordinaire aux mal-aduisez Nauigateurs; & qu'elle est à proprement parler, la racine & la ſource de toutes ſortes de maux, comme eſtant plus dommageable que n'eſt le Vice. On ne mettra iamais en doute cette verité, ſi l'on ſçait bien conſiderer, qu'encore que le Vice ſoit cōme naturel à pluſieurs, il n'eſt pourtant pas contraire à la nature de l'homme, de qui les mauuaiſes inclinatiōs ſont comme des rejettons, que pouſſe au dehors, vn confus meſlange d'humeurs contraires & mal reglées. Mais quant à l'Oiſiueté, c'eſt vne contagiō fatale à l'humaine Nature, de qui elle eſt mortelle ennemie. Car eſtant certain que l'Action & la Contemplation ſont naturelles à l'homme, c'eſt aſſeurément contre ſa Nature, quand il aduient qu'il ne s'adonne ny à l'vn ny à l'autre. Ainſi d'autant plus que ſont infames, odieuſes & deteſtables les choſes contre Nature, d'autant plus auſſi doit eſt fuye l'Oiſiueté pluſtoſt que le Vice, bien que non pas comme ennemi; mais comme vne choſe qui gaſte & qui deſtruit entierement la

Raiſon, le Sens, & l'Humanité.

Or ce n'eſt pas ſeulement au corps naturel, mais encore au Politique, que l'Oiſiueté cauſe ces pertes & ces dommages: Elle meſme ne deſtruit pas moins les grands que les petits, & ruyne auſſi-toſt les Eſtats des Princes, que les maiſons des particuliers.

Elle a perdu les Rois, elle a perdu les Villes,
Et par elle ont regné les diſcordes ciuiles.

Poſſible auſſi fut-ce pour exterminer vn ſi grand mal, que durant le Regne d'Amaſis, on ordonna que châque Citoyen euſt à comparoiſtre tous les ans deuant ſon Iuge, pour luy declarer à quoy il employoit le temps, ſur peine d'eſtre condamné à mort. Solon ayant appris cette meſme Loy des peuples d'Egypte, l'impoſa depuis aux Atheniens; & voulut de plus, qu'il fût permis à chacun d'accuſer en iugement les pareſſeux & les faineants, comme perſonnes que l'Oiſiueté rendoit eſclaues des vices.

On pratiqua le ſemblable à Rome, où pas vn Citoyen n'oſoit paroiſtre en public, s'il ne portoit ſur luy quelque marque de ſa Profeſſion, ou du meſtier dont il ſe ſeruoit à gaigner ſa vie.

L'homme a donc bien tort d'eſtre pareſſeux, puis qu'au dire d'Ariſtote il n'y a rien d'oiſif en la Nature, & qu'il eſt certain que toutes les choſes de l'Vniuers ont leur trauail, & leur taſche à faire. Cette verité ne peut eſtre contredite; & nous auons vne connoiſſance plus forte que celle de la Nature, qui nous oblige à la confeſſer. Car auec ce qu'il eſt à croire que les Anges s'occupent perpetuellement à ſeruir Dieu, les Cieux à rouler, les Aſtres à communiquer leurs influences, & les Elemens à les receuoir, pour en produire diuerſes choſes; nous voyons par experience que toutes les Creatures trauaillent, comme les oiſeaux à voler, les poiſſons à nager, les Quadrupedes à courir, les Reptiles à ramper, & les Plantes à ſe

renouueller.

renouueler. Iugeons par là de ce que doit faire l'homme, qui est le plus noble de tous les Animaux, & comme le but principal pour lequel Dieu a creé l'Vniuers. Il a tort sans doute, s'il ne deteste l'Oisiueté, & s'il ne mange son pain à la sueur de son visage, comme le deuoir & les Loix diuines l'y obligent. Car il luy vaudroit autant estre enseuely tout en vie, que de viure dans le monde, & de n'agir pas. Tel a esté le sentiment des Anciens, comme il se verifie par l'exemple de Turrantius Senateur Romain. Ce grand homme voyant qu'en consideration de ses trauaux passez, & encore plus de son aage qui estoit de quatre-vingts dix ans, Iules Cesar l'auoit dispensé d'aller au Senat, s'en retourna en son logis, & ny fut pas plustost arriué, qu'il voulut que ses gens l'enseuelissent, & le pleurassent comme s'il eust esté mort. Cependant quelques-vns de ses voisins, qui accoururent au bruit, l'ayant prié de leur dire pourquoy il faiſoit cela; C'eſt, leur reſpondit-il, qu'on m'a oſté mon Employ, pour me reduire à l'Oiſiueté, qui eſt la mort de l'eſprit, & le tombeau de l'homme viuant. Ce qui fit vne ſi forte impreſſió dans ſon ame, qu'il ne voulut point reſſuſciter de cette mort imaginaire, qu'on ne l'euſt auparauant remis en ſa charge, pour l'exercer à l'accouſtumée. En effet, ç'a eſté par le trauail que les plus grands Politiques ont touſiours fait heureuſement fleurir les Eſtats. Car il s'eſt veu par eſpreuue, qu'en toute ſorte de perils & d'euenemens de mauuais Augure, leur vigilance a ſceu deſtourner l'orage dont ils eſtoient menacez. De maniere qu'on ne peut deſaduoüer, qu'en agiſſant de l'eſprit dans le Cabinet, ou de la main dans le Camp, ils n'ayent fait les plus illuſtres actions qui ſe liſent dans l'Hiſtoire. Elle nous le teſmoigne par l'exemple d'Alexandre, dont la plus forte raiſon, pour animer ſes ſoldats, eſtoit de leur dire, qu'il deuoit à ſa diligence toutes ſes Victoires & ſes Conqueſtes.

A cecy ſe rapporte ce que nous liſons de Marc Aurele, qui ſur le meſme ſuiet parlant à ceux de ſa Cour: L'Oiſiueté, leur dit-il, offence les Dieux, ſcandalize les hommes, gaſte les Eſtats: corrompt les Bons, & acheue de perdre les méchans. Les voiries des villes, les cloaques des ruës, & les ſentines des nauires, infectét moins l'air, que cette cõmune peſte n'infecte le monde. Voylà pourquoy ie puis dire ſans mentir (& i'en atteſte les Dieux immortels) que durant vingt ans que i'ay eſté en charge au Senat, & depuis dix autres qu'il y a que ie gouuerne l'Empire, i'ay fait foüetter, ietter dans des puits, enterrer tous vifs, pendre, geſner & bannir plus de trente mille vagabonds, & plus de dix mille putains, que la ſeule faineantiſe auoit débauchées. Ce grand Empereur traittoit ainſi les hõmes oiſifs; & ainſi les puniſſoit encore Caton le Cenſeur. Car il n'alloit iamais par la ville, qu'il ne donnât de l'apprehésion aux gens de mestier qui se hastoient de trauailler quand ils le voyoient, pour n'estre tancez & mis à l'amende, s'ils n'auoient la main à l'œuure.

L'homme estant donc né pour trauailler; comme l'oiseau pour voler, il faut qu'en ses plus tendres années, il apprenne à s'y accoustumer, & qu'il se souuienne de ces peuples dont fait mention Aristote; lesquels dés aussi-tost que les Enfans estoient nais, les souloient plonger dans de l'eau froide, pour les endurcir à la fatigue, comme les Poëtes feignent que Thetys y plongea son fils Achille. Aussi à vray dire c'est le seul trauail,

Qui vient à bout des plus penibles choses,
Qui peut changer nos espines en roses,

& qui a mesme esleué par dessus la condition des mortels tous ces illustres Herôs que l'Antiquité nous vante si fort. Tels sont dans les saintes Lettres, Moyse, Ioſeph, Samuel, Dauid: Tels dans l'Hiſtoire prophane, Hercule, Theſée, Iaſon, Pyrithous, Vlyſſe, Alexandre; & tels ſeront encore en la bouche de la Poſterité tous ceux qui ſçauront imiter ces grands Chefs par des actions laborieuſes, & dignes de la memoire des hommes.

Contre l

DIS

gardoient

donnoit de

té, luy faiso

table de to

tres, qu

les fore

auec qu

Contre l'Amour de ſoy-meſme.

DISCOVRS XVII.

LA Nature auoit comblé Narciſſe de tant de beautez & de graces, qu'il eſtoit vn ſujet d'admiration à tous ceux qui le regardoient. Mais la bonne opinion qu'il ſe donnoit de ſoy-meſme à cauſe de ſa beauté, luy faiſoit auoir vn dégouſt inſupportable de toutes choſes. Ainſi s'aimant vn peu trop, au deſauantage de tous les autres, qu'il meſpriſoit, il ſe retira dans les foreſts, pour y mener vne vie ſolitaire parmy les plaiſirs de la chaſſe, auec quelques-vns de ſes compagnons qui en estoient idolatres. Dés-ja mesme la Nymphe Echo commençoit d'en estre amoureuse, & l'accompagnoit en quelque lieu qu'il allast. Cependant qu'il passoit ainsi sa vie, son Destin le conduisoit d'ordinaire au bord d'vne claire fōtaine, pour s'y reposer au plus chaud du iour. Ce fut là que voyant à sa perte sa propre image, il se mit à la contempler auec passion. Plus il se miroit dans cette onde, & plus il admiroit sa beauté. Mais enfin ne se pouuant lasser de regarder son portrait, l'excez du plaisir qu'il y prit le fit deuenir immobile ; Tellement qu'il fut changé en la Fleur appellée de son nom. Or cette mesme fleur s'espanoüit au commencement du Printemps ; & l'on tient qu'elle est consacrée aux Dieux infernaux, comme à Pluton, à Proserpine, & aux Eumenides.

Cette Fable represente le succez & le naturel de ceux qui de la beauté du corps, ou de telle autre qualité, dont la seule Nature les a doüez, & non leur propre industrie; en tirent vn sujet de s'aymer eux-mesmes, auec vne passion excessiue. Aussi voit-on ordinairement que les esprits qui en sont là reduits, ne s'employent guere volontiers au bien du public, ny aux affaires Politiques. Toute la raison que j'en puis alleguer est, que dans l'estat de la vie qu'ils menent, il leur aduient souuent d'estre baffoüés & tenus à mespris. De maniere que se voyant ainsi mocquez, ils se troublent, & s'auilissent. C'est pourquoy la plus-part du temps ils se retirent aux champs, pour y mener vne vie solitaire & priuée auec quelques-vns de ceux qui ont accoustumé de les courtiser; & qui pareils à la Nymphe Echo, les flattent en tout ce qu'ils disent, & les secondent toûjours, auec vne complaisance de paroles. Cependant, ceux-cy gastez & rendus encore plus vains, tant par la conuersation de telles personnes, que par leur molle façon de viure, demeurent comme eſperdus & rauis dans la bonne opinion qu'ils ont d'eux-meſmes. De cét amour propre ſe forme en eux vne extréme faineantiſe, & vn aſſoupiſſement qui les ſaiſit de toutes parts; & les engourdit ſi fort, que toute la viuacité de l'eſprit les abandonne auſſi-toſt: Et voilà pourquoy les hommes de cette humeur ſont fort à propos comparez aux fleurs du Printemps. La raiſon eſt, pour ce que tels eſprits fleuriſſent, & ſont en eſtime en leurs commencemens: Mais depuis qu'ils viennent ſur l'aage, ils ne font que languir: ſi bien que tout l'eſpoir qu'on s'eſt donné d'eux, ſe perd & s'eſuanoüit. A cecy ſe rapporte encore, que la Fleur ſuſdite eſt voüée aux Dieux infernaux, pour monſtrer que les hommes de cette eſtoffe ne ſont bons à rien. Car les Anciens auoiét accouſtumé de conſacrer aux Ombres & aux Deïtez infernales, tout ce qui ne portoit aucun fruit, & qui ne faiſoit que paſſer, comme le vaiſſeau, qui voguant en pleine mer, fend les vagues legerement, & sans laisser aucune trace de la route qu'il tient.

Ce docte Discours touchant l'Amour propre, est du mesme Autheur que i'ay nommé cy-deuant, & se peut conclure par cét Epigrame tiré d'Alciat.

Narcisse pour auoir esté
Trop amoureux de sa beauté,
Se mirant dans vne fonteine;
Par vn insensible mal-heur,
Se perdit dans son humeur vaine,
Et prit la forme d'vne Fleur;

Ainsi, quand les ieunes Esprits
Ont les vieux Autheurs à mespriss,
Et blasment les grands Personnages;
Dans cét amoureux sentiment
Qu'ils ont de leurs propres Ouurages,
Ils se perdent honteusement.

De l'

DIS

la parmy c
animaux.
mesme vo
& le faire

ta securi
certains
pres du

De l'Estat de l'Homme.

DISCOVRS XVIII.

Es Anciens nous ont voulu faire accroire, que l'Homme estoit l'ouurage de Promethée, qui ne le pestrit que de bouë, si ce n'est qu'il mesla parmy cette masse les parties de diuers animaux. Ils adioustent à cela, que luy mesme voulant deffendre son ouurage, & se faire estimer ensemble Autheur & Cõseruateur de la race des Mortels, monta secrettement au Ciel, portant auec soy certains faisseaux de jong, qu'il alluma pres du chariot du Soleil; & qu'ainsi retourné qu'il fut sur la terre, il apprit aux mortels l'vsage du feu. Mais au lieu que ce bon office de Promethée meritoit de treuuer quelque effect de recognoissance parmy les hommes, ils conspirerent meschamment contre luy, & l'accuserent pardeuant Iupiter. Cette accusation luy pleut grandement, & à tous les autres Dieux, si bien qu'outre le don qu'ils firét aux hommes du commun vsage de cét Element, ils les obligerent encore d'vn nouueau present, qui meritoit bié d'estre preferé à tous les autres, à sçauoir d'vne perpetuelle ieunesse. Dequoy les hommes furent fort contens; mais ils eurent tort de suiure le mauuais conseil qu'on leur donna, qui fut de charger vn asne du don qu'ils auoiét receu des Dieux. D'où il s'ensuiuit qu'à son retour le pauure asne se trouuāt grandemét affligé de soif, rencontra sur le bord d'vne fontaine vn serpent, qui estoit comme la garde de cette eau, & qui ne luy voulut iamais permettre d'en boire, qu'à condition qu'il luy donneroit ce qu'il portoit ſur ſon dos. Le miſerable aſne accepta d'abord cette condition; & ainſi pour vn peu d'eau, le pouuoir de renouueller ſa ieuneſſe, paſſa des hommes aux ſerpens. A quelque temps de là Promethée plus malicieux qu'il n'auoit encore eſté, s'aduiſa de ſe reconcilier auecque les hommes, depuis qu'ils furent fruſtrez de la recompenſe qu'ils auoiét receuë, & s'irrita ſi fort contre Iupiter, qu'il oſa meſler au Sacrifice la Supercherie. Car on tient qu'immolant vne fois deux taureaux à ce Pere des Dieux, il enferma la chair & la graiſſe de tous les deux dans la peau, d'vn ſeul, & qu'il remplit d'os l'autre peau, priant Iupiter auec vne action couuerte d'vn faux zele, & d'vne Religion deſguiſée, de prendre en Sacrifice l'vn de ces bœufs. Or bien que Iupiter déteſtât la ruſe & la mauuaiſe foy de Promethée, neantmoins pour auoir ſuiet de ſe venger, il choiſit la

Victime où estoient les os; & alors tournant son bras à la vengeance, comme il vid qu'il ne pouuoit reprimer autrement l'insolence de Promethée, qu'en affligeant toute la race des hommes (que cét Impie tenoit pour ses creatures) il commanda à Vulcan de luy former vne femme belle par excellence, & qui fut appellée Pandore, pource que pour la rendre plus accomplie, chacun des Dieux y contribua quelque chose du sien. On luy mit en main par apres vn excellent vaze, dans lequel furent enfermées toutes sortes de disgraces, & la seule esperance laissée au fonds; Promethée fut le premier que Pandore alla trouuer auecque le vaze, pour voir si de cas fortuit il ne se mettroit point à l'ouurir; mais luy cauteleux & subtil, ne manqua pas de le reietter. Pandore se voyant ainsi mesprisée, s'en alla treuuer Epimethée, frere de Promethée, de la complexiō duquel il differoit grandement. Celuy-cy sans autre delay, ouurit

urit temerairement le vaze; puis comme il vid que tous les maux qu'on y auoit enclos, s'enuoloient dehors, il s'aduisa de le fermer à la haste, & de toute sa force: mais il n'estoit desia plus temps, si bien que tout ce qu'il pût faire, fut de retenir l'Esperance, qui demeura seule au fonds de la boëte. Enfin Iupiter imputant à Promethée plusieurs grands & enormes forfaits, comme d'auoir desrobé le feu du Ciel, & desdaigné sa Majesté diuine, en luy offrāt vn Sacrifice plein de tromperie; ensemble de s'estre mocqué d'vn don receu de la part des Dieux, y adiousta ce nouueau crime, d'auoir voulu prendre à force la Deesse Pallas. L'ayāt donc estroittement fait lier, il s'aduisa de rendre eternel son supplice.

Pour cet effet il commanda qu'il fût mené au mont Caucase, & là si bien attaché, qu'il n'eust plus moyen de se remuer. D'auantage, pour le tourmenter plus sensiblement, il voulut qu'vn Aigle ſe repeuſt de ſon foye, & qu'il en creuſt autant de nuict, que l'oyſeau en auroit becqueté le iour ; tellement que par ce moyen ſa douleur ne manquoit iamais de matiere, bien qu'ils diſent qu'elle finit auec le temps, & qu'Hercule ayant nauigué par tout l'Ocean dans vne couppe que luy donna le Soleil, arriua finalement au mont Caucaſe, où il deſliura Promethée, tuant à coups de fleches l'oyſeau qui le bourreloit. Certains peuples inſtituerét depuis à l'honneur de Promethée, les ieux des Porte-flambeaux; ainſi appellez, pource que ſi le flambeau de quelques-vns des ioüeurs venoit à s'eſteindre en courant, il eſtoit contraint de ſe retirer, & de ceder la victoire au ſuiuant. De cette façon celuy-là gaignoit entierement le prix, qui le premier de tous portoit le flambeau toûjours allumé, iuſques à ce qu'on luy donnât le ſignal pour s'en reuenir.

Cette Fable eſt pleine de pluſieurs vrayes & graues Contemplations, dont les vnes ont esté iusques à present assez bien remarquées, sans qu'on ait aucunement touché aux autres. Il est euident que Promethée signifie la Prouidence, à laquelle les Anciens ont attribué la Generalité de toutes choses; & de qui la *Constitution* de l'Homme est tirée. Or cette mesme Generalité est le propre ouurage de la Prouidence. L'on peut alleguer pour raison de cecy, que la nature de l'Homme a le siege de la Prouidence en l'esprit & en l'intellect. Mais d'autant qu'en certaine façon il semble incroyable, & comme impossible, de tirer la raison & l'entendement des Principes qui n'ont ny sens ny intelligence; il faut conclure de necessité, que la Prouidence est infuse en l'ame de l'homme, par le moyen du Modele, de l'intention, & de la confirmation d'vne autre Prouidence plus grande. Cecy nous est proposé plus particulierement par cette consideration, *Que l'Homme est comme le centre du monde*, quant aux causes finales;

De maniere que si luy mesme en est retranché, il faudra que tout le reste s'esgare, & qu'il chancelle de part & d'autre, le diuisant de soy, sans s'acheminer à aucune fin. Car comme toutes les choses du monde seruent à l'homme, il tire aussi l'vsage & le fruit de chacune d'elles: Ainsi voyons nous que les tournoyemens des Estoilles seruent pour la distinction des saisons, & pour la distribution des parties du monde; que les Meteores nous mettent dans les moyens de preuoir les tempestes & les orages; de tenir la vraye route en la nauigation, & d'entrer en la connoissance des machines, & des artifices de guerre. Ansi, dis-ie, les animaux & les plantes de toutes sortes, seruent grandement à la vie, soit pour se vestir, ou pour s'entretenir en santé par medicaments, ou finalement pour le plaisir des mortels; si bien qu'il semble que les choses de l'Vniuers n'agissent seulement que pour l'Homme. Or ce n'a pas esté sans vn grãd mystere que les Poëtes ont feint qu'en cette masse & premiere preparation Promethée mella confusément dans la bouë les parties tirées de diuerses choses viuantes; estant veritable que de toutes les matieres contenuës en ce grand Vniuers, l'Homme est le plus *mixte*, & le plus *composé*: D'où vient qu'auec beaucoup de raison, les Anciens l'ont appellé vn petit monde. Il est vray que les Philosophes Chymiques épluchent de trop pres la beauté de ce mot, *Microcosme*; lors que le prenat au pied de la lettre, ils veulent que toute sorte de Mineral, & de Vegetable, ou autre chose semblable proportionnée à cecy, se descouure en l'Homme. Et toutesfois il est bien certain, comme nous auons des-ia dit, que le corps humain se treuue *mixte* & *organique* pardessus toute autre chose; ce qui fait que ses vertus & ses proprietez en sont d'autant plus admirables: Car les forces des simples, bien que certaines & promptes à l'operation, ne ſont pas en grand nombre, pource que le meſlange ne les emouſſe point, & ne les balance nõ plus en aucune façon que ce ſoit. Or eſt-il que le nombre & l'excellence des vertus qui ſe treuuent au corps humain, habitent dans le meſlange & en la compoſition : ce qui n'empeſche pas que l'homme en ſes principes ne ſemble eſtre vne choſe deſarmée, nuë, & retiue à ſe pouuoir ſoulager ſoy-meſme, comme ayant beſoin de beaucoup de commoditez. C'eſt pourquoy Promethée fit en ſorte de recouurer promptement du feu, dont le propre eſt de fournir aux hommes vne infinité d'allegemens & de ſecours neceſſaires à la vie. Certes ſi l'ame eſt appellée *la forme des formes*, & la main, *l'inſtrument des inſtrumens*, c'eſt auec beaucoup de raiſon que le Feu merite d'eſtre nommé *le ſecours des ſecours*, attendu que de luy les Arts mechaniques, & les Sciences meſmes reçoiuent vne prompte aſſiſtance par des moyens infinis. La façon auec laquelle Promethée desroba ce Feu, me semble encore fort bien descrite, selon la nature de la chose. Il approcha, disent les Poëtes, du chariot du Soleil, vne baguette de jōg appellée *Ferule*, pour mōtrer que le Feu s'engendre de la violente collision des corps, par le moyen de laquelle les matieres se subtilisant, reçoiuēt mouuement, & se rendent susceptibles de la chaleur du Ciel. De cette façon elles rauissent par des voyes occultes, & comme à la desrobée, ce mesme Feu au chariot du Soleil. A cette Parabole se ioint vne chose fort remarquable, à sçauoir, qu'au lieu de recognoistre vn si grand bien-fait, les hommes eurent recours à la mesconnoissance, se plaignant à Iupiter, & de Promethée & du Feu. Dequoy neantmoins Iupiter fut tellement aise, qu'il les combla d'vne nouuelle liberalité. Mais à quel propos, dira-t'on, approuuer, & recognoistre l'ingratitude commise contre son Autheur, puis qu'elle est vn vice qui contient tous les autres vices ensemble ?

Cette Allegorie se doit entendre tout autrement; à sçauoir que les plaintes des hommes faites contre la Nature, & contre l'Art, procedent d'vn esprit fort bien moderé, & reüssissent heureusement, mais que le contraire est desplaisant, & desagreable aux Dieux. Car ceux qui sont excessifs à surhausser la nature humaine, ensemble les Arts qu'ils ont receus; & qui tournent en admiration les choses dont ils ioüissent, iusques à vouloir qu'on estime parfaites les sciences dont ils font profession, ne deferét point à la Nature diuine le respect qu'ils luy deuroient rendre, puis qu'ils semblent vouloir esgaler à sa perfection les choses qui leur sont particulieres & propres, D'ailleurs, telles gens sont peu profitables aux hommes, en ce que se faisant accroire d'auoir atteint au plus haut sommet des choses, quand ils les ont acheuées, ils ne cherchét point à passer plus outre. Au contraire ceux qui se plaignent de la Nature & des Arts, retiennent veritablement en eux vn ressentiment d'esprit plus modeste, & se sentẽt de iour en iour esguillonnez à vne nouuelle industrie, & à d'autres inuentions. Ce qui fait que ie ne me puis assez estonner de l'ignorãce & du mauuais Genie de quelques vns, qui pour seruir à l'arrogance de peu de personnes, reuerẽt tellemẽt la Philosophie des Peripateticiens, qui neantmoins n'est qu'vn petit eschantillon de la sagesse des Grecs, qu'ils rendẽt non seulement inutile, mais encore suspecte, & comme perilleuse toute accusation faite contr'elle. A quel propos approuuera-t'on l'opinion du furieux Empedocle, ou celle du resveur Democrite, qui neãtmoins ne fut pas entieremẽt despourueu de modestie, lors qu'en se plaignant il dit, Que toutes choses nous sont cachées, que nous sommes de vrais ignorans, que nous ne voyõs rien, que la Verité demeure cõme submergée au profond d'vn puits, & que le Faux se mesle d'vne estrange façon auec le Vray. Et toutesfois cette opinion des Academiciens ne s'estant point tout à fait iettée dans l'excez, possible vaudroit-il mieux approuuer Empedocle & Democrite, que l'eschole d'Aristote, pour auoir eu trop bonne opinion de soy-mesme. Les hommes doiuent donc estre aduertis en cecy, Que les accusations de la nature des Arts sont si agrebles à Dieu, qu'elles impetrent de sa diuine bonté de nouuelles aumosnes, & de nouueaux dons: que les plaintes de Promethée, bien qu'autheur & maistre, quelques fortes & violentes qu'elles fussent; sont plus saines & plus vtiles que les superfluës actions de graces: finalement, que penser estre bien riche, est vne chose qui se doit mettre entre les principaux suiets de la Pauureté. Quant au don que les hommes receurent des Dieux, pour auoir accusé Promethée (qui fut vne fleur de perpetuelle Ieunesse) il eſt tel, que les Anciens ſembloiét n'auoir aucunement perdu l'eſperance de treuuer des remedes propres à retarder la Vieilleſſe, & prolonger la vie. Ils ont mis auſſi ces remedes au rang des choſes que les hommes ont perduës par leur nonchalance, apres les auoir poſſedées (ſi bien qu'elles ſont reſtées ſans effet) pluſtoſt qu'entre celles qui leur ont eſté tout à fait deſniées. Car il eſt euident, qu'apres que les hommes eurent appris le vray vſage du Feu, & que les abus qui ſe commettent dans les Arts, furent manifeſtement deſcouuerts, la diuine liberalité ne faillit pas d'octroyer tous ces dons aux Mortels, qui firent vne grande faute de les mettre ſur le dos d'vn aſne pareſſeux & retif. Cet aſne ne ſemble eſtre autre choſe que l'Experience, ſi aſſoupie & ſi laſſe d'aller, que ſes pas de tortuë & tardifs ont donné lieu à cette ancienne plainte, *Que la Vie eſt courte, & l'Art fort long*. Et de verité c'eſt mon opinion, que les deux facultez de la Dogmatique, n'ont iamais esté bien iointes ensemble, & qu'on a mis ces nouueaux dons de Dieu, sur vne certaine Philosophie *abstracte*, comme sur vn leger oyseau, ou sur la tardiue & paresseuse Experience, comme sur vn asne retif. Il est vray que cét asne ne nous seroit pas vn Augure d'vn trop grand mal, si les accidents du chemin & de la soif ne le trauersoient. Ie pense pour moy, que si quelqu'vn s'attache constamment à l'experience, comme à vne certaine Loy, il ne portera pas en vain les accroissemés de la liberalité diuine, pourueu qu'au milieu du chemin il ne luy vienne vne soif de ces vaines experiences, qui regardent le gain & la vanité, & qu'il quitte là toutes ces alterations, pour mieux porter le fardeau dont il s'est chargé. La Fable adjoûte, Que ce dō de Ieunesse passa des hommes aux serpens, tant par vne maniere d'ornement, que possible pour les faire rougir de honte, en leur monstrant comme ny par le moyen de leur feu, ny de tous les preceptes de l'Art, ils ne peuuent acquerir vne chose que la mesme Nature a donnée à plusieurs autres animaux. Quant à la soudaine reconciliation des hommes auec Promethée, apres estre decheus de leurs esperances, elle contient en soy vn aduis prudent & vtile, comme aprenant aux mortels combien est grande leur inconstance & leur temerité, en matiere d'experiences nouuelles. Car si l'effect ne reüssit selon leurs desirs, ils abandonnent aussi-tost l'entreprise commencée; & tournant hastiuement à leurs premieres coustumes, se reconcilient auec elles. Ayant descrit l'estat de l'homme, & tout ce qui touche les Arts & les choses intellectuelles, la Fable passe plus auant à la Religion. En effet le culte diuin accompagna l'exercice des Arts, & fut aussi-tost soüillé par l'Hypocrisie: c'est pourquoy par ce double Sacrifice nous est fort à propos representée la personne du vray

Religieux, & de l'Hypocrite aussi. En l'vn le Sacrifice est gras, & les flammes auec les douces odeurs en montent iusques au Ciel, c'est à dire les sinceres affections, & le zele à la gloire de Dieu: outre qu'au dedans se voyent les entrailles de la Charité, & les chairs profitables & saines. Mais pour le regard de cét autre, il n'a que les os arides & secs, qui neantmoins remplissent la peau, & ressemblent à quelque belle Victime. Par où nous sont denotées les apparences de ceux qui sous de beaux semblants de Pieté, font mine d'estre gens de bien par des actions desguisées d'Hypocrisie, & qui seruent plustost à vne vaine monstre, qu'à vne deuotion veritable. Ce que ie treuue encore plus deplorable en cela, est qu'il ne suffit point à ceux-cy d'offrir de semblables Sacrifices à Dieu, s'ils ne font accroire aux autres, que c'est Dieu mesme qui les a esleus à cét effet.

Le Prophete se plaint de telles gens,

quand il dit en la personne de Dieu: *Num tandem hòc est illud ieiunium quod elegi, vt homo animam suam in diem vnum affligat, & caput instar junceæ demittat?*

Apres l'estat de la Religion, la Parabole se tourne aux coustumes, &aux conditions de la vie humaine. C'est vne chose assez commune, & rapportée fort à propos, que Pandore signifie la Volupté, laquelle apres les Arts & les fonctions de la vie ciuile, s'embraze de ses propres plaisirs, comme du don du Feu; D'où vient qu'on la tient creature de Vulcan, pource que c'est luy qui represente le Feu. De cette Volupté, comme d'vne source, se sont espandus sur la terre des maux infinis, tant au corps qu'en l'ame des hómes, & pareillement en leurs biens; à quoy se ioint le trop tardif repētir. Bref, c'est-elle qui a ruyné l'estat de chacun en particulier; & en general, les Republiques & les Royaumes. Il est vray encore, que de cette mesme source, les guerres, les troubles,

& les tyrannies ont tiré leur premiere origine. Icy l'on peut remarquer fort à propos, que cette Fable nous dépeint gentiment deux conditions de vie, comme autant de modeles & de portraits, ſous les deux perſonnes de Promethée, & d'Epimetée. Ceux qui ſuiuent la ſecte d'Epimetée, n'ont point de preuoyance, & ne ſçauent aucunement conſiderer les euenemens. Ils ne font eſtat que des choſes preſentes & delicieuſes à leur gouſt; ce qui eſt cauſe qu'ils ſont trauaillez d'vne infinité d'angoiſſes & de miſeres, qui ne ceſſent de leur faire la guerre. Cependant ils ne laiſſent pas de ſe dóner du bon temps; & meſme pour le peu de pratique qu'ils ont des choſes du monde, il vont roulant dans leur eſprit pluſieurs vaines eſperances, dont ils s'entretiennent, comme de quelque ſonge agreable: ce qui leur ſemble ſeruir en certaine façon, pour adoucir l'amertume de leur miſere. Le meſme n'auient pas aux eſcholiers de Promethée,

c'eſt

c'est à dire aux hommes prudens, qui par la consideration de l'aduenir euitent subtilement plusieurs disgraces qui les menassent, & les rejettent bien loing. Mais il est vray aussi que tels hommes se priuent volontairement de beaucoup de plaisirs, qu'ils sont comme traistres à leur inclination, & ce qui est encore pire, qu'ils se trauaillent & se consument eux mesmes d'vne infinité d'apprehensions & de soins. De cette façon comme ils sont liez contre les escueils de la necessité, des soucis sans nombre (signifiez par l'Aigle, pour ce quils sont *volatiles*) les mordent & les rongent au plus profond des entrailles: Que s'il aduient parfois que la nuict donne quelque relasche à leur mal, & les laisse vn peu respirer, c'est de telle sorte qu'ils retournent aussi-tost à leurs premieres inquietudes, & à leurs ordinaires apprehensions. Tellement qu'il se trouue peu de personnes si heureuses d'vn & d'autre costé, que de ioüir ensemble des commoditez de la preuoyance, & d'estre libres des maux qui mettent vn esprit en desordre. Nul ne peut atteindre à vn si parfait bon-heur, autrement que par le moyen d'Hercule, c'est à dire de la Force, ou de la Constance, qui a cela de propre d'estre toûjours preste contre toute sorte d'euenemens, de se monstrer esgale dans les faueurs, & dans les disgraces de la Fortune, de preuoir sans apprehension, de iouyr sans ennuy, & d'endurer sans impatience. D'ailleurs, on peut remarquer que cette vertu de Promethée n'estoit point naturelle, mais bien accidentaire, & acquise par l'assistance d'autruy. Car il est vray qu'aucune force naturelle ne pouuoit suffire à vn si grand effect. Promethée receut dōc cette Vertu de l'Ocean & du Soleil, puis il l'apporta sur la terre: par où il nous est mōstré, qu'elle mesme se tire de la Sagesse comme du Soleil, ensemble de la meditation de l'inconstance & des flots de la vie humaine, qui battent les pauures mortels, comme ceux qui nauiguent sur l'Ocean. Virgile a fort bien ioint ces deux choses, quand il a dit,

Heureux l'hôme qui peut auoir la connoissance
Des choses d'icy bas, & qui sçait surmonter
La Peur, & le Destin, qu'on ne peut esuiter
De l'auare Acheron mesprisant la puissance.

L'ancienne Fable adjoûte encore fort gentiment, pour mieux fortifier le courage aux hommes, Que ce grand Herôs passa la mer dans vne couppe; afin qu'ils ne s'estonnent trop par la consideration des miseres & des fragilitez de la Nature; & qu'en s'excusant ils ne disent, qu'elle n'est point capable de tant de force, ny d'vne si grande Constance. Le Philosophe Seneque nous remet en memoire cecy, lors qu'il dit, *Que c'est vne grande chose d'auoir ensemble la fragilité d'vn homme, & l'asseurance d'vn Dieu.* Mais il est temps maintenant de reprendre vn point que i'ay à dessein laissé en arriere, pour interrõpre la liaison des choses, à sçauoir l'effort que fit Promethée à la pudicité de Minerue. Ce fut veritablement pour punition de ce crime, qu'vn Aigle luy deschira les entrailles. Cela nous est vn symbole de l'extréme vanité des hommes, qui bouffis d'orgueil pour la connoissance qu'ils ont des Arts, & des Sciences, taschent bien souuent de sousmettre aux sens, & à l'humaine raison, la Sapience diuine; d'où s'ensuit infailliblement la ruyne de leur esprit, & vn chagrin qui les esguillonne tousiours. Il faut donc d'vn iugement sobre & modeste ? sçauoir distinguer les choses humaines d'auec les diuines, & les oracles des sens d'auecque ceux de la Foy; si ce n'est possible que les hommes se laissent emporter à des maximes heretiques, & à ie ne sçay quelle Philosophie capricieuse.

Venons maintenant aux Festes & aux jeux instituez à l'honneur de Promethée, où les hommes couroient, ayans en main des flambeaux ardens. Cecy appartient proprement à la connoissance des Arts, & des Sciences, & contient en soy ce prudent aduis. Qu'il faut attendre la perfection des Sciences, de la succession des fatigues, plustost que de la proptitude ny de la viuacité de personne. Car il se peut faire que ceux qui ont plus de vitesse à la course ne sont pas si propres à conseruer leur flambeau tousiours allumé, estant veritable qu'on peut aussi-tost esteindre vn flambeau en courant viste, qu'en allant bellement. Mais il semble qu'il y a desià long-temps que ces courses & ces combats ont cessé: car nous voyons que les Sciences ont fleury, principalement sous leurs premiers Autheurs; comme par exemple au temps d'Aristote, de Galien, d'Euclide, & de Ptolomée; & que la posterité n'a fait ny tasché de faire beaucoup de choses. L'on deuroit donc bien desirer que ces Ieux à l'honneur de Promethée, ou de l'humaine Nature, se renouuellassent; que l'emulation & la bonne yssuë entrassent en lice, & que la Science ne dependit point du tremblotant & fresle flambeau d'vn seul. Cela doit inciter les hommes à s'esueiller, & à faire preuue de leurs forces, pour ne se point mettre dans l'esprit, que tout le fonds de la Science depend du foible cerueau d'vne poignée de gens. Voilà ce qui me semble esbauché par cette Fable, qui est assez commune, & publiée par les escrits des Anciens.

Ie ne puis nier qu'elle ne contienne encore plusieurs grãdes choses, dont le merueilleux accord sert grãdemẽt aux mysteres de nostre Foy. Mais il me sẽble sur tout que la nauigation d'Hercule dans vne couppe, pour la deliurance de Promethée, est vne figure du Verbe eternel, descendu du Ciel, & enclos dans le foible vaisseau de la chair humaine, pour la redemption des mortels.

Cette matiere est si haute, que ie m'oste

à moy mesme toute licence d'en discourir, afin que ie ne me serue d'vn feu estranger & emprunté, pour l'allumer sur l'Autel du Seigneur.

De la Conuoitise, ou de la Paßion, & de sa nature.

DISCOVRS XIX.

NOus lisons que Semele amoureuse de Iupiter, l'obligea d'vn inuiolable serment, à luy promettre de ne l'esconduire d'aucune chose qu'elle luy puſt demander, si bien qu'ayant requis le Pere des Dieux de s'accoupler auec elle, de mesme qu'auec Iunon, son indiscrette demande fut cause qu'elle mourut dans les flammes. Apres sa mort, l'Enfant qu'elle auoit conceu dans son ventre, en fut tiré dehors, & mis par Iupiter en ſon propre flanc, iuſques à ce que le terme deſtiné à l'accouchement arriua. Cependant ce Roy des Dieux ne pouuoit marcher, & ſembloit eſtre boiteux, pour la grande incommodité que luy cauſoit cét Enfant; qui pour ce ſuiet fut appellé *Bacchus*, ou *Denis*, à cauſe de la peine qu'il luy donna, durant qu'il l'eût dans ſa cuiſſe. Mais aprés qu'il fut venu au monde; Proſerpine eut charge de l'eſleuer durant quelques années. Son viſage auoit de l'air de celuy d'vne femme; tellement qu'il paroiſſoit ambigu de ſexé, ou Hermaphrodite. On tient qu'il demeura mort & enſeuely quelque eſpace de téps, au bout duquel il reuint au monde. En ſa ieuneſſe il inuenta le premier l'vſage du vin, & les moyens de cultiuer la vigne; ce qui le mit ſi fort en eſtime, qu'il ſubjugua tout le monde, iuſques aux dernieres contrées des Indes. On le voyoit ordinairement ſur vn char tiré par des Tygres; & autour de luy certains Demons tous diformes, appellez *Cubales*, qui trepignoient deuant ce Dieu, dont la compagnie estoit encore honorée de celle des Muses. Il prit à femme Ariane, apres que Thesée l'eut abandonnée. Les Anciens luy consacroient le Lierre, & le disoient estre inuenteur de certaines ceremonies, qu'ils nommoient sacrées, bien qu'elles fussent pleines de fureur, de desbauche, & de cruauté; Aussi son vray mestier estoit de rendre les autres forcenez, & de tourner la Raison en rage. Il est certain qu'aux Festes solemnelles de Bacchus, appellées *Orgies*, deux excellens hommes furent mis en pieces par ses Prestresses, à sçauoir Pentée, & Orphée; l'vn pour auoir voulu regarder ses ceremonis du haut d'vn arbre, & l'autre en joüant de la Lyre. Or peu s'en faut que les proüesses de ce Dieu ne se confondent auec celles de Iupiter.

Cette Fable a ie ne sçay quel rapport auec la Coustume, ou l'Habitude; ne s'en pouuant treuuer de meilleure en toute la Philosophie Morale. Sous la personne de Bacchus, nous est descrite la nature de la Conuoitise, ou de la Passion. La mere de la plus nuisible Conuoitise qu'on puisse treuuer, n'est autre que l'appetit, ou le desir d'vn bien apparant: Cette Passion se conçoit par vne enuie illicite, deuant qu'estre bien estenduë, ou examinée. Mais lors que l'affection commence à boüillir, sa propre mere, à sçauoir la nature du bien, se ruïne & se perd dans vn embrazement superflu. Ainsi tant qu'il se treuue de la Conuoitise dans l'esprit de l'homme, qui en est comme le Pere, signifié par Iupiter; elle se cache & se nourrit au-dedans, principalement en la partie inferieure; où elle picque l'ame si auant, que ses actions en sont incommodées, & vont de trauers. Mais depuis que par le moyen du Consentement & de l'Habitude, elle est confirmée & reduite en acte, Proserpine prend le soin de l'esléuer durant quelque temps: Cela veut dire, qu'elle cherche à se cacher dans les lieux escartez & sousterrains, iusques à ce que secoüant le frein de la honte, & de l'apprehension, elle deuient effrontée, & se couure du pretexte de quelque Vertu, mesprisant finalemeut l'Infamie. Il est encore tres-veritable. Qu'vne forte affection semble auoir vn sexe ambigu, pource que son impetuosité tient de l'hōme, & son impuissance de la femme.

Ils ont feint que Bacchus reuint en vie, apres estre mort, our monstrer qu'il ne faut pas adjoûter fpy aux Passiōs, qui ont cela de propre de paroistre endormies, & comme esteintes: mais qui ne manquent iamais de se resueiller bien-tost, quand l'occasion s'en presente, ou lors qu'elles ont tant soit peu de matiere. Quant à l'inuention de la Vigne, ie la treuue ingenieuse & prudente, pource que toute Affection est accorte & actiue à chercher des allechemens. Mais entre tant de choses qui sont paruenuës à la connoissance des hommes, il n'en est point de plus puissante que le Vin, pour esueiller & enflammer quelque Paſſion que ce ſoit: auſſi tout le reſte n'a rien de commun auec cecy. L'on attribuë à Bacchus l'honneur d'auoir cõquis pluſieurs Prouinces, & entrepris vne guerre eternelle, pource que la Conuoitiſe ne ſe contente iamais des choſes acquiſes; au cõtraire elle veut touſiours paſſer outre, eſpriſe qu'elle eſt d'vn deſir inſatiable & ſans bornes.

Les Tygres ſe tiennent aupres d'vne Paſſion ſi deſreiglée, & tirent ſon Char, pour monſtrer que lors que l'Affection ne va plus à pied, mais en coche, ayant gaigné la victoire ſur la Raiſon, elle ſe monſtre cruelle & indomptable à tous ceux qui s'oppoſent à ſes forces. Or ce n'eſt pas ſans ſujet que certains Demons ridicules ſautent autour du chariot de Bacchus, à cauſe que toute Paſſion deſbordée produit aux yeux, en la bouche, & en l'action, des mouuemens inciuils, brutaux, mal ſeants, & plains de legereté: d'où vient que tel paroiſt agreable à ſoy-meſme en quelque eſmotion de Cholere d'orgueil, ou d'Amour, qui ſemble tout à fait ridicule & difforme aux autres.

Les Muſes tiennent compagnie à Bacchus, pour monſtrer qu'il n'eſt point d'Affection qui ne ſemble fauoriſée de quelque Doctrine; Et c'eſt en cecy que la complaiſáce des eſprits amoindrit la majeſté des Muſes, lors qu'elles ſe rendent eſclaues de l'Affection, au lieu d'eſtre les guidés de la vie. Entre les autres Allegories, celle-cy me plaiſt; à ſçauoir que Bacchus ſe rendit amoureux d'vne femme abandonnée d'vn autre mary; eſtant certain que l'Affection veut & deſire ce que l'Experience a rebuté. En quoy j'aduiſe tous ceux qui s'aſſujettiſſent à leurs propres affections, & qui les ſuiuant ne font qu'accroiſtre le prix des choſes dont ils veulent joüir (ſoit qu'elles conſiſtent aux honneurs, aux richeſſes, aux amours, en la gloire, en la ſcience, ou en telles autres qualités) qu'ils ſuiuent indiſcrettement des paſſions, que les autres ont quittées il y a long-téps, apres les auoir eſprouuées.

Le Lierre fut consacré à Bacchus auec beaucoup de mystere. Cét arbre a cela de propre, de conseruer sa verdure en Hyuer : puis de ramper autour des murailles, & de les embrasser de ses rameaux. Quant au premier ; il n'est point d'Affection, qui par le moyen de la repugnance, & cōme par vne maniere d'Antiperistase ne se maintienne en vigueur & en verdure en Hyuer, à l'imitation du Lierre. Pour le regard du second, l'excez de la Passion, qui predomine en l'homme, embrasse toutes les actions & tous les conseils humains, se meslant comme le Lierre & tournoyant parmy eux. Ce n'est pas merueille encore, si les coûtumes superstitieuses s'attribuẽt au Dieu Bacchus ; estãt veritable que toute Affection desreiglée se laisse emporter entierement aux fausses Religions, & qu'elle se tourne en fureur, s'il luy aduient d'assieger l'homme auec trop d'effort & de violence.

L'outrage fait à Pentée par les Prestresses

ſtreſſes de Bacchus qui le deſmembrerent auec Orphée, nous apprend qu'vne Affection ardente ſe rend ordinairement reueſche, & du tout contraire, ſoit aux curieuſes recherches, ſoit aduis ſalutaires & libres. Bref, la confuſion entre les perſonnes de Bacchus, & de Iupiter, peut eſtre fort proprement adaptée à noſtre propos, veu que les entrepriſes illuſtres & honorables, iointes aux merites ſignalez & glorieux, procedẽt tantoſt de la Valeur, ou de la Raiſon, & tantoſt d'vne Affection cachée, ou d'vne Conuoitiſe ſecrette, quelques loüanges qu'y puiſſent apporter les langues, & les voix de la Renommée; de maniere qu'il n'eſt pas beaucoup facile de diſtinguer les faits de Bacchus d'auec ceux de Iupiter.

De la Sci

D I

d'vn oys
demeure
Thebes, f
tagne, d'
embusch
comme l
puissan
certains

De la Science & de la Pratique jointes enſemble.

DISCOVRS XX.

LEs Anciés ont tenu le Sphinx pour vn Monſtre, qui paroiſſoit diuerſement à la veuë. Il auoit le viſage & la voix d'vne ieune fille, les plumes d'vn oyſeau, & les pieds d'vn griffon. Sa demeure ordinaire eſtoit au pays de Thebes, ſur le ſommet d'vne haute montagne, d'où il ſortoit pour ſe mettre en embuſche dans les grands chemins: Puis comme il auoit aſſailly, & reduit ſous ſa puiſſance les voyageurs, il leur propoſoit certains Enigmes embarraſſez & obſcurs, qu'on estimoit venir de la part des Muses. Si ceux ausquels il les proposoit estoient si mal-heureux, que de ne sçauoir expliquer, ny resoudre ses demandes, qui estoient tousiours confuses, & ambiguës, il les deschiroit tout aussi-tost. Cette misere ayant duré long-temps, les Thebains proposerent pour recompense l'Empire de Thebes, à quiconque pourroit expliquer les Enigmes du Sphinx, puis qu'il n'y auoit point d'autre moyen pour le vaincre.

La grandeur de ce salaire esmeut tellement Oedipe, homme prudent, & plain de viuacité, mais incommodé de ses jambes, qu'il se resolut d'en venir à l'espreuue. S'estant donc presenté au Monstre auec beaucoup de confiance, d'abord il luy fut demandé quel pouuoit estre l'animal qui venoit au mõde à quatre pieds, qui n'en auoit que deux par apres, puis trois, & à la fin quatre, comme auparauant. Oedipe respondit à cecy sans s'eſtonner, Que cét Animal n'eſtoit autre que l'homme, qui apres ſa naiſſance ſembloit aller à quatre pieds, tant qu'il eſtoit enfant, ſe ſouſtenant par le moyen de ſes jambes & de ſes mains: mais qui deuenu grand à quelque temps de là, ſe ſeruoit des deux pieds, iuſques à ce qu'en ſa vieilleſſe il prenoit vn baſton pour s'appuyer, ſi bien qu'il ſembloit en auoir trois; & finalement en ſon dernier âge, ſes nerfs eſtant affoiblis, il demeuroit couché dans ſon lict, ou il rampoit, comme s'il en auoit quatre. Oedipe ayant gaigné la victoire par cette veritable reſponſe, donna la mort au Monſtre, dont le corps fut mis ſur vn aſne, & ainſi mené en triomphe. D'auantage on le fit Roy des Thebains, ſuiuant les conditions accordées.

Cette Fable, qui n'eſt pas moins ingenieuſe que belle, ſemble auoir eſté inuteée ſur le ſuiet de la Science jointe à la Pratique. Car ce n'eſt pas ſans raiſon que la Science peut eſtre appellée vn Monſtre, d'autant qu'elle produit dans les eſprits des ignorans d'eſtranges eſtonnemens. Elle eſt differente de figure & de veuë, pour les diuerſitez des ſuiets auſquels elle s'occupe. Son viſage reſſemble à celuy d'vne femme, & ſa voix auſſi, à cauſe de ſon agréement, & des charmes de ſon langage. On luy donne des aiſles, pource que ſes inuentions diſcourent & volent en meſme temps: car les Sciences ſe communiquent entr'elles, comme nous voyons qu'en vn inſtant vn feu en allume vn autre. C'eſt fort à propos qu'on luy attribuë des griffes aigües & rauiſſãtes, pour monſtrer que les arguments & les axiomes des Sciences penetrent bien auant dãs l'eſprit, & qu'ils s'y attachent de telle ſorte, qu'il luy eſt preſque impoſſible de bouger, & de ſe deſueloper. Le Saint Philoſophe remarque cecy, lors qu'il dit, *Que les paroles des Sages ſont comme des aiguillons, & des cloux, qui penetrent fort auant.* Or il n'eſt point de Science qui ne ſemble faire ſa demeure ſur les montagnes : car on la tient de ſoy pour vne choſe ſublime, & qui d'en-haut deſcouure l'Ignorance de toutes parts, comme du ſommet de quelque rocher.

L'on feint encore que la Science ſe met en embuſche aux chemins publics, pource qu'en quelque lieu qu'on ſe treuue, durant ce pelerinage de la vie humaine, il ſe preſente touſiours aſſez de matiere & de ſuiet à la Contemplation. Ce Monſtre propoſe aux hommes des queſtions difficiles, & des Enigmes diuers, approuuez des Muſes, & poſſible ennemis de la cruauté, durant qu'ils font leur ſejour parmy elles. Car tant que nos eſtudes, nos meditations, & nos recherches n'ont point d'autre fin que la Science, l'entendement n'eſt ny reſſeré ny geſné : au contraire il diſcourt libremét, & quelque doute qu'il puiſſe auoir, il ſemble eſtre chatoüillé de ie ne ſçay quel plaiſir, qui ne ſe peut exprimer. Mais depuis que ces Enigmes paſſent des Muſes au Sphinx, c'eſt à dire à la Pratique, ſi bien qu'ils mettent en inquietude l'Action, l'Election, & la Reſolution; c'eſt alors que les Enigmes commencent d'eſtre faſcheux & cruels; D'où il s'enſuit, qu'en cas qu'on ne les puiſſe ny expliquer, ny reſoudre, ils trauaillent eſtrangement les eſprits des hommes, iuſques à les diſtraire de toutes parts, & à les déchirer entierement. C'eſt pourquoy deux conditions ſe propoſent en cét Enigme, à ſçauoir la ruyne de l'eſprit à celuy qui ne les ſçait point expliquer; & l'Empire, à quiconque en donne l'intelligence. Car l'homme qui entend bien vne choſe, en acquiert la fin; & il n'eſt point d'Ouurier qui n'ait de l'empire ſur ſon ouurage. Bref, ces Enigmes ſont de deux ſortes; dont l'vne comprend la nature des choſes, & l'autre celle de l'homme: Auſſi deux Empires ſont les recompenſes de ceux qui les ſçauent expliquer; à ſçauoir l'Empire ſur la Nature, & l'Empire ſur les hommes. La propre & derniere fin de la vraye Physique, n'est autre que l'Empire sur les choses naturelles, c'est à dire sur les Corps, sur la Medecine, & sur vne infinité d'autres objets semblables, bié que les Professeurs, qui dans les Escholes demeurent satisfaits de tout ce qui se presente d'abord, semblét mespriser, & comme rejetter les choses, & leurs effets. L'Enigme proposé à Oedipe, pour l'explication duquel il s'acquit le Royaume de Thebes, appartient à la nature des mortels. Aussi celuy qui a penetré comme il faut dans celle de l'homme, peut de soy-mesme forger sa Fortune, & se dire nay pour commander, chose qui fut attribuée autrefois aux Arts de Romains.

Souuienne-toy, Romain, de regir sous tes Loix.
Les peuples de la terre, &c.

Suiuant ce que ie viens de dire, ce ne fut pas sans sujet qu'Auguste Cesar prit pour Embleme le Sphinx, soit qu'il le fiſt à deſſein, ou de cas fortuit; Et à vray dire, ce Prince bien plus ſçauant que tous les autres dans les maximes d'Eſtat, expliqua fort heureuſement durant le cours des ſa vie pluſieurs Enigmes, ſur la nature de l'homme: En quoy certes s'il eût manqué d'inclination & de viuacité, il fuſt tombé pluſieurs fois en des perils manifeſtes, & qui euſſent attiré ſa ruyne. La Fable adjoûte, Que le corps du Monſtre vaincu fut mis ſur vn Aſne: ce qui me ſemble inuenté auec beaucoup de gentilleſſe, pour monſtrer qu'il n'eſt point de choſe ſi ſubtile ny ſi cachée, qui ne puiſſe eſtre compriſe par vn eſprit peſant & retif, apres auoir eſté publiée, & bien entenduë.

Il ne faut point oublier icy, Que le Sphinx fut vaincu par vn hõme qui auoit les jambes toutes gaſtées; eſtant certain que ceux qui courent à la haſte à l'explication des Enigmes, ſont enfin vaincus par le Sphinx; & qu'au lieu de venir veritablement aux effets, ils ne font que lasser & deschirer leur esprit, à force de controuerses, & de disputes.

DIS

quoy ie dira
est comme
ca
puissent
iours. Le

Des Voluptez, & de leurs allechemens.

DISCOVRS XXI.

CE que l'on raconte des Syrenes, s'approprie fort bien, mais en vn sens assez commun, aux pernicieux allechemens de la Volupté. Surquoy ie diray, que la Sagesse des Anciens est comme vn raisin qui n'a pas esté bien espreint : car quelque chose qu'on en puisse tirer, le meilleur y demeure tousiours. Les Syrenes, filles d'Achelous & de Terpsichere, qui est vne des neuf Muses, eurent des aisles au commencement ;

mais elles en furent enfin priuées; pour auoir temerairement desfié les Sœurs d'Apollon. De leurs plumes les Muſes en firent des guirlandes: depuis elles eurent touſiours des aiſles ſur leur teſte, hormis les Sœurs des Syrenes: leur demeure ordinaire eſtoit en certaines Iſles delicieuſes; d'où deſcouurant les vaiſſeaux de loing; apres les auoir abordés, elles amuſoient premierement par leur chant les nauigateurs; puis les charmoient de telle ſorte, qu'elles leur dõnoient la mort, s'il leur aduenoit de tomber vne fois en leur puiſſance. Elles ne chantoient pas touſiours vne meſme choſe; mais allechoient vn châcun par les moyens qui leur ſembloient les plus conformes à ſon inclination. Cependant, elles cauſoient de ſi grandes pertes, que leurs Iſles ſe deſcouuroient de fort loing, toutes blanches d'oſſemens, pitoyables reſtes des corps qu'on n'auoit daigné enſeuelir. A ce mal vniuerſel furent trouués deux differens remedes, l'vn par Vlisse, & l'autre par Orphée. Les compagnons d'Vlisse eurent commandement de leur Chef de se boucher les oreilles de cire. Luy-mesme desirant d'en voir l'espreuue, & de s'exempter du peril qui le menaçoit, se fit attacher fort & ferme au mast du nauire, & commanda tres-expressément à ses gens, de ne le point deslier, quelques instantes prieres qu'il leur en fit. Pour le regard d'Orphée, sans se reduire aux fers ny aux chaines, il se mit à chanter tout haut sur sa lyre les loüanges des Dieux immortels; Et ce fut par ce moyen qu'il se tira de danger, en euitant les chants de Syrenes.

Cette fiction regarde les diuerses façons de viure des hommes, & semble contenir en soy vne Parabole, qui n'est pas moins euidente qu'elle est agreable. Les Voluptés, qui par maniere de dire, procedent d'vne trop grande abondance de choses, & d'vn excez de plaisir, souloient autrefois, comme aiſlées, rauir les perſonnes par leurs premiers allechemens; mais la Science a fait en ſorte de tenir l'eſprit humain tant ſoit peu en arreſt, & de penſer à ce qui luy peut aduenir; ſi bien que par ce moyen elle a couppé les aiſles aux voluptez, choſe qui eſt aduenuë au plus grand honneur des Muſes. Car depuis que par l'exemple de quelques-vns, l'on deſcouurit que la Philoſophie pouuoit faire naiſtre le meſpris de la Volupté, on la tint auſſi toſt pour vne Science aſſez forte, pour eſleuer l'ame au deſſus de la terre, où elle eſtoit attachée, & rendre meſme celeſtes les penſées humaines, dont la vigueur eſt au chef. La mere des Syrenes demeura ſeule ſans aiſles, & fut cõtrainte d'aller à pied. Celle-cy n'eſt ſans doute autre choſe, qu'vn amas de Sciences legeres; qui n'eſtant inuentées, que pour la Volupté, ſemblent neantmoins auoir eſté grandement eſtimées par cét Ancien

Petronius,

Petronius, qui apres auoir receu vn arrest de mort, chercha les delices au bord de sa fosse; de sorte, comme dit Tacite, que se voulant seruir des lettres à sa consolation, il ne dit rien de conforme à la vraye Constance, s'amusant à proferer des vers pleins de bagatelles, tels que ceux-cy.

Passons, ma chere Lesbie
Heureusement nostre vie,
Et n'estimons vn festu
Le trop seuere langage
Des Vieillards, dont la vertu
S'abat sur le dernier âge.

Et ces autres,

Que le Vieillard au droict s'applicque,
Et qu'vn Esprit melancholique
Examine auec passion
Le Vice, ou la perfection.

Tel sçauoir semble vouloir derechef

oster la Couronne aux Muses, & rendre aux Syrenes leurs aisles. Nous auons desia dit que leur sejour estoit en certaines Isles delicieuses; pour monstrer, que ceux qui ayment les Voluptés, cherchent des lieux à l'escart, pour les y gouster auecque plus de mollesse & de liberté. Quant au chant artificiel des Syrenes, & au dommage qui s'en ensuiuoit, c'est vne chose si commune à tous, & si claire de soy, qu'elle n'a pas besoin d'interprete. Ce qu'on dit des ossemens des corps qu'elles deuoroient, qui se descouuroient de loing, comme des montaignes blanchissantes, est vne chose qui tient plus du subtil que du vraysemblable. Et toutesfois cela nous apprend, que les exemples qui nous viennent d'autruy, ne seruent de gueres contre la corruption des Voluptés, quelques clairs & manifestes qu'ils soient. Il ne reste maintenant que le Symbole des remedes, qui n'est ny secret, ny destitué de prudence. Car trois choses nous sont proposées, pour guerir vn mal si grand & si violent que celuy-cy; dont il y en a deux qui viennent de la Philosophie, & le troisiesme de la Religion.

Le premier moyen d'euiter le danger, est de luy resister d'abord, en fuyant soigneusement toutes les occasions qui peuuent tenter l'esprit, ou bien le porter au mal. Dequoy nous est vne fort belle figure la prudence qu'eurent les compagnons d'Vlysse à se boucher les oreilles de cire; remede qui s'applique pour l'ordinaire aux courages mediocres & rampans; au lieu que les esprits sublimes & genereux, ont moyen de se trouuer en seureté, mesme au milieu des Voluptés, pourueu qu'auparauant ils se soient fortifiés d'vne ferme & inuincible resolution. Ie diray bien d'auantage, c'est qu'ils n'ont rien de plus agreable que de voir l'experience de leurs propres vertus, & de descouurir la brutalité des Voluptés iointe à vn excez de folie, la cõtemplant plutost pour la mespriser, que pour en aprouuer l'vsage. C'est ce que dit Salomon, lors que dans les plaisirs où il s'est trouué plongé, il conclud par cette belle sentence, *la Sapience ne m'a iamais abandonné.*

Aussi est-il veritable, que ces Herôs peuuent quelque-fois estre comme inébranlables au milieu des plaisirs; & se tenir debout dans leurs precipices; pourueu toutesfois qu'à l'imitation d'Vlysse ils defendent à ceux de leur conseil de ne leur obeïr en ce qui est nuisible, & capable de leur corrompuë l'esprit Mais de tous les remedes que nous venons de donner, le plus vtile & de plus grande efficace est celuy d'Orphée, qui rendit sans effect les voix des Syrenes, en chantant les loüanges des Dieux. Par où nous sommes aduisés, que les meditations des choses diuines surpassent en douceur & en force tous les plaisirs de nos sens.

De l.1 I

DIS

quietude
qu'elles o
les menac
Eumeni
le regard
craindr
Elle s'

De la Discorde, & de ses effets.

DISCOVRS XXII.

CEs deux personnes illustres, que vous voyés assises dans vn mesme Throsne, tesmoignent assez à leur mine combien est grande l'inquietude de leur Ame, & le iuste suiet qu'elles ont, d'aprehender cette Furie qui les menace. C'est la plus dangereuse des Eumenides; i'entends la Discorde, dont le regard contagieux n'est pas moins à craindre que le Flambeau qu'elle porte. Elle s'en sert d'ordinaire à brusler les

Cœurs, apres qu'elle y a fait glisser dedans vne Hayne secrette, & vn insatiable desir de Vengeance. Ainsi d'vne petite flammeche elle en allume souuent vn grand Brasier, & reduit en cendre en moins de rien des Villes entieres, qui sont l'ouurage de plusieurs siecles. Car c'est par elle, comme dit Saluste, que les plus grandes choses s'aneantissent, ainsi que les moindres prennent accroissemét par l'Vnion mutuelle. A cecy se rapporte l'exemple de cét ancien Roy des Parthes, qui se voyant sur le poinct de sortir du monde, fit appeller deux de ses Enfans, à l'vn desquels il donna six fleches, & luy commanda de les rompre toutes ensemble. Ce que n'ayant peu faire, apres que le plus ieune les eust prises, & mises en pieces l'vne apres l'autre, ce sage Prince se seruit de cette inuention comme d'vn sujet ingenieux, pour leur apprendre, Que tant qu'ils viuroient ensemble en bonne intelligence, les ennemis, quelque puiſſance qu'ils euſſent, ne leur pourroient iamais nuire. C'eſt pourquoy Ariſtote en ſes Oeconomiques, donnant la definition d'vne vraye Cité ; Elle n'eſt autre choſe, dit-il, qu'vne mutuelle vnion entre les Citoyens. Car ſi les habitans d'vne ville veulent bien viure, il eſt neceſſaire qu'il ny ait entr'eux ny Diuiſion ny Diſcorde ; Et en ſa Politique, il preuue que l'homme n'a point de plus beau chemin que l'Vnion, pour atteindre à la parfaite Felicité. Cela fait dire fort ſagement à Democrite, Qu'vne ville qui ſe donne en proye à la Diſcorde, eſt entierement perduë ; à Socrate, Qu'il n'eſt point de peſte qui ſoit pareille à la Diſſention ; & à Piſiſtratus, Que la plus grande faute que puiſſent faire des Citoyens, c'eſt d'eſtre eux-meſmes les Boute-feux des guerres ciuiles.

Mais qu'eſt-il beſoin de recourir aux raiſons, pour appuyer vne Verité qui ſe ſouſtient d'elle-meſme, & que tant d'exemples que nous en auons, ont rendue indubitable ? N'est-il pas vray que les partialités des habitans de Babilone, furent cause que Cyrus ruïna leur ville de fonds en comble ? L'ancienne Carthage ne fut-elle pas destruite par les sanglantes mutineries de ses principaux Citoyens? Ne sçait-on pas qu'Alexandre se seruit accortement de la diuision des Grecs, pour se les assujettir, & que les Iuifs trouuerent la perte de leur Estat dans les propres desordres de leurs Tribus ? Il faut qu'ō m'aduoüe, que Semiramis n'eust pas si facilement subjugué les Indiens, sans les impetueux orages qui s'esleuerent entr'eux; Ny que le peuple d'Athenes n'eust pas si souuent vaincu les Lacedemoniens, si la seule Discorde n'eust esté la principale cause de leur mal-heur. Ce fut elle-mesme qui fit tōber les Numides sous la puissance des Romains, & qui perdit enfin la fleurissante Ville de Rome, apres qu'elle eust durant tant d'années vescu dans le calme. Il ne faut donc pas s'estonner, si l'Athenien Aristides fit autrefois de si grands efforts, pour pacifier les troubles, qui naissoient de iour en iour, & qui prenoient de nouueaux accroissemens entre ses Compatriotes; Ny si le Censeur Cassius preferant à toute autre chose le bien de la Republique, consacra son Palais à la Concorde, & luy dressa vne riche Statuë, affin que tous ceux qui le visiteroient fussent aduertis; Que les ennemis de la tranquilité publique n'estoient point les bien-venus chés luy.

Le diuin Platon traittant de la Discorde, dict que c'est le propre de ce mal contagieux, de s'attaquer aux plus saines parties d'vn Estat; de renuerser pesle mesle les bonnes loix; de mespriser les Magistrats, de forcer les Iugemens, & de remplir toutes choses de cruauté, de violence, & de rage. Car il est certain que tous les lieux où elle se donne de l'Empire, deuiennent enfin autant de Forests, qui ne ſont peuplées que d'hommes ſauuages & brutaux. Apres la ruïne de Numance, que les Romains auoient long-temps tenuë aſſiegée, bien que toutesfois en vain; Scipion ayant vn iour prié Tireſias, Prince des Celtes, de luy dire la cauſe d'vne ſi forte reſiſtance; n'en euſt point d'autre reſponſe, ſinon que la mutuelle vnion des forces de l'ennemi l'auoit touſiours defenduë, & que ſon mal-heur ne procedoit que de ſa propre Diſcorde. Par où l'on peut bien iuger, que tout ce qu eſt aduenu de tragique & de lamentable aux hommes, a touſiours pris ſon origine de ce pernicieux venin, & de cette peſte vniuerſelle. D'elle meſme auſſi ſe doit enſuiure la derniere decadence des choſes du monde, qui n'arriuera iamais qu'on ne voye incontinent tout l'ordre de la Nature ſe des-vnir, & tous les Elemens ſe diſſoudre, à force de renouueller l'vn contre l'autre, leur ancienne querelle. Ce qui monſtre aſſez que les plus celebres Autheurs de l'Antiquité, n'ont pas ſans raiſon accuſé cette Furie d'eſtre cauſe de la deſolation des Royaumes, & de celle des grāds Princes; Ce qu'vn des meilleurs eſprits de noſtre ſiecle a iudicieuſement exprimé par ces beaux vers.

La Diſcorde au crein de Couleuures,
Peſte fatale aux Potentats,
Ne finit ſes tragiques œures,
Qu'en la fin meſme des Eſtats:
D'elle naſquit la freneſie.
De la Grece contre l'Aſie;
Et d'elle prirent le Flambeau,
Dont ils deſolerent leurs terres;
Ces deux Freres de qui les guerres
Durent encor dans le Tombeau.

Morie, B. f.

De l'Esprit du Monde.

DISCOVRS XXIII.

L'On dit de Pluton, Que l'Enfer luy estant escheu en partage, il perdit toute esperance de se pouuoir iamais marier auec quelque Deïté celeste, s'il y procedoit par les voyes qui sont ordinaires à l'Amour : si bien qu'il falut de necessité qu'il tournast ses desseins au Rauissement.

Il sceut donc si bien prendre son temps, qu'il rauit Proserpine fille de Ceres, tandis qu'elle cueilloit des Narcisses dans les prairies de Sicile, & ainsi l'ayant enleuée dans son coche, il la mena droit aux lieux sousterrains, où d'abord elle fut honorablement receuë, & saluée Reyne des Enfers. Cependant Ceres ne pouuant trouuer sa Flle, qu'elle aymoit fort, en fut tellement faschée, qu'auec vn flambeau qu'elle prit en main, elle courut tout le monde pour la chercher. Mais comme elle vid que toute sa queste estoit inutile & qu'il y auoit quelque apparance qu'elle estoit dans les Enfers, elle eut recours aux gemissemens & aux larmes, ne cessant d'importuner le Pere des Dieux qu'il luy fit rendre sa fille. En effect, Iupiter touché de ses prieres, ordonna en sa faueur, Que si Proserpine n'auoit encore gousté d'aucune chose de celles qui estoient en Enfer, il seroit permis à Cerés de l'enleuer: mais cette condition fut nuisible à Cerés, d'autant qu'il se treuua, que Proserpine auoit mangé trois grains d'vne Pomme de Grenade. Pour tout cela neantmoins Cerés ne quitta

point

point son entreprise, & recourut derechef aux plaintes & aux prieres. A raison dequoy Iupiter voulut, Que Proserpine partageant le temps de l'année, seroit six mois auec son mary, & autant de temps auec sa mere. Il aduint depuis, que par vn effort vn peu trop audacieux, Thesée & Pirithous essayerent de la rauir à Pluton, & de l'enleuer hors de sa couche. Mais le mal-heur voulut pour eux, qu'estans lassez du chemin, comme ils furent arriuez là bas, ils s'assirent sur vne pierre, d'où ils ne purent jamais bouger, mais y demeurerent attachez eternellement. Le Royaume des Enfers demeura doncques à Proserpine, à laquelle fut deferé vn excellent priuilege. C'estoit vne Loy generale, Que quiconque descendroit aux Enfers, n'en pourroit iamais reuenir. Or à cette Loy fut adioutée cette exception, Que si quelqu'vn portoit vn rameau d'or en la maison de Proserpine, il auroit moyé d'aller dans ces demeures sombres, &

mesme de s'en tirer. Ce Rameau, vnique en son espece, se treuuoit dans vne grande & obscure forest, & n'auoit aucune tyge. Il poussoit d'vn autre arbre que du sien ses rameaux dorez, dont les fueilles ressembloient à des gluaux : Que si l'on en coupoit vn, il en croissoit aussitost vn autre.

Cette Fable, qui apartient à la Nature, semble esplucher de prés la Force, l'Abondance, & la Fecondité, qui se treuuẽt aux lieux sousterrains. C'est d'où les choses du monde empruntent leurs rejettons, & leurs germes ; jusqu'à ce qu'elles retournent enfin à leur premier estre, & qu'il s'en faict vne resolution entiere. Par Proserpine les Anciens ont voulu signifier cét Esprit celeste, qui se cache & se renferme dans la terre, representée par Pluton; Cét Esprit, dis-ie, qui separé du Globe superieur, se retient soy-mesme, comme il nous est declaré par ces vers:

Soit que par sa fraischeur, il faille que la terre,
Les semences du Ciel en ses veines enserre.

L'on feint que ce mesme Esprit a esté enleué de terre, pource qu'il est impossible de le rendre *Fixe*, tant qu'on luy donne le temps de se rendre *Volatile*: si bien que par vne soudaine distraction, on le voit se cōgeler & se fixer, comme si quelqu'vn vouloit mesler ensemble l'air auec l'eau; ce qui ne se peut autrement que par le moyen d'vne *Circulation* rapide, & precipitée: D'où il s'ensuit que lon voit ces deux corps assemblez dans leur propre escume, & l'air comme enleué hors de l'eau. Ce n'est pas sans sujet qu'on adjouste, Que le rauissement de Proserpine aduint, lors qu'elle cueilloit des Narcisses dans les vallées, pource que Narcisse prēd son nom de l'assoupissement, qui le saisit quand il fut changé en cette fleur. Cela nous apprend, Qu'il faut rauir l'Esprit de la Matiere terrestre, puis le preparer & le disposer, quand il commence de s'endurcir, & de se congeler. C'est encore auec vne tres-grande raison qu'on attribuë à Proserpine vn honneur qui n'appartient qu'à elle seule, quand on l'appelle Dame, & maistresse de *Dis*; à cause que cét Esprit là gouuerne toutes choses en ces lieux sousterrains, sans qu'il semble que Pluton, qui en est estonné, s'en aperçoiue luy mesme. C'est encore ce mesme Esprit que les forces celestes, denotées par Ceres, taschent de tirer, & de reünir auec vn soin merueilleux. Quant au flambeau tout ardent qui se voit dans la main de Ceres, il nous figure sans doute le Soleil, qui court autour de la terre; & qui auroit plus de force que toute autre chose à recouurer Proserpine, si cela se pouuoit, & si elle ne demeuroit immobile & ferme. La raison de cecy nous est fort bien expliquée par les conditions accordées entre Iupiter & Ceres: estant certain qu'il y a deux moyens de resserrer l'Esprit dás vne matiere solide & terrestre: Le premier ſe peut par *Obſtruction*, ou par *Conſtipation*, qui eſt vne pure violence,& vn emprisonnement: Le ſecond par l'adminiſtration de l'aliment proportionné; en quoy ne ſe trouue rien de violent, ny qui agiſſe auec reſiſtance: car l'Eſprit enclos treuuant dequoy ſe nourrir, ne cherche point à ſe rendre *Volatile*, & demeure *Fixe*, en ſa propre terre. Cela nous eſt démonſtré par la pomme de Grenade que Proſerpine gouſta; qui fut cauſe que ſa mere Cerés ne la pût tirer des Enfers, quand pour cét effect elle courut tout le monde auec vn flambeau à la main. Auſſi la principale cauſe pour laquelle l'Eſprit des corps metalliques & des Mineraux ſe reſſerre pour l'ordinaire au dedans, c'eſt à raiſon de la ſolidité de leur maſſe; Mais celuy des Animaux & des Plantes, habite des corps qui ſont poreux, tellement que le chemin d'en ſortir luy ſeroit ouuert, s'il n'y eſtoit retenu par le gouſt, & par le plaiſir qu'il y prend. Quant à la condition de six mois, elle n'est autre qu'vne gentille description de la diuision de l'an; veu que cét Esprit espandu sur terre à l'esgard des choses Vegetables, s'esleue durant l'Esté aux parties d'enhaut, & se rencontre en Hyuer en celles d'embas.

Ie viens maintenant à l'effort que Thesée & Pirithous firent ensemble, de mettre Proserpine hors des Enfers. Ce nous est vn exemple, Qu'il aduiét souuent que les plus subtils Esprits, qui descendent icy bas dans plusieurs corps, ne peuuent si bien faire, que de tirer & vnir à eux les Esprits sousterrains; mais qu'au contraire estant vne fois fixes, & incorporez, iamais plus ils ne s'esleuent en haut: tellemét que Proserpine augmente par leur moyen, & son Empire & son monde. Pour le regard du Rameau d'or, je diray que c'est icy que nous ne pouuons plus soustenir l'effort des Philosophes Chymiques, qui se promettent de reformer entieremét les corps naturels, & de les tirer, par maniere de dire, de leur Enfer. Quoy qu'il en soit, il est certain que la Chymie ne peut auoir vn fondement de Theorie : I'apprehẽde fort encore, qu'en matiere de pratique, elle n'ait aucunes arres asseurées.

Ie la laisse donc à part, pour venir à ce

auons vne connoissance certaine tirée de plusieurs figures des Anciens, qu'ils n'ont pas tenu pour vne chose du tout impossible, de pouuoir en quelque partie renouueller & reformer les Corps naturels; bien que neantmoins telle chose leur ait toûjours semblé cachée, & hors de la voye ordinaire. A quoy se rapporte possible cette Feinte, que ce Rameau d'or se treuuoit dãs vne espaisse forest, entre vne infinité d'autres arbres. Ils ont feint, qu'il estoit d'or, pour denoter la longue durée de ce Metal, le representant comme enté, à cause que c'est de l'Art seulement qu'il faut esperer vn tel effect, & non pas d'aucune medecine, ny d'aucun moyen non plus qui soit naturel & simple.

DIS

encoreà e
te ſeule, ſ
Ils diſent l
ſeſimpor
luy fut enſ
yant eb
violent
ſtre gra

Des Rebellions.

DISCOVRS XXIV.

LEs Poëtes ont feint, Que la Deesse Iunon faschée de ce que Iupiter auoit de soy-mesme enfanté Pallas, pria les Dieux qu'il luy fut permis encore à elle, de pouuoir engendrer toute seule, sans la ioüyssance de son mary. Ils disent là dessus, qu'elle fit si bien par ses importunes prieres, que sa demande luy fut enfin accordée : De maniere qu'ayant esbranlé la terre, de ce mouuement violent nasquit aussi-tost Tiphon, Monstre grand & horrible, qui fut donné à vn Serpent, comme à vne nourrice, qui eut soing de l'esleuer en son enfance. Mais à quelque temps de là, deuenu grãd & robuste, il fit la guerre au Pere des Dieux. En ce combat, le pauure Iupiter tresbucha sous la force de ce Geant; qui l'ayant chargé sur ses espaules, le transporta en vn pays obscur & fort esloigné, où il le laissa tout impuissant, & mutilé de ses membres, apres luy auoir coupé les principaux nerfs des pieds & des mains, qu'il emporta quant & soy. Peu apres il arriua que Mercure desroba ses nerfs au Geant, & les rendit à Iupiter; qui s'en estant renforcé, assaillit derechef Tiphon. La premiere atteinte qu'il luy donna, fut d'vn coup de Foudre, qui luy fit respandre quantité de sang, d'où nasquit la venimeuse engeance des Serpens qui sont sur la terre. Tiphon cependant voulut mettre son salut en la fuite; mais il fut contraint de se laisser choir, affoibly du coup qu'il auoit receu. A quoy Iupiter ayãt pris garde, il le precipita ſoudainement au pied du mont Ætna, & ainſi il l'eſcraſa deſſous le faix de cette Montagne.

Cette Fable a eſté inuentée, pour eſtre comme vn Symbole de la Fortune des Roys, & des Rebellions qu'on voit ordinairement aduenir dans les Monarchies. Car les Rois ſont, par maniere de dire, mariez auec leurs Royaumes, comme Iupiter auec Iunon. Mais il aduient la pluſpart du temps, que l'habitude qu'ils ont à regner, eſt la choſe du monde qui les trauaille d'auantage, & qui les reduit pluſtoſt à la Tyrannie. De maniere que ſans ſe ſoucier de ſe tenir à l'auis de leurs Eſtats, ils ne veulẽt engendrer que d'eux-meſmes: C'eſt à dire, que leur intention eſt, de gouuerner toutes choſes comme il leur plaiſt, & de ne ſuiure point d'autre Loy que leur propre volonté. Cependãt, tel procedé inſuportable à vn Peuple, fait qu'il taſche encore de ſon coſté de creer vn Chef, & de l'aggrandir. Or comme ceſ menées naiſſent ordinairement des ſe-crettes intelligences de la Nobleſſe; & des plus grands du Royaume; apres qu'on les a bien diſſimulées, l'on taſche de faire ſouſleuer le peuple, d'où s'enſuit vne certaine tumeur aux affaires, denotée par l'enfance de Tiphon. Les choſes reduites en tel eſtat ſe fomentẽt encore plus par la malignité naturelle du Vulgaire, qui eſt vn Serpent grandement dommageable aux Roys. Comme ces nouueaux troubles ont pris tant ſoit peu d'haleine & de force, ils aboutiſſent enfin à vne manifeſte Rebellion: Et d'autant que les maux qui en reuiennent aux Roys & aux Peuples ſont infinis, elle nous eſt repreſentée ſous l'horrible figure du monſtre Tiphon. On luy donne cent teſtes, pour les diuerſes entrepriſes, & les executions qu'elle fait. Ses bouches qui vomiſſent le feu, denotent les embraſemens; & les Serpens dont elle eſt enuironnée, demonſtrent les maladies contagieuſes qui l'accompagnent par tout, principalement dans les sieges des Villes. Ses mains de fer signifiét les assassinats & les meurtres : Ses griffes plus rauissantes que celles de l'Aigle, les extorsions & les voleries. En vn mot, tout son corps semé de plumes est vn Hierogliphe des apprehensions, & des nouuelles que les Courriers apportent à tout moment. Ces Rebellions sont quelquefois si puissantes, & se fortifient de telle sorte, que les Roys, côme transportez ailleurs par leurs sujets mutinez, sont contrains de quitter leurs Thrônes, & leurs meilleures villes, pour se retirer en des lieux obscurs, mesmes aux confins de leur Royaume, comme ils ont perdu leurs principaux nerfs, qui sont l'argent & la Maiesté. Mais apres que leur Prudence a bien combatu les disgraces de la Fortune, ils recouurent enfin ces nerfs, par l'industrie & par la Vertu de Mercure ; c'est à dire, que deuenus affables & recôciliez auec les volontez & les courages de leurs ſujets, ils regaignent ſouuent par leur moyé, vne prompte aſſiſtance d'argent, & en eux-meſmes vne nouuelle vigueur de leur propre authorité. Toútefois, ceux qui ſçauent joindre la ruſe à la Prudence, ſe gardent fort bien de tenter derechef la Fortune, & de reprendre les armes; ce qui n'empeſche pas pourtant qu'ils ne ſoient toûjours attentifs à conſiderer s'il ny a point moyen de ruyner les factions des Rebelles, par quelque action illuſtre & memorable.

Que ſi leur deſſein reüſſit; ces Mutinez deuenus foibles à l'inſtant, & tous effrayez, ſe tournent d'abord aux menaces & aux inſoléces, qui ne ſont que ſifflemens de Serpens. Mais enfin, comme ils voyent leurs affaires au deſeſpoir, ils mettent toute leur aſſeurance en la fuite, ſi bien qu'ils commencent à ſe laiſſer choir; Et c'eſt alors que les Roys ont beau moyen de leur mettre en queuë vne bonne Armée, & de les pourſuiure en toute aſſeurance, pour les accabler, comme auec le mont Ætna, par les forces de leurs Royaumes.

Du Zele indiſcret.

DISCOVRS XXV.

LEs ſignalez faits d'armes de Diomede rendoient ſa gloire fleuriſſante de toutes parts, quand la Deeſſe Pallas, qui l'aymoit extremement, & qui le connoiſſoit aſſez prompt, luy dit vn iour qu'il frapaſt hardiment ſur Venus, s'il la rencontroit dans la meſlée. Il arriua donc que Diomede ne manqua point de mettre en execution le commandement de la Deeſſe, & de bleſſer Venus au bras droit; Acte qui luy reüſſit ſans chaſtiment durant quelque temps. Ainſi apres s'eſtre bié mis en honneur par ſes illuſtres faits d'armes, il s'en retourna en ſon pays, où apres auoir eſpreuué pluſieurs faſcheuſes diſgracés, il fut contraint de s'enfuir en Italie à la mercy d'vn peuple eſtranger. A ſon arriuée, la bonne Fortune le fauoriſant plus qu'auparauant, luy donna pour hoſte le Roy Daunus, qui l'honnora de pluſieurs dons, outre que des Statuës luy furét dreſſées en diuers lieux du païs. Mais il aduint depuis, que ce meſme peuple, vers lequel Diomede s'eſtoit retiré, ſe ſentant affligé de pluſieurs grands fleaux, le Roy Daunus ſe mit dans l'eſprit, que la cauſe en procedoit de ce qu'il auoit donné entrée dans ſon pays, à vn homme Impie, mal voulu des Dieux, & qui auoit eu l'aſſeurãce d'aſſaillir à force d'armes vne Deeſſe, qu'on ne pouuoit toucher ſeulemét, ſans commettre vne grande Impieté. Ayant donc à deſliurer ſon païs, que les méchancetes de ſon Hoſte auoient perdu, & ſçachant d'ailleurs qu'il valoit mieux violer le droit d'Hoſpitalité, que le reſpect qui ſe doit à la Religion, il fit trancher la teſte à Diomede; & voulut de plus que ſes Statuës fuſſent demolies, afin qu'à l'aduenir il n'en reſtaſt aucune memoire. Il y auoit ſi peu d'aſſeurance à ſouſpirer pour vn ſi eſtrange accident, que ſes compagnons meſmes s'abandonnans aux gemiſſemens & aux larmes, à cauſe de la mort de leur Chef, furent changez en certains oyſeaux de l'eſpece des Cygnes, qui chantent à l'heure de leur mort, ie ne ſçay quoy de melodieux & de funeſte.

Le ſujet de cette fiction n'eſt pas commun. Car toutes les autres Fables ne diſent point qu'aucun Herôs, reſerué vn ſeul Diomede, ait iamais eſté ſi hardy, que d'attaquer vne Diuinité, les armes à la main. Cette Fable nous ſemble depeindre l'image & la Fortune d'vn homme violant, & qui n'a point d'autre but en ſes actions, que de vouloir par la ſeule force, pourſuiure, & exterminer quelque ſorte de culte diuin, ou de Religion, quoy que vaine & legere. Or bien que les entrepriſes de ſang, faites pour la Religiō, fuſſent incognues aux Payens (eſtant veritable que les Dieux des Gentils n'eſtoient nullement jaloux de leur culte, ce qui eſt le propre attribut du vray Dieu) il ſemble neantmoins qu'en ces premiers Siecles, la Sageſſe eſtoit ſi grande & ſi ample, que par le moyen des meditations & des ſimulacres, ils comprenoient ce qu'ils ne pouuoient ſçauoir par Experience. Ie dis donc, que ceux qui par des effects de ſang & de feu, ou bien par l'aigreur des ſupplices, taſchent d'arracher, & d'abolir quelque Secte, ou quelque Religion, bien que vaine, gaſtée, corrompuë & infame (dequoy Venus eſt vn Hyerogliphe) & qui ſe trauaillent à la corriger & a la conuaincre par les armes, pluſtoſt que par la force de la Raiſon, de la Doctrine, & de la Sainteté de vie, ou par le poids des exemples & de l'Authorité, sõt possible incitez à cela par la Deesse Pallas ; c'est à dire par vne certaine Prudence violente, & par vn iugement trop seuere. L'efficace, ou la vigueur de ces choses, les fait entrer si auant dans la consideration de telles tromperies, & des abus qui s'ensuiuẽt de semblables fautes, qu'esmeus ensemble d'vn bõ zele, & d'vne hayne qu'ils ont conceuë contre les faussetez, ils s'acquierent fortuitemeut, & pour quelque tẽps, vne grande gloire. De là vient que le menu peuple, à qui les choses moderées ne peuuẽt estre agreables, estimãt tous les autres hommes froids & timides à comparaison de ceux-cy, publie leurs merites par tout, & les considere comme insignes deffenseurs de la Religion & de la Verité. Et toutefois cette espece de bon-heur & de gloire paruient rarement au bout de sa course. D'où il s'ensuit que si par la mort elle n'euite bien-tost la reuolution des choses, comme toute autre violence, sa prosperité se perd sur la fin. Mais s'il aduient aussi que les affaires changent de face, ou que la Secte raualée & persecutée, vienne à s'esleuer, & à prendre de nouuelles forces; c'est alors que les hommes voyent leur zele indiscret entierement condamné, leur imprudence abatüe, leur nom rendu odieux, & tous les honneurs qui leur estoient auparauant deferez, changez en autant d'opprobres & d'infamies. L'accident tragique de Diomede, tué par son hoste mesme, nous apprend, Que les troubles suscitez pour la Religió, allument entre les plus proches parens, vne infinité de trahisons & de guerres secrettes. Les deffenses faites de pleurer sa mort, sur peine de punition, seruent à monstrer, Que les hommes ont vne inclination naturelle à la pitié, Que les ennemis des meschancetez ne laissent pas d'estre touchez de la misere de ceux qui les ont commises; & qu'ainsi il faut bié qu'vn mal ait atteint à son extremité, quand on ne donne point de lieu aux larmes. Cela se voit ordinairement en matiere de Religió & d'Impieté. Car en cette cause, si les hómes font le moindre semblant d'auoir de la compassion pour autruy, ils sont remarquez incontinent, & tenus pour suspects. Au contraire, les gemissemens & les pleurs de ceux d'vne Secte, n'esclattent iamais si fort qu'au dernier moment de leur vie; En cela semblables au chant de ces Oyseaux pleintifs, en la forme desquels les Compagnons de Diomede furent changez. Cette partie de l'Allegorie est encore fort remarquable, en ce que ceux qu'on fait mourir pour le suiet de la vraye Religion, ont accoustumé, comme de beaux Cygnes, de fléchir d'vne merueilleuse façon les courages les moins sensibles à la pitié, & de viure dans la memoire des hommes, sans pouuoir iamais en estre effacez.

De la M...

DISC...

noissance d...
sçauoit pa...
core le Pa...
qu'outre s...
de deuiner...
Interpret...
te l'Anti...
dans vn...

De la Matiere, & de ses conditions.

DISCOVRS XXVI.

LE Vieillard Protée, comme disent les Poëtes, seruit de Berger à Neptune, & fut appelle trois fois tres-grand, pour la merueilleuse connoissance qu'il auoit de l'Aduenir: car il ne sçauoit pas seulement le Futur, mais encore le Passé & le Present. De maniere qu'outre sa grande intelligence en l'Art de deuiner, il estoit cóme Ambassadeur & Interprete de plusieurs secrets, & de toute l'Antiquité. Son ordinaire sejour estoit dans vne grande Cauerne, où il auoit accoustumé de conter sur le midy ses troupeaux de Balenes, & de s'endormir là dessus. Ceux qui se vouloient seruir de luy en quelque chose, n'en pouuoient venir à bout autrement, qu'en le liant estroitement par les bras: Alors cóme il se voyoit enchaisné, pour se deslier plus facilement, il auoit accoustumé de prendre toute sorte de formes esmerueillables, & de se trãsmuer, tantost en feu, tantost en riuiere, & maintenant en beste sauuage; jusques à ce qu'enfin il reprenoit sa premiere forme.

Le sens de cette fiction Poëtique semble toucher les secrets de la Nature, & les conditions de la Matiere. Sous la persõne de Protée est comprise cette mesme Matiere, qui est la chose la plus ancienne apres Dieu. Elle fait sa demeure en la concauité du Ciel, comme dans vne Cauerne, & sert le Dieu Neptune, pource qu'il n'est point d'action, ny point de distribution de la Nature, qui ne s'exerce principalement dans les choses liquides. Par les troupeaux de Protée sont figurées les ordinaires Especes des Animaux, des Plantes, & des Metaux ; où la Matiere s'espād, & se conserue de telle sorte, qu'ayant vne fois acheué de former ses Especes, & faict ce qui est de son deuoir, lon diroit par apres qu'elle dort & se repose, sans faire le moindre effort de s'apprester à la procreation d'aucune autre Espece. Cela nous est demõstré par le compte que fait Protée de ses troupeaux, deuant que dormir; A quoy il ne s'amuse ny au matin, ny au soir, mais en plein midy; pource que la generation & la corruption des choses ne se font jamais qu'en leur saison legitime, & lors que la Matiere estant preparée, & disposée comme il faut, se produisent les Especes des choses. Or ce temps doit tenir vn milieu entre les premiers principes, & leur derniere vieillesse, tel qu'il fut en la premiere creation de châque Espece, comme la sainte Escriture nous l'apprend: Car par la vertu de cette parole de Dieu *Producat*, la Matiere obeit aussi-tost au cōmandement de son Createur, sans suiure ses circulations ordinaires; Si bien que tout à coup il se mit à reduire en acte ses œuures, & fit l'Espece.

La Fable de Protée, libre & deslié auec son Bestail, estend jusques icy sa Narratiō; Et nous monstre que l'vniuerselle Generalité des choses, auec sa fabrique, & sa tissure ordinaire, est la face de la Matiere, qui n'estant ny lieé, ny resserrée, se peut mettre au rang des choses appellées des Latins *Materiatæ*, Toutesfois, s'il aduient qu'vn Esprit, qui excelle en la connoissance des secrets de la Nature, la trauaille & la violente en quelque façon; comme si c'estoit auec dessein de la reduire à neant (ce qui ne peut aduenir que par la toute-puissance de Dieu) c'est alors que se trouuant à cette extremité, elle se transforme & se change diuersement, prenant plusieurs ressemblances de choses du tout admirables, jusqu'à ce qu'enfin ayãt faict sõ tour, elle se voit sur le point de retourner en son premier estat, si la violence fatale va continuant. Alors le moyen de lier estroittement la Matiere sera plus aisé, si on l'estreint par les bras, c'est à dire par les extremitez. Pour le regard de ce que la Fable adjoûte, Que Protée fut vn excellent Deuin, par qui furent cogneus trois diuers temps, qui sont le Passé, le Present, & l'Aduenir; cela se rapporte fort bien à la Matiere. Car pour auoir vne parfaite connoissance de ses proprietez, & de son progrez, il faut de necessité comprendre ensemble le principal acte des choses qui ont esté desia faites, qui se font, & qui se feront, bien que cette connoissance ne s'estende point sur châque partie en son particulier.

Des

D I

vouloie
la repen
quoient
attribu
qu'ils f
d'Enfe
Dis, y
noyoit

Des accords, ou des Traittez des Princes.

DISCOVRS XXVII.

TOVTES les Fables sont pleines de cét vnique serment, dont les Dieux celestes auoient accoustumé de s'obliger, quand ils vouloient qu'aucun lieu ne leur restât à la repentance. Par ce serment ils n'inuoquoient ny la Majesté du Ciel, ny aucun attribut diuin, mais bien le seul Styx, qu'ils feignoient estre vn certain fleuue d'Enfer, qui serpentant par la Cour de *Dis*, y rouloit ses noires ondes, & tournoyoit en diuers endroits. C'estoit la seule formalité qu'ils obſeruoient en iurant, hors laquelle nul autre ſerment ne leur ſembloit inuiolable ny ferme. Que ſi quelqu'vn y contreuenoit, il encouroit auſſi-toſt le nom & la peine de Pariure, que les Puiſſances celeſtes redoutoiét par deſſus toute autre choſe; outre que durant quelques années, il eſtoit banny des feſtins & des aſſemblées des Dieux.

Cette Fable a ie ne ſçay quel rapport auec les accords, & les traitez que les Princes font d'ordinaire; où la Verité fait voir ſouuent, que les conuentions confirmées par quelque ſermét, ne ſont pas touſiours bien fermes; De maniere qu'on peut dire que tels ſermens ſe pratiquent pluſtoſt par vne certaine oſtentation d'honneur, de reputation, & de compliment, que pour vn teſmoignage de Foy, d'aſſeurance & de veritable effet. Que ſi meſme on y adjoûte les liens de la Parenté, comme de certains ſermens de la Nature, cela n'oſte rien pourtant, ny à

l'Ambition

l'Ambitiõ, ny à l'inthereſt particulier, ny à la licence de commander, à qui l'aduantage demeure touſiours. Ce qui eſt d'autant plus facile, qu'il eſt bien-aiſé aux Princes de couurir enſemble leur Conuoitiſe, & d'authoriſer le peu de ſincerité de leur Foy par diuers pretextes, & par belles apparences; comme n'ayant à rendre compte à perſonne, qui leur puiſſe ſeruir d'Arbitre. Par ce moyen il ne leur reſte qu'vn propre & ſeul fondement de bõne Foy, laquelle ne conſiſte point en aucune Deïté celeſte, mais bien en vne preſente Neceſſité, qui eſt aux Grands vne puiſſante Deeſſe. Elle nous eſt fort bien repreſentée par le Styx, fleuue fatal, & qu'on ne peut repaſſer. Ce fut le Dieu qu'inuocqua l'Athenien Iphicrates, en la concluſion de la Paix qu'il fit auec les Lacedemoniens. Or d'autant que luy ſeul profera tout ouuertement ce que pluſieurs autres s'imaginoient en leur ame, ſans l'oſer dire; il ne ſera pas hors de propos de rapporter icy ses propres paroles. Ce grand homme s'aduisant que les Lacedemoniens ne faisoient qu'inuenter & proposer vne infinité de ruses, de Loix & de diuers liens, pour estreindre & arrester des Articles de Paix, se mit à parler ainsi: *L'on ne peut, ô Lacedemoniens, treuuer qu'vn seul lien parmy vous, ny establir qu'vne seule asseurance; que nous tiendrons pour inuiolable, si vous demeurés d'accord de nous auoir remis entre les mains des choses qui vous ayent osté le pouuoir d'offencer autruy, quand mesme vous en auriez toute la volonté qu'on sçauroit auoir.* Cela monstre assez, que s'il n'y a plus de lieu à l'offence, ou si des accords & des articles rompus s'ensuit vn peril euident de perdre l'Estat, ou d'amoindrir ensemble le reuenu du Public, lon peut bien enfin estimer telles conuentions inuiolables & saintes, ou pour mieux dire, comme confirmées auec vn serment solemnel, presté sur le fleuue Styx. Lon ne laisse pas cependant d'estre dans vne perpetuelle apprehension de se voir banny pour vn temps du banquet des Dieux; par où les Anciens nous ont voulu signifier les prerogatiues & les raisons d'vn Estat, ensemble l'abondance & le bon-heur qui peuuent l'accompagner.

Qu'il n'es

DIS

le del'Occ
peignent a
dos, sur l
main droi
gauche v
clos certa

Qu'il n'eſt point de Grandeur ſans deplaiſir.

DISCOVRS XXVIII.

NEMESIS, ſelon la Fable, fut vne Déeſſe reuerée d'vn chacũ, & redoutable à ceux qui eſtoient le plus en Fortune. Les Poëtes la font fille de l'Ocean & de la Nuict, & nous la peignent ainſi. Elle auoit des aiſles au dos, ſur la teſte vne Couronne, en ſa main droite vn jauelot de heſtre, & en la gauche vn vaſe, dans lequel eſtoient enclos certains Ethiopiens. Bref elle eſtoit montée ſur vn Cerf, animal d'extreme viſteſſe à la courſe.

Le ſujet de cette feinte ſemble eſtre tel. Par le nom de Nemeſis, la Vengeance eſt ſignifiée aſſez clairement. Car la principale charge de cette Déeſſe, comme de quelque Tribun du Peuple, eſtoit de ſe gliſſer dans la conſtante & perpetuelle felicité des plus fortunez; d'y apporter de l'empeſchement, de tenir en arreſt les inſolences, & d'en faire de meſme des proſperitez, quelques innocentes & moderées qu'elles fuſſent ; comme n'eſtant permis d'admettre au banquet des Dieux aucun de la race des hommes, ſi ce n'eſtoit pour luy faire affront. Auſſi à n'en point mentir, ie ne lis iamais ce chapitre de C. Pline, où il raconte les diſgraces & les miſeres d'Auguſte Ceſar (Prince d'ailleurs grandement heureux, qui auoit de la Nature vne certaine induſtrie de ſçauoir gouuerner la Fortune, & de la poſſeder entierement, ſi bien qu'il fut impossible de remarquer jamais en son esprit la moindre apparéce d'Orgueil, d'inconstance, & de bassesse de courage, veu qu'il se monstroit quelquefois resolu de mourir volontairement,) qu'en mesme temps ie ne me figure qu'il falloit que cette Déesse fust bien-puissante, pour tirer vne telle Victime sur son Autel. Elle estoit fille de l'Ocean & de la Nuict, c'est à dire de la reuolution des choses, & du iugement diuin, obscur, & secret. Telle reuolution, ou plustost cette Vicissitude, nous est fort proprement denotée par l'Ocean, à cause de son perpetuel flux & reflux; & quant à la Nuict, elle est vn Symbole de la Prouidence Diuine. Les Payens mesme ont sçeu fort bien remarquer cette Nemesis Nocturne, pour monstrer que le iugement des hommes est fort different de celuy de Dieu.

Riphée y tomba mort, accident lamentable,
Bien qu'il fust des Troyens vn Chef tres-equitable

Le plus aymé des Dieux, & le plus iuſte auſſi :
Mais quoy ? les Immortels le voulurent ainſi.

Nemeſis eſt deſcrite auec des aiſles, à cauſe des ſoudaines reuolutions des accidens humains, qui aduiennent pour l'ordinaire, lors qu'on y penſe le moins : Auſſi le ſouuenir que nous auons des affaires du paſſé, nous fait voir qu'il eſt preſque toûjours aduenu que les grands hommes, & les plus aduiſez, ont trouué leur perte dans les dangers qu'ils ont mépriſez. Ainſi M. Ciceron ayant eu aduis de la part de Decius Brutus, de la mauuaiſe volonté qu'Octauius Ceſar auoit pour luy, & de ſon courage vlceré, ne luy fit point d'autre reſponſe que celle-cy; *Vrayment, mon cher Brutus, ie vous ayme d'autant plus que mon deuoir m'y oblige, ayant pris la peine de me donner aduis de toutes ces bagatelles, qui ne meritent pas qu'on en parle.* Pa l'enſeigne de Souueraineté que Nemeſis a ſur la teſte, eſt ſignifié l'éuieux & le malin naturel du Commun, qui a cette couſtume de ſe reſioüir, & de couronner Nemeſis, quand il void tomber du haut de la roüe les plus aduancez en Fortune. Elle porte en ſa main droite vne lance, ou vn Iauelot, pour en trauerſer ceux que bon luy ſemble. Quant aux autres, qu'elle ne veut pas tout à faict abbattre ſous le joug des miſeres & des diſgraces, elle leur met deuant les yeux la bouteille où la fiolle qu'elle ſouſtient de ſa main gauche, où ſe deſcouure vn ſpectacle malencontreux & hideux à voir. Car les Grands du monde, ou ceux qui ſont eſleuez au plus haut cóble des felicitez de la terre, ſe repreſentent ſans ceſſe la mort, les maladies, les diſgraces, les trahiſons, qui leur ſont tramées par les artifices des leurs; Bref les embuſches des ennemis, les reuolutions des affaires, & autres tels accidens, qui ſemblent autant de Mores dans cette fiolle; objet effroyable à la veuë des regardans.

Virgile descriuant le faict d'armes de Cleopatre en la iournée Actiacque, adjoûte auec beaucoup d'eloquence & de grace

La Royne auec son luth semond de toutes parts
Les ardans escadrons qui suiuent le Dieu Mars;
Et ne voit pas encor la piqueure mortelle
De deux cruels Serpens s'enuenimer contr'elle.

Et à vray dire, elle ne tarda gueres à voir les bataillons entiers de ces Ethiopiés, se presenter à ses yeux, quelque part qu'elle se tournast. En vn mot, ce n'est pas sans raison que la Fable adjoûte sur la fin; Que Nemesis est assise sur vn Cerf. Car bien que cét animal soit plein de viuacité, il peut arriuer neantmoins que l'homme rauy par la mort en la fleur de son aage preuienne & esuite les coups de Nemesis; comme au contraire, il faut necessairement qu'il luy soit sujet, s'il deuient puissant, & aduancé dans vne grande Fortune.

Du co

DIS

des deux
la victoire
furent, Q
qu'il, il a
qu'a con
le payou
blou a
victoire
course,

Du combat de l'Art auec la Nature.

DISCOVRS XXIV.

ATalante estant fort prompte à la course, fit vn deffi à Hypomene, pour esprouuer lequel des deux iroit plus viste, & gaigneroit la victoire. Les conditions de ce combat furent; Qu'en cas qu'Hypomene vainquist, il auroit pour femme Atalante; & qu'au contraire s'il demeuroit vaincu, il le payroit aux despens de sa vie. Il sembloit aisé de juger à qui demeureroit la victoire; puis qu'Atalante, inuincible à la course, s'estoit desja mise en honneur, par la ruïne de pluſieurs, auſquels elle auoit gaigné le deuant : Ce qui fut cauſe qu'Hypomene ayant recours à la tromperie & à l'artifice, fit prouiſion de trois pommes d'or, & les porta quant & ſoy : Comme il fut donc queſtion d'entrer dans la lice, Atalante ne manqua point à deuancer Hypomene ; qui ſe voyant laiſſé en arriere, recourut à ſon artifice, & jetta en meſme temps l'vne des trois pommes d'or à la veuë d'Atalante; Ce qu'il ne fit pas en pleine lice, mais à l'eſcart, pour l'amuſer d'auantage, & pour la mieux deſtourner de ſa route. Ainſi la conuoitiſe commune aux femmes, & la beauté de cét or roulant l'allecherent ſi bien, qu'au lieu de courre tout droit, elle tourna ſes pas vers la Pomme, affin de la prendre : Cependant Hypomene euſt loiſir de s'aduancer vn peu, & de laiſſer Atalante derriere ſoy. Mais par le moyen de ſa naturelle viſteſſe, elle ne tarda guere à reparer le dommage du temps perdu; & mesme elle gaigna le deuant à Hypomene ; qui neantmoins l'ayant amusée auec ses pommes d'or, iusques à la troisiesme fois, fit en sorte qu'enfin il demeura victorieux, non pas tant par les effets de son courage, que par ceux de son propre artifice.

Cette feinte nous semble proposer vne Allegorie bien remarquable, du contraste de l'Art auec la Nature. Car il est certain que l'Art signifié par Atalante, se rend par sa propre force beaucoup plus prompt & plus habile que la Nature, s'il ne treuue point d'empeschemét ny d'obbstacle, & qu'ainsi par la grande vistesse de son cours, il atteint le premier au but. L'experience nous apprend cecy tous les iours ; comme il se void par le fruit de l'arbre, qui se treuue bien meilleur enté, que celuy qui prend son accroissement par le moyen du noyau que l'on plante. I'adjoûte à cecy, Qu'en la generation des pierres, la terre fangeuse de soy, ne s'endurcit pas si tost qu'elle fait, quand on y cuit des carreaux de brique. Que s'il est question de venir aux choses morales, l'on peut remarquer qu'vn allegement de douleur, & la consolation qui s'ensuit apres quelque perte qu'on a faite, se donnent tous deux vne entrée dans l'ame par la longueur du temps, comme par vn bien-fait de la Nature; au lieu que la Philosophie, qui semble estre le vray Art de bien viure, n'vse point de delay, & nous presente aussi-tost le temps propre à la consolation. Ie sçay neantmoins qu'il est vray, que par le moyen des pommes d'or, cette force & ces priuileges de l'Art sont retardez, au grand dommage des choses humaines. Car parmy les Sciences & les Arts, il ne s'en est iamais trouué aucun, qui ait cõstamment continué iusques à la fin, sa vraye & legitime course, pour y atteindre comme à son but. Au contraire, c'est l'ordinaire des Arts commencez, d'abreger leur cours, & de le quitter, pour se

tourner

tourner du costé du gain, & vers leur propre commodité, à l'imitation d'Atalante.

Sa course elle retarde, & prend les pommes d'or.

Ce n'est donc pas merueille, s'il n'est point permis à l'Art de surpasser la Nature, ny de la ruïner, quand il l'auroit vaincuë, à cause des conditions & des loix de ce Deffi. Mais il y a bien dequoy s'estonner du contraire, à sçauoir de ce que l'Art demeure sous le pouuoir de la Nature, en luy obeïssant, comme fait la femme à son mary.

Del' At

confusion
pas tou
ce. Ils d
cien de

De l'Atome, ou des Principes du mouuement.

DISCOVRS XXX.

LEs choſes que les Poëtes racontent de l'Amour, ou de Cupidon, ne peuuent pas eſtre toutes appropriées à vne certaine perſonne ; Et toutesfois ſi elles ſont differentes, c'eſt de telle ſorte, que bien qu'on reiette la confuſion des perſonnes, lon ne laiſſe pas toutefois d'en retenir la reſſemblance. Ils diſent qu'Amour eſt le plus ancien de tous les Dieux, & par conſequent de toute autre chose, reserué le Chaos, auec lequel ils le font contemporain, quoy que les Anciens ne l'ayent jamais honoré de tiltres diuins. Lon ne luy donne ny Pere ny mere, si ce n'est que quelques-vns le font enfant de la Nuict. Mais ce fut luy mesme, qui du Chaos engendra les Dieux, & toutes les autres choses du monde. Les proprietez qu'on luy attribue sont quatre, à sçauoir d'estre toûjours Enfant, Aueugle, Nud, & Archer. Ils mettent encore vn autre Amour, qui est fils de Venus, & le plus ieune de tous les Dieux. A celuy-là se donnent pareillement les proprietez du plus ancien Amour, cy-deuant alleguées, & qui luy sont conuenables en quelque façon.

La Fable penetre entierement dans la premiere naissance de la Nature. Cét Amour semble estre l'appetit, ou l'aiguillon de la premiere Matiere; ou pour le mieux expliquer, le mouuement naturel de l'Atome. Car luy meſme eſt cette Force ancienne & vnique, qui forme de tout la Matiere. Elle n'a ny pere ny mere, comme ne dependant d'aucune cauſe: (or la cauſe eſt pere de l'effect) mais bien de cette ſeule Force dont nous venons de parler. Lon ne peut donner aucune cauſe de la Nature, ſi nous en exceptons Dieu, qui eſt auant toute choſe: Et ainſi il n'eſt ny Cauſe efficiente ny autre qui ſoit plus cognuë à la Nature: tellement qu'elle n'eſt ny Genre ny Forme. Quoy qu'il en ſoit, elle eſt poſitiue, & ne peut eſtre expliquée; Et quand bien il y auroit moyen de ſçauoir ſon progrez, lon n'y pourroit iamais paruenir par ſa cauſe; Cette Force eſtant apres Dieu la Cauſe des Cauſes, & elle meſme ſans Cauſe. Or d'autant que les hommes ſont hors d'eſperance de pouuoir comprendre vn ſi haut ſecret, quelque recherche qu'ils en faſſent, c'eſt auec beaucoup de raiſon qu'on feint qu'il eſt de cecy cóme du voile obſcur de la Nuict. A raiſon dequoy le Sainct Prophete dit, *Que Dieu a faict toutes choſes belles en leur ſaiſon, & qu'il a laiſſé le monde aux diſputes des humains; mais de telle ſorte, qu'ils ne pourront jamais trouuer les œuures qu'il a produites, depuis le commencement iuſques à la fin.* Et à vray dire, la Loy de Nature reduite en ſommaire, ou, ſi vous voulez, la vertu de ce Cupidon imprimée par la main de Dieu ſur les eſchantillons des choſes (de la repetition & multiplication deſquelles ſe forme toute diuerſité) affin de les ioindre enſemble, peut bien toucher legerement les penſées des hommes, & non pas s'y ſoumettre.

La ſcience des Grecs à deſcouurir les Principes des choſes materielles, paroiſt plus ſubtile & plus exacte que toute autre Philoſophie. Mais quand il eſt queſtion de mettre en euidence les Principes des mouuemens, c'eſt alors qu'on la treuue fort laſche & rampante. Cela ſe remarque en particulier dans le ſuiet dont nous diſcourons à preſent, où elle ne voit gueres clair, & en parle encore auec moins de perfection. Car l'opinion des Peripateticiens, traittans de l'aiguillon de la Matiere par la priuation, n'a que de vaines paroles; Et publie ſeulement la choſe, au lieu de la faire voir par demonſtration. Ceux qui rapportent cecy à Dieu, ne parlent pas mal; mais ils y montent en ſautant, pluſtoſt que par eſchellons. Car il ne faut pas douter qu'il n'y ait vne ſeule Loy eſtablie par la bouche de Dieu, & qui agit auec la Nature. C'eſt d'elle-meſme dont nous auons parlé cy-deuant, & qui eſt contenuë en ces paroles, *Les œuures que Dieu a faites, depuis le commencement iuſques à la fin.* Democrite conſiderant cette Philoſophie de plus haut que les autres; apres auoir fait ſon Atome de telle grandeur qu'il ſe le figuroit, ne luy attribuë qu'vn ſeul Cupidon, ny qu'vn mouuement, y en adioutant vn autre par forme de comparaiſon. Car il eſt d'opinió, que toutes choſes courent proprement vers le centre du monde ; & que ce qui contient en ſoy plus de Matiere, s'en allant au meſme centre auec plus de viſteſſe, frappe ce qui en a le moins, & le chaſſe en haut vers ſon contraire. Mais cette penſée me ſemble encore trop reſſerrée, & recherchée auec moins de preuoyance qu'il n'en faudroit; veu qu'il eſt impoſſible que la circulation des choſes celeſtes, ou leur eſtenduë, & leur reſtreſſiſſement, puiſſent s'accommoder à ce principe. Quant à l'opinion d'Epicure, touchant l'accidentaire agitation des Atomes, elle aboutit à des bagatelles, & à vne pure ignorance des choſes; ce qui nous eſt figuré par ce Cupidon enuelopé des tenebres de la Nuict. Conſiderons maintenant les quatre proprietez qu'on luy donne.

C'eſt fort à propos qu'on le feint toûjours Enfant, pource que les choſes composées, sont d'ordinaire plus grandes, & plus sujettes à l'aage: mais pour le regard de leurs premieres semences, ou de leurs Atomes, ils ne sortent jamais d'enfance. A cecy se raporte fort bien, que l'Amour est nud, pour monstrer qu'il n'est rien de cõposé, qui ne soit comme couuert d'vn masque, & desguisé, si on le considere de prés. Aussi pour en parler proprement, ces premiers eschantillons des choses, sont tous nuds & descouuerts. De l'aueuglement de Cupidon lon en tire vne Allegorie fort iudicieuse, à sçauoir que ce Cupidon, quelque puissant qu'il soit, n'est pas beaucoup preuoyant, puis qu'il marche à tastons, comme les aueugles. Cecy nous doit faire admirer d'autant plus la Sagesse diuine, que des choses qui ont le moins de preuoyance, & qui sont cõme aueugles, il en tire cét ordre & cette beauté par vne certaine Loy fatale. La premiere proprieté de Cupidon est d'estre Archer; c'est à dire, Que cette vertu est telle, qu'elle opere de loing, comme la fleche décochée de la main d'vn puiſsãt Archer. Car preſupoſant l'Atome & le Vuide, il s'enſuit de neceſſité que la vertu de l'Atome opere de loing. Si cela n'eſtoit, aucun mouuement ne s'en pourroit enſuiure, à cauſe de l'oppoſition du meſme Atome: au contraire, toutes choſes demeureroient aſſoupies & immobiles.

Touchant le dernier Cupidon, c'eſt auec beaucoup de raiſon qu'il eſt tenu pour le plus ieune de tous les Dieux, n'ayãt peu ſe mettre en vigueur, qu'apres que toutes les Eſpeces furent ordonnées. Or bien qu'en cette deſcription l'Allegorie ſemble faire ioug, & ſe tranſporter à ce qui touche les couſtumes, elle ne laiſſe pas pour cela d'auoir ie ne ſçay quelle conformité auec l'ancien Amour: Car à le prẽdre en general, Venus eſueille & prouoque l'affection de procréer, que ſon fils Cupidon applique à l'Indiuidu. La diſpoſition generale vient donc de Venus,

& la plus exacte ſimpathie, de Cupidon. Ainſi celle-là dépend des occaſiõs les plus proches, & celle-cy naiſt des Principes les plus hauts, & qui ont vne certaine Fatalité ; comme de cét ancien Cupidon, duquel toute ſimpathie deriue.

Que la

DIS

emples anc
tre de Pen
ment veu
ne, fut tra
par ses p
thée, p

Que la Curioſité eſt touſiours nuiſible.

DISCOVRS XXXI.

LA Curioſité des hommes à rechercher auec paſſion les choſes ſecrettes, peut eſtre tenuë en arreſt par la conſideration de ces deux exemples anciens ; l'vn d'Acteon & l'autre de Penthée. Acteon ayant fortuitement veu toute nuë la chaſſereſſe Diane, fut transformé en Cerf, & deſchiré par ſes propres chiens. Quant à Penthée, pource qu'il oſa monter ſur vn arbre, en intention de regarder les Sacrifices de Bacchus, qui ſe faiſoient en ſecret ; il deuint ſi hors de ſoy-meſme, & ſi tranſporté, qu'il luy ſembloit que toutes choſes eſtoient doubles: tellement qu'il croyoit voir deux Soleils, & deux Villes de Thebes, ce qui le faiſoit courir tantoſt d'vn coſté, tantoſt de l'autre; & rebrouſſer chemin au lieu d'auancer ; n'ayant de cette façon aucun repos, quelque part qu'il ſe tournât.

Ainſi l'inſenſé Penthée,
Voit les infernales Sœurs,
Et les flambeaux puniſſeurs
De leur troupe reuoltée:
Il void deux Thebes paroiſtre,
Et deux Soleils radieux
Se deſcouurant à ſes yeux,
Luy ſemblent leur flamme accroiſtre.

La premiere de ces Fables ſe rapporte aux ſecrets des Princes, & l'autre à ceux de Dieu. Car il est hors de doute, que les sujets qui n'estans admis aux secrets de leurs Souuerains, cherchent à les descouurir, contre la volonté de leurs maistres, se rendent à la fin odieux : ce qui est cause que s'asseurans d'estre mal-traittez, comme ils voyent qu'on cherche de toutes parts les occasions de leur nuire, ils viuent en Cerfs, c'est à dire pleins de soupçons & d'inquietudes. Aussi la plus-part du temps il arriue qu'ils sont accusez, & ruynez par leurs propres Domestiques, qui les declarent aux Princes, pour se mettre bien aupres d'eux : Car où l'offense du Prince est manifeste, en tel cas les seruiteurs sont autant de traistres ; Et ainsi les Curieux sont sujets à finir comme le pauure Acteon.

Quant à la disgrace de Pentée, elle fut differente : Car les hommes qui sont si mal-aduisez, de ne se souuenir pas que la Nature les a fait naistre mortels;

ſe promettent d'atteindre iuſques aux Myſteres Diuins, par les hauts degrez de la Nature, & de la Philoſophie, comme s'ils eſtoient montez ſur vn arbre. Ce qui eſt cauſe que pour punitiõ de leur trop grande curioſité, l'Inconſtance & l'Incertitude ne les abandonnent iamais. La grande difference qui ſe treuue entre la lumiere de la Nature, & celle d'enhaut, fait qu'ils ne peuuent diſcerner les choſes, & qu'il leur ſemble voir deux Soleils. D'ailleurs, comme les actions de la vie, & l'eſlection de la Volonté, dependent de l'entendement, il s'enſuit encore qu'ils ne chancelent pas moins en la Volonté meſme qu'en l'Opinion; comme changeans de ſentiment à tout coup. De cette façon ils ſemblent voir deux Villes de Thebes: par où nous ſont figurées les bornes des actions: pource que Penthée auoit à Thebes, ſon lieu de retraite. De là vient enfin, que ceux-cy ne ſçauent où aller, & que leur dessein n'ayant point de but, ils se treuuent comme agitez de vagues, & trauaillez en particulier des soudaines saillies de leur esprit, qui les esbranlent par tout, & leur donnent de perpetuelles inquietudes.

Del'vtili

DIS

esbaucher
chanique,
& employ
loy. Deda
pays, pour
pagnons e
fois dans c
le bien ve
ché par le
uoir. Au

De l'vtilité des Arts Mechaniques.

DISCOVRS XXXII.

LEs Anciens, ſous la perſonne de Dedale, homme grandement ingenieux, mais tout à fait execrable, nous ont voulu esbaucher la pratique & l'induſtrie mechanique, enſemble les artifices illicites, & employez à quelque vſage mauuais de ſoy. Dedale eſtoit banny loing de ſon pays, pour auoir mis à mort vn de ſes cõpagnons emulateur de ſon Art; & toutesfois dans cét exil, il ne laiſſoit pas d'eſtre le bien venu chez les Princes, & recherché par les habitans des villes où il ſe treuuoit. Auſſi à vray dire, il auoit fait pluſieurs beaux ouurages, tant à l'honneur des Dieux, que pour l'embelliſſement des Villes & des places publiques; qui neantmoins ne le mirent pas tát en eſtime, que ſes artifices illicites. Ce fut luy qui donna l'inuention à Paſiphaë, d'aſſouuir ſa brutale ardeur de s'accoupler auec vn Taureau; tellement que de la méchante induſtrie de celluy-cy, & de ſon mechant eſprit, s'enſuiuit l'infame, & malheureuſe naiſſance du Minotaure, à qui la ieune Nobleſſe ſeruoit de curée & de proye. Luy meſme adiouſtát mal ſur mal, inuenta pour la ſeureté de ce Monſtre, ce fameux Labirinthe, qui fut appellé Dedale, du nom de ſon Autheur; ouurage autant ſignalé par ſon artifice, qu'il eſtoit pernicieux pour ſa fin, & pour ſon vſage. Or pour ſe rendre enſemble celebre en l'inuention qu'il donnoit de faire du mal, & ſçauant aux moyens d'y apporter du remede, il fut encore inuenteur de l'ingenieux moyen de ſe tirer auec vn fil des ſinueux deſtours de ce Labyrinthe. La Fable adioûte, que Minos eſtoit ſi grand ennemy de Dedale, qu'il le pourſuiuoit ſans ceſſe, auec vn ſoin accompagné d'vne eſtrange ſeuerité; mais que Dedale trouuoit toûjours l'inuention de s'eſchaper de ſes embuſches. Bref ce fut luy qui apprit l'art de voler à ſon fils Icare; qui par vn deffaut d'experience joint à vn excez de vanité, ſe laiſſa choir dans l'eau, où il ſe noya.

Il ſemble que l'explication de cette Fable ſoit telle. Par ſa premiere entrée nous eſt deſcouuerte l'enuie qui ſe treuue ordinairement entre les plus excellens Ouuriers, ſur qui l'emulation a tant de force & d'empire, qu'elle ſemble ne mourir iamais parmy eux. A cela ſuccede la conſideration de la peine, de laquelle Dedale fut chaſtié, lors que ſans preuoyãce, & cõtre les maximes d'Eſtat, on ſe contenta de l'enuoyer en exil. En quoy certes on n'eut pas ſeulement l'eſprit de s'aduiſer, qu'en quelque part que les bõs Ouuriers ſe trouuẽt, ils ſont toûjours les bienvenus chez tous les peuples, ſi biẽ que l'exil ne peut ſeruir de ſupplice à celuy qui excelle en ſon Art. Il eſt fort difficile que les autres conditions, & les differentes manieres de viure fleuriſſent hors de leur pays: mais quant à celle d'vn bõ Ouurier, le plus grand accroiſſement qu'elle prenne eſt entre les Eſtrangers: Car en ce qui touche la Mechanique, c'eſt vne couſtume enracinée dans les eſprits des hommes, de priſer plus les Ouuriers qui viennent de loing, que ceux de leur propre pays. Paſſons maintenant au grand profit qui s'enſuit de l'vſage des Arts mechaniques, qui nous eſt declaré par la ſuitte de cette Fable. Il eſt hors de doute que la vie humaine eſt grandement redeuable à ces Arts, puiſque d'eux-meſmes, comme d'vn riche threſor, ont eſté tirées beaucoup de choſes vtiles à l'ornement de la Religion, à la magnificence des Villes, &

à tout ce qui appartient au culte de la vie des hommes. Et toutesfois de cette mesme source reiallissent les instrumens de la Paillardise, & de la Mort mesme. Car laissant à part le mestier de ceux qui seruent à Venus, nous sçauons assez que l'inuention des poisons, ensemble les machines de guerre, & semblables pestes, dont l'vsage ne doit s'attribuer qu'à la Mechanique, surpassent en cruauté le fabuleux Minotaure, au grand preiudice de tous les hommes.

Ie treuue excellente l'Allegorie du Labirinthe, sous laquelle nous est esbauchée l'vniuerselle nature de la Mechanique. Les choses les plus ingenieuses & les plus accomplies, peuuent estre estimées autant de labirinthes, soit pour leurs diuers destours, soit pour la ressemblance qui paroit entr'elles; tellement que s'il est question de les discerner, & de les regir, il faut que ce soit auec le seul fil de l'Experience, plutost que par la force du iugement. A quoy ne se rapporte pas mal, Que le mesme Ouurier, qui fut inuenteur des obliques destours de ce Labirinthe, treuua moyen de s'en tirer auec vn fil; pource que l'vsage des Arts Mechaniques est comme ambigu, attendu qu'ils sõt aussi-tost nuisibles que profitables, & que toute leur force semble se resoudre d'elle-mesme. D'ailleurs les artifices illicites sont la plus-part du temps poursuiuis par le Roy Minos, c'est à dire par les Loix, qui les condamnent, & qui en defendent l'vsage aux peuples. Ce qui n'empesche pas toutefois, que pour estre ainsi defendus, ils n'ayent leur rendez-vous & leur retraitte par tout. Tacite le remarque fort bien, lors qu'en vne chose assez conforme à celle-cy, parlant des Mathematiciens, & des faiseurs d'Horoscopes; *C'est vne maniere d'hommes*, dit-il, *ausquels on enjoindra biẽ de vuider nostre Ville, & qui neantmoins y seront tousiours retenus.* Or nous voyons pour l'ordinaire, que les Autheurs des Arts illicites & curieux, de quelque condition qu'ils puissent estre, se raualIent de leur reputation auec le temps, s'ils trouuent le moindre obstacle à l'effet de ce qu'ils promettent ; & que pareils à Icare, ils tombent en bas, à cause de la trop grande monstre qu'ils font d'eux-mesmes. Et à vray dire, ils sont plustost conuaincus par leur propre crainte, que tenus en bride par la puissance des Loix.

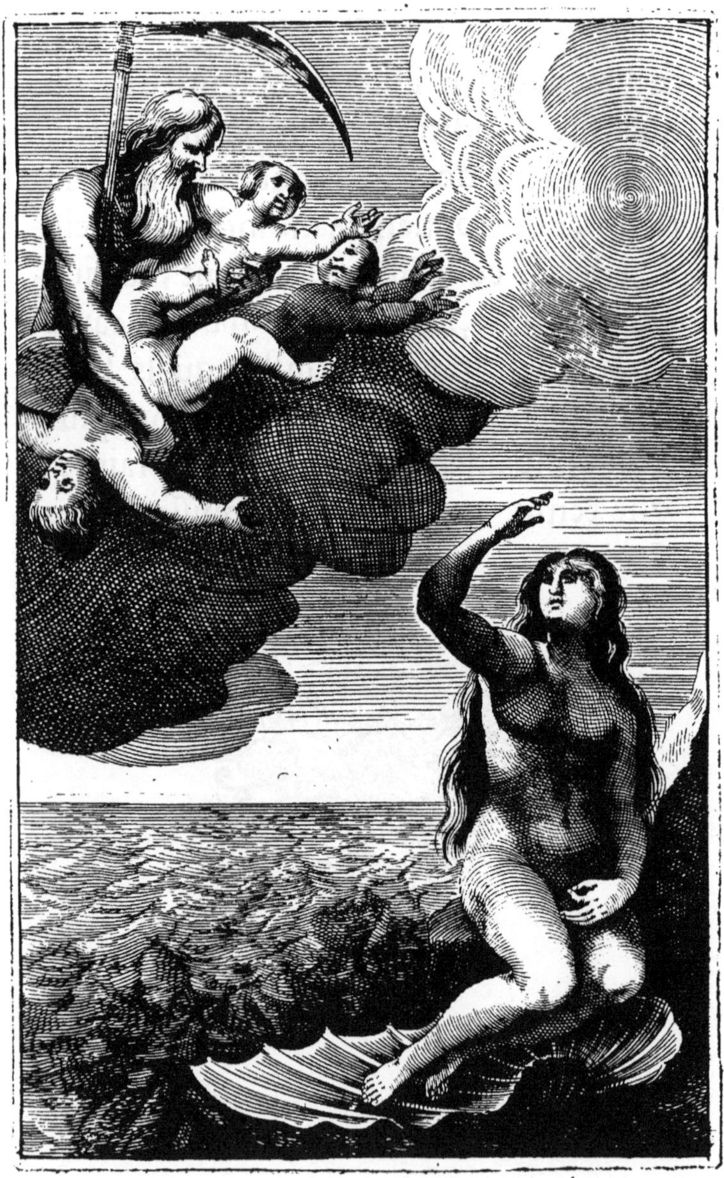

sa fa
bre d
Mais
vaca
les E
fon
ge
uo
ietı
me

De l'Origine des choses.

DISCOVRS XXXIII.

LEs Poëtes disent, que le Ciel est le plus ancien de tous les Dieux, & que son fils Saturne l'ayant chastré d'vn coup de sa faux, engendra depuis vn grand nombre d'enfans, que luy-mesme deuora; Mais qu'vn seul Iupiter eschappé de ce vacarme, & deuenu grand, chassa dans les Enfers son pere Saturne, & luy osta son Royaume, outre qu'il luy couppa les genitoires, de la mesme faulx dont il auoit abattu ceux du Ciel son pere, & les ietra dans la mer, d'où nasquit Venus la mere d'Amour. Iupiter estoit à peine eſtably dans ſon Royaume, quand il eût deux guerres ſanglantes. La premiere fut contre les Titans, en laquelle il ſe ſeruit grandement du ſecours du Soleil, qui ſeul d'entr'eux fauoriſoit ſon party. La ſeconde contre les Geants, qui furent encore exterminez, & domptez par les armes de Iupiter, qui reſta par ce moyen paiſible poſſeſſeur de ſon Royaume. I'appelle cette Fable vn vray Enigme de l'Origine des choſes, qui ne differe pas beaucoup de cette eſpece de Philoſophie que Democrite mit en auant. Celuy-cy fut le ſeul de tous les Anciens, qui ſceut le mieux eſclaircir l'eternité de la Matiere, mais qui neantmoins nia l'eternelle durée du monde: En quoy il approcha en certaine façon de la narration de la Sainte Eſcriture, qui met la Matiere informe deuant les œuures des ſix iours de la creation. Cette Fable nous apprend, que le Ciel eſt ce circuit, ou cette concauité qui contient en ſoy la Matiere; Que Saturne eſt cette meſme Matiere, qui oſte à ſon Pere tout moyen d'engendrer, pource que la quantité de la Matiere eſt toûjours la meſme, la Nature ne pouuãt ny croiſtre ny diminuer en la quantité ſuſdite; Que les agitations & les mouuemens de la Matiere ont produit premierement les conjonctions des choſes imparfaites, & mal vnies: mais que la ſucceſſiõ du temps a donné naiſſance à ce baſtiment, enſemble le moyen de defendre, & de conſeruer ſa forme. C'eſt pourquoy par le Royaume de Saturne nous eſt denotée la premiere diſtribution de l'Eternité, tout ainſi que luy-meſme fut dit auoir deuoré ſes propres Enfans, à cauſe des ordinaires diſſolutions des choſes, & de leur peu de durée. La ſeconde diſtributiõ de l'Eternité s'eſtend par le Royaume de Iupiter, qui extermina dans le Tartare ces continuelles & paſſageres reuolutions. Le Tartare, ou l'Enfer, denote les troubles, & ſemble ſignifier l'eſpace qui eſt au milieu, à ſçauoir entre la plus baſſe partie du Ciel, &

les interieures parties de la terre, dans lequel espace principalement, les troubles, la fragilite, la mort, & les corruptions se trouuent. D'ailleurs, quand on dit que durant cette premiere generation des choses, aduenuë sous le Regne de Saturne, Venus n'estoit pas encore née; c'est pour monstrer que lors qu'en la Generalité de la Matiere, le Discord gaignoit le dessus, & surpassoit l'vnion en puissance, il falloit de necessité que la reuolution, ou le changement, se fit par tout, en l'edifice du monde. Telles furent doncques les generations des choses, deuant que Saturne fut mutilé. Mais cette maniere de generation venant à cesser, il en succeda tout aussi-tost vne autre à sa place, qui se fit par le moyen de Venus, lors que l'vnion des choses eut pris accroissement, & gaigné l'aduantage sur le Discord : si bien que le changement ne proceda que des parties, l'Architecture vniuerselle demeurant ferme, & en son entier. Aussi Saturne fut bien chaſſé de ſon Royaume, mais non pas mis à mort, pource qu'on eut opinion que le Monde pouuoit recheoir en ſon ancienne confuſion, & dans les interregnes. Le Poete Lucreſſe prioit les Dieux que telle choſe n'aduint pas de ſon temps, quand il diſoit,

Que le ſort en cette ſaiſon.
Chaſſe de nous ce malencontre,
Nous l'apprenant par la raiſon,
Pluſtoſt que l'effet nous le monſtre.

Ils diſent encore, qu'apres que le monde ſe fut arreſté par ſa propre force, cette trãquilité n'aduint pas en meſme temps; mais qu'aux Regions celeſtes s'enſuiuirent premierement des mouuemens remarquables, qui par la force du Soleil, lequel tient le premier rang entre les corps celeſtes, furent ſi bien arreſtez, que le monde ſe conſerua touſiours depuis en eſtat. A quoy ils adjoûtent, Qu'en ces premiers commencemens aduindrent aux parties inferieures des desbordemés, des tempestes, des vents, & des tremblemens de-terre vniuersels; qui ne furent pas si tost dissipez, que l'vnion des choses en fut plus calme, & de plus longue durée.

Car en mesme temps ces querelles,
Ces desordres, & ces combâs
Formez de mouuemens rebelles
Se terminerent icy bas;
Comme on voit la Mer irritée
Par les Aquilons agitée
Deuenir calme en vn instant;
Et les vents s'imposer silence,
Lors que Neptune l'inconstant
En arreste la violence.

Mais de moy, c'est mon opinion que l'on peut veritablement affirmer l'vn & l'autre de cette Fable; à sçauoir qu'elle comprend en soy la Philosophie, & que la Philosophie la comprend aussi. Il est vray que la Foy nous enseigne, Que ces choses

choſes ne ſont proprement que les Oracles du ſens, qui ont ceſſé déjà de longtemps eſtant veritable que la Matiere enſemble, & l'edifice du monde, ne ſe doiuent rapporter qu'à Dieu ſeul, qui en eſt le ſouuerain Createur.

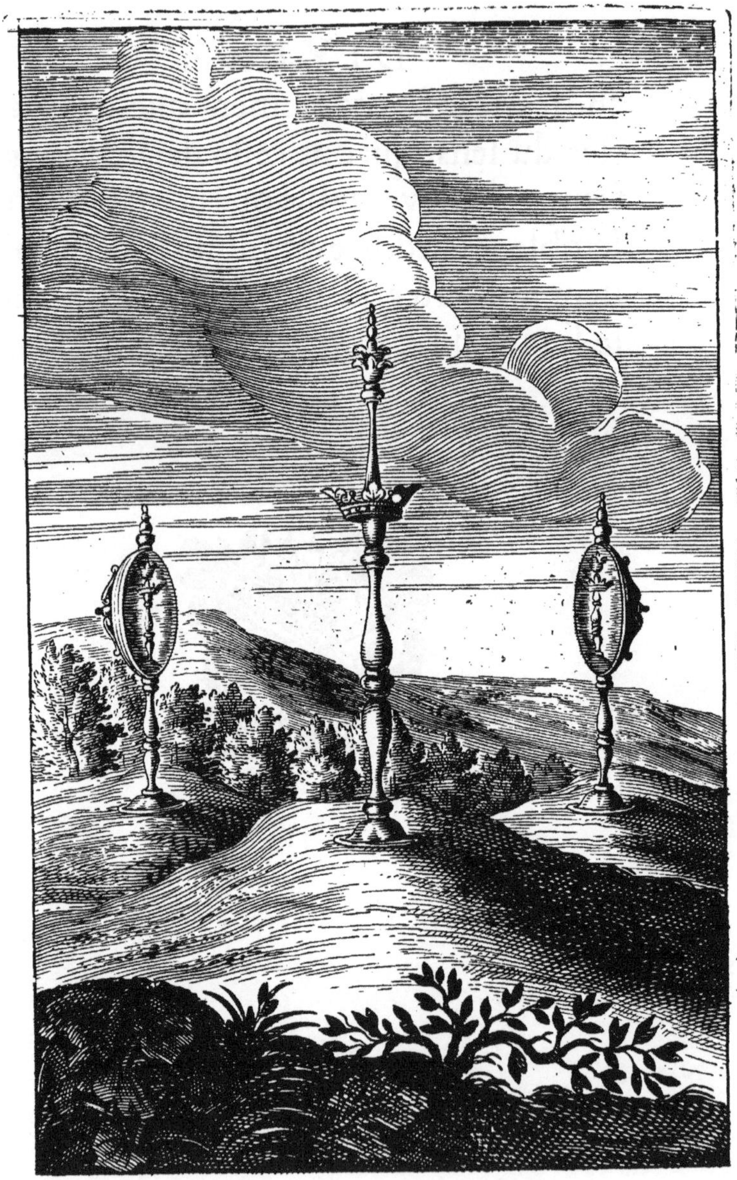

Des

il
ro
in
les
est.

Des Princes en general, & des qualités qui les rendent considerables.

DISCOVRS XXXIV.

CEs deux Miroirs posez sur vn tertre, auec vn Sceptre au milieu, representent, ce me semble, la condition des grands Princes. Car comme il est veritable que les choses hautes paroissent plus que les basses; Et qu'on n'a inuenté les miroirs, qu'afin d'y remarquer les defauts & les taches du visage; Ainsi est-il certain que le Prince, qui se doit entendre par le Sceptre, estant esleué par dessus les autres hommes, est aussi exposé à leurs yeux plus que toute autre personne. Car bien que les actions de sa vie ne se manifestent pas tousiours, si est-ce qu'il faut necessairement qu'elles se descouurent à Dieu, à qui elles ne se peuuent nó plus cacher, qu'vne haute tour ne peut se desrober à la veuë. Il ne faut donc pas douter, que le Prince ne serue de miroir à ses sujets, toutes les fois qu'il les instruit par son exemple, ne faisant rien qui ne soit digne de l'authorité qu'il a sur eux, & du haut tiltre de Souuerain. Mais d'autant que pour atteindre à ce degré de perfection, plusieurs qualités eminentes luy sont necessaires; i'en rapporteray icy les principales, apres quantité d'excellens hommes, de qui ie les ay tirées. C'est leur commun sentiment, Qu'vn bon Prince doit estre zelé aux choses qui touchent la Religion; honneste en sa maniere de viure, genereux en ses actions, constant en ſes deportemens, exact en l'obſeruation des Loix, officieux enuers ſon Peuple, diſcret en matiere de Gouuerner, & equitable en ſes iugemens, Qui ſi toutes ces belles Vertus s'accompagnent de la beauté tant exterieure qu'interieure du corps & de l'ame, il eſt hors de doute qu'alors la Nature aura donné les derniers traits à l'accompliſſement d'vn ſi haut Chef-d'œuure.

Or pour faire voir combien eſt neceſſaire au Prince vn religieux reſpect enuers les choſes diuines, ie me ſeruiray de ces belles paroles de Pline, lequel au liure qu'il adreſſe à l'Empereur Trajan; *Le Prince, dit-il, bien que Chef de la Republique, doit obeyr à Dieu, & à ceux qui ſont ſes Miniſtres en terre.* A quoy ſe trouue conforme ce beau trait de loüange que Poſſidonius donne aux Romains, lors que pour mettre en credit le zele qui les portoit au ſeruice de leurs Dieux, il dit, *Qu'ils eſtoient vrayement incomparables en leur*

Religion, & que la chose du monde qu'ils prisoient le plus, c'estoit de rendre la Iustice à vn chacun. A ce mesme propos le Legislateur Solon disoit ordinairement, Que Minerue estoit son tutelaire Genie, en l'administration de la Republique; tout ainsi que Pisistratus la reconnoissoit pour l'vnique Deesse qui presidoit à ses actiõs militaires. Eusebe de Cesarée rapporte les grandes louanges qu'Apollon donna jadis à Lycurgue, à cause de son culte enuers les Dieux. Didimus en ses liures de la Narration Pindarique attribuë à Melissée Roy de Crete, la gloire de s'estre monstré tousiours fort zelé à la Religion; Et Plutarque en la vie de Sylla, raconte qu'en temps de guerre ce Chef souloit porter dans son sein l'image d'Apollon, & l'inuocquer deuotement au plus fort de la meslée. I'obmets cette belle remarque de Tite-Liue, Que Luc. Albin, homme Consulaire, commanda vne fois à sa femme & à ses enfans d'aller à pied au deuant des Vierges Veſtales, & de les accompagner, tandis qu'elles ſeroient dans leur Chariot: Ce qui fait encore, que le diuin Arioſte loue la deuotion & le zele de l'Empereur Charles par deſſus toutes ſes autres Vertus.

La Continence ſuit apres la Religion, comme tout à fait digne d'vn Prince. C'eſt pourquoy Vegece en ſon ſecond liure de l'Art militaire, loüe grandement Alexandre, de ce qu'vne Dame extremement belle, luy eſtant vn iour preſentée, pour en faire à ſon plaiſir, il ne voulut pas ſeulement la regarder, & la renuoya, ſans la toucher, apres l'auoir comblée de biens-faits. Valere le Grand rehauſſe la gloire de Scipion l'Afriquain, par le recit memorable qu'il fait de ce genereux Guerrier; qui apres auoir vaincu ſes ennemis, ſe voulut encore vaincre ſoy-meſme, lors qu'il chaſſa vne fois deux mille putains de l'Armée Romaine, purgeant par ce moyen tout ſon camp du contagieux venin qui en infectoit les plus ſaines parties. Annibal de Carthage ne ſe monſtra pas moins retenu, quand la licence de la Victoire luy faiſant tomber entre les mains vn nombre infiny de ieunes femmes, doüées d'vne excellente beauté, ſa merueilleuſe Continẽce l'empécha touſiours d'en abuſer. Saint Auguſtin au premier liure de la Cité de Dieu, dit à ce propos, que Claudius Marcellus Conſul Romain, auant qu'aſſieger la Ville de Syracuſe, fit par vn Edit de tres-expreſſes defences à tous ſoldats & autres ſuiuans la guerre, d'attenter à la pudicité des femmes, & leur commenda de les maintenir contre la violence de ceux qui les voudroient offencer. Nous auons vn bel exemple de Continence dans le Poete Seneque, qui dit que les prieres & les proteſtations de Phedre, n'eurent iamais aſſes de pouuoir ſur Hypolite, pour l'induire à vne action des-honneſte, & qu'il euſt touſiours depuis vne hayne particuliere contre les Courtisanes.

Car alors tenant pour infame
Le nom de l'impudique femme,
Qui l'auoit voulu deceuoir,
Il detesta ses artifices,
Fuyant par les Loix du deuoir
Amour, qui luy rendoit de si mauuais offices.

Mais ce que le Prince doit affectionner sur toutes choses, c'est d'estre veritable en ses promesses, & de ne fausser iamais sa foy. François Patrice parlant du Royaume, rapporte à ce propos, l'exemple d'Isocrate; qui ne recommande rien tant à son Prince, que d'honnorer la Verité; disant qu'il faut plus adiouster de creance à la seule parole d'vn Roy, qu'à tous les sermens que sçauroit faire vn particulier. Atilius Regulus sçeut fort bien obseruer cecy, lors qu'il aima mieux s'abandonner au supplice, & tomber pour la seconde fois entre les mains des Carthaginois, que violer la foy qu'il leur a-uoit donnée touchant son retour. Cette mesme cósideration eust tant de pouuoir sur Alexandre le Grand, que Parmenion son Fauory, luy voulant conseiller vn iour de commettre vn acte entierement indigne de la foy qu'vn Prince est obligé de garder aux siens; *Ie le ferois*, luy respondit-il, *si i'estois Parmenion; mais ie ne le puis, estant Alexandre*.

Que si le Prince se veut acquerir vn honneur qui dure tousiours en la memoire de la Posterité, il faut qu'en toutes ses actions il se monstre inuincible aux disgraces de la Fortune. La grandeur du courage de Fabius restera immortelle dans les Escrits de Tite-liue. Ce grand Chef ayant perdu cinq cens de ses hommes, en vn combat contre les Carthaginois, & receu luy-mesme vn coup mortel, ne laissa pas toutefois de se ietter sur Annibal, auquel il arracha le Diadesme auãt que mourir. A cét acte de valeur fût pareil celuy de Luc. Posth. Albinus, lequel estant abbatu d'vn coup, & laissé pour mort en vn assaut contre les Samnites; cóme il eût repris courage la nuit d'apres, il se releua; & du mesme bras qu'il auoit trépé dás le sang de ses Ennemis, il ramassa leurs Boucliers, & en erigea vn Trophée auec cette inscription. C'EST CE QVE LES ROMAINS VICTORIEVX DES SAMNITES VOÜENT AV GRAND IVPITER, EN LA PVISSANCE DVQVEL SONT LES TROPHEES. Ciceron en son liure de la Vieilesse, loüe grandement Massinisse Roy des Numides, de ce qu'en sa maniere de viure, tout vieil qu'il estoit, il tesmoignoit vne Constance que les iniures du Temps, ny les aduersitez ne pouuoient aucunement esbranler. Herodian en dit autant de l'Empereur Seuere, dont les entreprises ne furent iamais arrestées par les contraires succez; si bien que pour les merueilles de sa Constance, il se pouuoit iustement attribuer à soy-mesme ce beau trait d'Horace.

Rien ne pourra me trauerſer,
Non pas meſme quand la Machine
Du Monde chargé de ruyne
Sur moy ſe viendroit renuerſer.

Pour ce qui regarde l'obſeruation des Loix, il eſt certain qu'il faudra deferer beaucoup d'honneur au Prince, qui maintiendra les ordonnances qu'il aura faites. Car ſelon S. Auguſtin, au 5. liure de la Cité de Dieu, la principale cauſe de la proſperité des Romains, & de l'eſtabliſſement de leur Empire, proceda de leur bõne intelligence, & du commun zele qu'ils eurent à faire garder leurs Edits en temps de guerre & de paix ; ce qui fut vn Miracle à eux-meſme en particulier, & vn eſtonnement aux Eſtrangers. Nous auons dans Valere le Grand, ce bel exemple de Torquatus, lequel voyant que ſon propre Fils auoit aſſailly l'ennemy contre ſon commandement, aima beaucoup mieux le faire mourir, que permettre qu'on reprochaſt aux Romains vne actiõ de desobeïssance. Le Grand Roy François, disoit d'ordinaire à ce propos, *Qu'vn Roy deuoit cõmander à ses suiets & les Loix, à luy.* Conformement à cecy Athenée remarque fort iudicieusement, Que les Rois des Lacedemoniens se soubmettoient tres-volontiers au Magistrat, qu'ils appelloient *Ephore*, pour monstrer par là en quelle estime ils auoient les Loix du Royaume.

Apres l'obseruation des Loix, necessaire au Prince, ie fais suiure le soin qu'il doit auoir des honnestes gens, soit qu'ils fassent profession des Armes, ou des Lettres; la cõnoissance desquelles ne luy peut estre que grandement profitable: car comme dit fort bien Vegece, en son premier liure de la Milice, *Il est bon que le Prince n'ignore rien, s'il est possible, puisque son sçauoir peut estre vtile à tous ses suiets en general.* C'est pourquoy Platon appelloit heureuse la Republique, où les Philosophes regnoiẽt, & où les Rois Philosophoient.

Pour ce mesme suiet Salomon ne demande autre chose à Dieu que la Sapience, pour bien gouuerner son peuple. Iules Capitolin voulant loüer l'Empereur Gordian, dict qu'il se monstra beaucoup plus soigneux d'acquerir de la Science que des Thresors; Et qu'en sa Bibliotheque il fit vn amas de soixante deux mille Volumes. Or pource que la Generosité est proprement la Vertu des Princes, à cause qu'ils ont plus de moyen de l'exercer que tout le reste des hommes; il est bien iuste que les hommes doctes, qui les assistent de leurs soings & de leurs sages aduis, en ressentent des effects particuliers. C'est ainsi qu'en vsa l'Empereur Antonin; qui ne se contentant pas d'esleuer aux premieres charges ceux que leur sçauoir en rendoit dignes, les combloit ordinairement de recompenses & de bien-faits. Baptiste rapporte à ce propos Egnatius, que l'Empereur Sigismond ayant accoustumé de blasmer les Princes d'Alemagne, à cauſe du peu d'inclination qu'ils auoient aux Lettres; comme quelques Seigneurs de ſa Cour. ſe licentierent vn iour de luy dire, Qu'jl ſe portoit auec trop d'ardeur pour des hommes de peu (mais qui tenoiét rang entre les plus Vertueux) il leur fiſt cette belle reſponſe; *Ie n'aime que ceux qui me ſemblent releués par deſſus les autres, en eminence de Doctrine, & en merite de vie; qui ſont les deux conditions à l'eſgal deſquelles ie meſure la Vertu.* Auſſi eſt-il vray, que la choſe du monde la plus capable d'acquerir à vn Prince les volontés de ſes ſujets, c'eſt de ne point rebutter les Vertueux, & de leur eſtre ſecourable au beſoin. Cette maniere de viure, eſgalement officieuſe & ciuile, mit en ſi bonne eſtime l'Empereur Titus, que pour l'auoir practiquée auecque ſoing, il fut ſurnommé *l'Amour & les Delices de l'Vniuers.* Xenophó parlãt de Cyrus, dict que ce puiſſant Roy faiſoit vanité de dire; Que les plus grands threſors qu'il euſt; c'eſtoient les amis qu'il faisoit tous les iours, en les obligeant par presens, & par bons offices. Aussi les appelloit-il d'ordinaire *ses oreilles & ses yeux*, pource qu'ils luy rapportoient fidellement tout ce qu'ils oyoient, & qu'ils voyoient faire.

Mais vn des principaux soings qu'vn Souuerain doit auoir, c'est d'administrer la Iustice, & de se rẽdre inuincible à toutes les considerations, qui luy peuuent faire pancher la Balance. Qu'il se souuienne de ces belles paroles de Macrobe, en son premier liure du Songe de Scipion; Qu'il est impossible qu'vn Estat, non pas mesme vne petite Famille, se maintienne autrement que par l'Equité. Saint Cyprian nous le confirme, quand il dit, *Que la Iustice est la tranquilité du Publiq, la conseruation de la Patrie, l'entretien des Communautés; & l'vniuerselle resiouissance des hommes.* C'est pour cela que les meilleurs Autheurs ne cessent de la loüer, afin d'inuiter les Princes à l'embrasser, pour la defence de leurs sujets

sujets. Ciceron au troisiesme de ses Offices, la nomme *Le fondement de la vraye gloire*; Platon en sa Republique, *Vn souuerain bien donné du Ciel aux Mortels*; Aristote au cinquiesme de son Ethique, *Vn Parfait abregé de toutes les autres Vertus*; Athenée au Banquet des Sages, *vn Oeil de fin or*; Et l'Empereur Iustinian, *l'vnique defence du Gouuernement Politique, en temps de paix & de guerre.*

I'adjouste pour conclusion à tout ce que ie vient de dire, Qu'il est hors de doute que ces excellentes Vertus, necessaires à l'embellissement de l'ame d'vn Prince, redoublent encore plus fort leur esclat, si elles se rencontrent dans vn beau Corps. Voylà pourquoy les Indiens souloient anciennement eslire pour Roy celuy d'entr'eux qui leur sembloit estre plus beau, & auoir meilleure mine que les autres, comme le remarque Strabon au quinziéme liure de sa Cosmographie. Les Ethiopiens en faisoient de mesme, selon Bion, & donnoient le Sceptre à celuy des leurs, en qui la Valeur & la Majesté se trouuoient jointes ensemble. Ce qui fait aussi qu'à tout propos l'ingenieux Homere loüe la grace d'Agamemnō, Prince des Grecs; Plutarque, la beauté d'Alcibiades, & Virgile celle de Nisus, d'Eurialus, d'Enée, & de Turnus; Que Maxime de Tyr, Philosophe Platonicien, dit que tout ce qui est beau est precieux, & que Proclus Lycien tache de prouuer, Que les choses laides ont ordinairement de la sympathie auecque le Vice. Mais quoy que ce dire de Paccatus se trouue souuent veritable, Que la Beauté (qui dans les Sacrifices de la Deesse Eleusine passoit pour vne chose diuine) donne de l'accroissement à la Vertu, i'oseray bien dire neantmoins, & n'en déplaise à tous ces Autheurs, Que cette regle n'est pas tousiours si generale, qu'elle ne souffre des exceptions, veu qu'au temps des Anciens, & au nostre mesme, on a veu plusieurs grands hommes, lesquels bien que depourueus de l'air, des proportions, & des traits requis à la perfection d'vn beau corps, n'ont pas laissé pour cela d'auoir l'Ame bonne, & le jeu meilleur que la mine. Et à vray dire, ce ne sont pas les apparences, mais les effets, qui recómandent vn Prince, lequel i'estime accomply, lors qu'estant doüé des Vertus que nous venons d'alleguer, il à l'esprit de les mettre en pratique, & le cœur en si bon lieu, qu'il sçait veritablement, comme le Lyon

Pardonner aux Vaincus, & dompter les Rebelles:

De la for

DISC

tes; ſi eſt-c
qu'il eſt d
par des raiſ
l'Art ne cha
il eſt capab
ger ſouuen
voyons nou
les Ours, l
maux, qu
s'apriuoiſe
ler, s'il fau
ſauuage: N

De la force de l'Art, en la nourriture du Prince.

DISCOVRS XXXV.

BIEN que les plus grands hommes demeurent d'accord, que la Nature est merueilleuse en la procreation des Animaux & des Plantes; si est-ce qu'il faut qu'ils m'aduoüent, qu'il est demonstré par des exemples & par des raisons fort manifestes, Que si l'Art ne change pas tout à fait la Nature, il est capable à tout le moins d'en corriger souuent les defauts. En effet, ne voyons nous pas les Lions, les Pantheres, les Ours, les Sangliers, & tels autres animaux, quelques farouches qu'ils soient, s'apriuoiser par coustume, & se despoüiller, s'il faut ainsi dire, de ce qu'ils ont de sauuage? Ne voyons nous pas les Arbres porter de meilleurs fruits, ſi on les arrache d'vn lieu, pour les planter en vn autre plus fertile ? Et ne voyons nous pas encore la plus-part des grains tenir de la qualité du terroir où ils ſont ſemez? Que ſi la Nature fait ces merueilles en ſemblables choſes ; peut-on mettre en doute, que par le moyen de l'Art il ne ſoit poſſible de rendre les hommes plus accomplis qu'ils ne ſont, & d'adoucir meſme ce qu'ils ont de rude dans leur humeur ; ſi on prend le ſoing de bône heure, de les inſtruire en la Vertu, de les eſleuer dans la conuerſation des honneſtes gens, & de les accouſtumer inſenſiblement à ne faire que de bonnes actions ? Ce ſont aſſeurement les ſeuls moyens, qui peuuent, comme dit le Poete,

Polir les mœurs, rendre les hommes ſages,
Apriuoiſer leurs naturels ſauuages,
Marquer en eux les vrays traits de Bonté,
Et de leurs cœurs bannir la Cruauté.

Or s'il eſt ainſi ; comme le remarque

Pline dans son excellent Panegyrique, que de la felicité du bon Prince dépende celle de son Estat, il s'ensuit de là qu'il importe extremement, que pour le rendre tel qu'il doit estre, on l'instruise en son bas aage en toutes les Vertus & en tous les Arts, qu'on iuge à peu pres estre necessaires, & dignes de luy. Car il est certain que lors qu'on aura trauaillé auecque soing à sa conduite, & à former ses mœurs, il sera difficile que son Gouuernement ne soit bon, & que tous ses Peuples n'en proffitent. Cette maxime est si veritable, que les personnes de naissance Royale l'ont de tout temps obseruée; establissant là dessus, comme sur vn fondement inesbranlable, la plus haute Fortune de leurs Successeurs. Tesmoin Philippe de Macedoine, qui ne se resjoüist pas tant de la naissance de son fils Alexandre, que du bon-heur que ce luy seroit d'auoir pour Precepteur Aristote. Tesmoin encore la vertueuse Mamée

Mere d'Alexandre Seuere, de l'éducation duquel elle ſe monſtra ſi fort ſoigneuſe, que durant tout le téps qu'il fut en minorité, apres auoir eſté proclamé Empereur Romain, elle ne voulut iamais ſouffrir pres de ſa perſonne, que des hommes d'vne haute Vertu, de peur que la pureté de ſes mœurs ne fut corrompuë par la conuerſation des méchans. Par où certes cette grande Princeſſe fit aſſés voir, combien il eſt veritable, Que les Rois ne doiuent pas tant craindre leurs Ennemis que leurs propres Vices. Auſſi eſt-il certain qu'ils peuuent par la force des armes ſe défaire des premiers. Mais quant aux derniers, qui ſont les Vices, ils ſe donnent vn Empire abſolu ſur ceux qu'ils poſſedent vne fois ; & ne ruïnent pas ſeulement les Villes & les Prouinces entieres, mais les Princes meſme, à qui elles appartiennent. Où il eſt à remarquer, que les Courages illuſtres & genereux, qui ſe veulent porter auec ardeur à la Vertu, n'y peuuent mieux paruenir que par la connoissance des Arts dignes d'eux, & par l'exercice des choses honnestes.

Que les grands Rois prennent donc le soin sur toutes choses, de ne point faire

de la vie, ceux qui doiuent heriter de leurs Couronnes & de leurs Sceptres ; mais plustost de les accoustumer aux choses penibles, & à la fatigue des armes. Ie rapporteray à ce propos vn exemple bien remarquable de Sigismond I. Roy de Polongne, qui ne racontoit iamais de quelle façon luy & ses freres auoient esté nourris, qu'il ne rauit d'estonnement ceux qui l'écoutoient. *Le Roy nostre Pere*, disoit-il, *nous donna pour Precepteur vn habile-homme appellé Longin. En Hyuer nous estions vestus de peaux d'agneau, & ne portions qu'aux iours de feste des fourrures de renard. Nous ne mangions ordinairement que des viandes assez communes, & ne beuuions point de vin. On nous auoit si bien accoustumés à coucher sur la dure, que nous reposions par tout sans incommodité. Les personnes vicieuses n'auoient aucun accez pres de nous; Et quelque rude que fut la saison, nous ne laißions pas pour cela de faire nos exercices, & de nous endurcir insensiblement à la fatigue &c.* Voylà comme viuoient ces grands Princes; En cela certes bien esloignés de la mollesse de la plus-part des hommes d'aujourd'huy. Car il ne s'en trouue que trop, qui n'estant que mediocrement riches, & fort peu considerables pour leur naissance, ne laissent pas toutesfois de vouloir paroistre par dessus leur condition, & de croupir lâchement, ou dans les delices, ou dans la faineantise, comme si de l'Osiueté seule ils en faisoient leur souuerain bien.

Il nous est donc enseigné par cét Embleme, Qu'encore que la Nature puisse beaucoup en toute sotte de choses; si est-ce que la plus-part du temps elle ne peut se passer du secours de l'Art. Mais les hommes sur tout, & particulierement les Princes, en ont besoin en leurs plus tendres années. Cela se demostre par la Figure Hyeroglyphique du Cheual que vous voyez peint icy; qui selon Pierius, est vn Symbole d'Empire, & de grandeur de courage. Car bien qu'au dire du Poëte Lyrique,

Il tienne sa vigueur & sa fougue de race;

Il est pourtant vray, que si cette genereuse qualité de Nature, que le mesme Poëte appelle Vertu, n'est secondée par l'Art, & si on ne dresse de bonne heure au masnege ce noble Animal, pour s'en seruir par galanterie, ou dans les occasions de la guerre; & sur tout si on ne le fait trauailler, on luy verra perdre peu à peu toute cette Generosité, qui luy estoit naturelle. Aussi faut-il aduoüer auec Horace,

Que l'Art à la Nature est vne viue amorce,
Et que par le trauail nostre Corps se renforce.

Que la

DISC

LA

n

b

fc

Intellectuel

mais plus p

fuſpecte en

matiere d'a

que l'hom

ment. Tou

Mediocrité

chemin pr

des Intellec

treuue entr

rendus fam

rencontre

de ſon p

par ſon v

& le bas, c

Que la voye du milieu est la plus seure.

DISCOVRS XXXVI.

LA Mediocrité, ou la voye du milieu, est grandement loüable en ce qui touche les choses Morales; Et à l'esgard des Intellectuelles, elle est moins estimée, mais plus profitable. Que si elle se rend suspecte en quelque façon, ce n'est qu'en matiere d'affaires Politiques; de maniere que l'homme s'en doit seruir auec iugement. Touchant les choses Morales, la Mediocrité nous est demonstrée par le chemin prescrit à Icare; & pour le regard des Intellectuelles, par le Destroit qui se treuue entre Scylla, & Carybde, escueils rendus fameux par les dangers qui s'y rencontrent. Icare eust commandement de son pere, qu'ayant à trauerser la mer par son vol, il tint vn milieu entre le haut & le bas, de peur que ses aisles de cire ne se fondiſſent, s'il approchoit trop pres du Soleil. Mais ce Temeraire emporté d'vne fougue de jeuneſſe, voulut s'eſleuer trop haut, & ainſi il ſe precipita dans la mer.

Cette Fable, aſſez facile à expliquer, nous apprend que la voye de la Vertu s'ouure droictement entre le Defaut & l'Excez. L'on ne doit pas s'eſtonner, ſi la ruyne d'Icare naſquit de l'Excez, d'autant que ce Vice eſt commun aux jeunes gens comme le Defaut l'eſt aux Vieillards. A raiſon dequoy, de ces deux extremitez, ou de ces deux voyes vicieuſes, Icare deuoit choiſir celle qui l'eſtoit le moins; car le Defaut eſt eſtimé toûjours pire que l'Excez, veu que ce dernier à je ne ſçay quoy de magnanime, qui s'auoiſine du Ciel, & vne certaine reſſemblance auec le vol de l'Oyſeau; au lieu que cét autre ſe traine par terre à la façõ des Reptiles. Auſſi Heraclite dit fort bien, *Que de la lumiere ſeiche l'ame en eſt fort bonne.* Car ſi l'vne s'abreuue de l'humeur de la terre, elle degenere entierement; biẽ que d'vn autre coſté la Mediocrité y soit requise; afin que cette secheresse rende la lumiere plus subtile, sans que l'Embrasement s'en ensuiue.

Or d'autant que la connoissance de ces choses est assez commune, ie passe au Destroit de Scylle, & à celuy de Carybde, où il est besoin d'estre expert Nauigateur; car si les vaisseaux choquent fortuitement Scylle, ils se brisent contre les escueils; & sont engloutis par les Bācs de sable, s'ils costoyent de trop pres Carybde. La principale force de cette Fable, que nous toucherons succinctement, bien qu'elle attire auec soy vne longue cōtemplation, cōsiste à sçauoir, Qu'en quelque doctrine que ce soit, en matiere de preceptes & de maximes, il faut toûjours tenir vn milieu entre les Distinctions & les Golphes des choses vniuerselles: la raison est, d'autant que ces deux Bancs sont fort suiets à exposer au naufrage les esprits trop hazardeux, & ceux qui s'engagent aussi trop auant dans les subtilitez des Arts dont ils font profession.

Quela

DISC

nemem

pont&la

Que la Sagesse humaine est folie deuant Dieu.

DISCOVRS XXXVII.

PAR ce Monstre diforme, qui n'est ny tout à fait serpét, ny tout à fait homme, & dont on ne sçauroit dire le nom au vray, se doiuent entendre ces personnes brutales & maladuisées, qui sans considerer que Dieu leur a donné vne ame raisonnable, & qui tire son origine du Ciel, se souillent vilainement des ordures de la terre, où elles rápent & se veautrét à la maniere des bestes.

Aussi de la façon que ce Monstre est icy dépeint, il est à moitié Reptile en la partie d'ébas; Ce qui signifie, que tels Epicuriés n'ont pour but que leur Brutalité, & qu'ils ne considerent iamais la fin pour laquelle l'homme est fait capable de raison. Car ils en abusent miserablement, ou du moins ils en ternissent l'esclat par vne ignorance volontaire, & qui n'est pas moins pernicieuse qu'elle est ridicule. Ainsi en vsoient autresfois ces trop austeres Partisans de la Philosophie des Anciens, lesquels sous vn specieux pretexte d'en obseruer ponctuellement les regles & les preceptes, n'attachoient leurs affections qu'aux vanités d'icy bas; Et vouloient cependant qu'on se persuadât qu'ils n'applicquoient leur estude qu'à la contemplation des choses celestes: Dequoy les blâme à bon droit Sainct Augustin, en ses liures de la Cité de Dieu; & pareillement Eusebe, Lactance, & plusieurs autres Docteurs, qui n'appellent leur vaine Philoſophie qu'vne Sageſſe maſquée.

Or ce n'eſt pas ſans ſujet que par la monſtrueuſe figure qui ſert de corps à cét Embleme, quelques-vns veulent que ſoit repreſenté Cecrops, ancien Roy d'Athenes. Car au rapport d'Euſebe & d'Herodote, ce fut luy qui rendit vniuerſelle par toute la Grece l'Idolatrie: luy qui le premier de tous inuoqua Iupiter, qui mit en vſage les Images des faux Dieux, & qui leur fit baſtir des Autels, où il leur ſacrifia. Et d'autant que luy-meſme encore, comme le remarque Pauſanias, eſtablit vne Regle certaine au Mariage, qui iuſques alors n'en auoit eu aucune dãs Athenes entre l'homme & la femme; ce fut à raiſon de cela que les Atheniens dirent de luy, qu'il auoit deux formes differentes. Par où l'on peut bien iuger, que la Sageſſe du Monde, à qui les Politiques de ce tẽps là donnoient pour voile la Superſtitiõ, n'eſtoit qu'vne pure Folie. Car on ne ſçauroit mettre en doute qu'elle n'euſt entierement degeneré de la vraye Inſtitution de ces anciens Peres, qui auoient receu les Loix diuines du Patriarche Noé, & des plus gens de bien de ſes Deſcendans. Cela eſtãt, ie ne penſe pas qu'il faille appeller hõmes ces Libertins & ces Débauchez, qui ne ſuiuoient que la Volupté, & qui ſe faiſoient vn Dieu de leur ventre. Que ſi l'on m'allegue qu'ils auoiẽt pourtant le raiſonnement fort bon, & meſme vne grande politeſſe, à laquelle eſtoit iointe vne profonde doctrine; Ie reſpondray à cela, que toutes ces qualités eſtoiẽt peu conſiderables en eux, puiſque la principale leur manquoit, à ſçauoir la Religion, qui fait le ſouuerain bien de l'homme, & qui le diſtingue d'auecque les Beſtes. Car qui peut douter qu'il ne doiue eſtre mis à bon droit au nombre des Creatures irraiſonnables, s'il ſe rauale à ce poinct, que de ne vouloir pas connoiſtre ſon Createur, dont il eſt la reſſemblance & la viue Image ? Qui peut douter, dis-je, que ſon vain ſçauoir ne le confonde, & qu'il ne ſe perde dans la recherche des choſes du monde, s'il ne reconnoiſt celuy qui en eſt Autheur ? Concluons donc auecque Lactance, Que la Religion & la vraye Sageſſe ſont inſeparables, qu'vn meſme lien les joint toutes deux enſemble, & qu'en elles ſeules eſt compris le vray deuoir de l'homme de bien. Car comme la Religion ſans la Sageſſe ſe doit appeller Superſtition; ainſi la Sageſſe ſans la Religion, n'eſt proprement que Folie ; Ce qui nous eſt enſeigné par ces parolles du Prophete: *Ie perdray la Sageſſe des Sages du monde, & repreuueray la Prudence de ceux qui ſe diſent Prudens.*

Que les

par

DISC

dans les c

eu l'esprit

vray que

d'auec vn

l'vn parle

ioint que

dans les

que cele

moins q

Que les Hommes bien-aduisez ne parlent iamais beaucoup.

DISCOVRS XXXVIII.

IL s'est remarqué de tout temps que les grands hommes n'ont pas esté grands parleurs; & que dans les choses les plus difficiles, ils ont eu l'esprit subtil & penetrant. Aussi est-il vray que ce qui fait discerner vn Sot d'auec vn Honneste-homme, c'est que l'vn parle tousiours, & l'autre rarement; ioint que celuy-cy paroist clair-voyant dans les affaires les plus obscures; au lieu que celuy-là n'y voit du tout rien, ou du moins qu'il séble auoir les yeux de l'Ame tousiours couuerts de nuages. De cecy nous est vn vray Symbole le Chat-huan, ou le Hibou, Oiseau consacré à Minerue, Deesse tutelaire des Atheniens, qui dans les occasions de la guerre tiroient de son vol vn certain Augure de la Victoire. Iustin en attribuë la cause au valeureux Hieron; qui n'estant encore qu'vn ieune Garçon, comme il faisoit ses premieres Armes, fut tout estonné de voir qu'vn Chat-huan & vn Aigle volerent autour de luy, & se percherent en mesme temps, l'vn sur sa picque, & l'autre sur son Escu. Par où les Deuins iugerent, que ce Guerrier reüssiroit en ses entreprises, & qu'il seroit homme de conseil & d'execution; iusques là mesme, que par ses memorables faits d'armes, il paruiendroit vn iour à la Royauté.

Mais à quoy sont bonnes ces choses, dira quelqu'vn, & que peut signifier cét Embleme? Il nous apprend, luy respondray-ie, qu'vne Ville bien policée se maintient par la Prudence, & par le Conseil, plustost que par de vaines parolles. Il en faut dire de mesme de tous les Magistrats en general, sur la Vigilance desquels on se repose du bien d'vn Estat. A raison dequoy Demosthene, & les autres excellens Orateurs de son temps, auoient tous vne auersion naturelle contre ces Harangueurs qui flattoient le peuple, & dont les discours artificieux estoient plustost des amorces au Vice, que des allechemens à la Vertu. Les plus gens de bien d'entre les Philosophes les hayssoient encore plus fort, & leur tesmoignoient autát de mauuaise volonté, qu'ils en auoient d'ordinaire pour les Sophistes. Que s'il ne tenoit maintenant qu'à prouuer par les exemples, Qu'vne serieuse Prudence vaut tousiours mieux qu'vne flatteuse Caiolerie, i'alleguerois celuy du grand Fabius; qui sans s'arrester à tous les contes qu'Annibal faisoit de luy, ny à la vanité dont il se picquoit, en le menaçant par vne ardeur de courage, ou plustost par vne fougue de ieunesse, rompit par sa patience tous ses efforts, & repara par ses delays les grands dommages que la Republique Romaine auoit receus de ce superbe Ennemy. Mais au lieu de produire icy quantité d'euenemens semblables, ie me contenteray du seul exemple d'Etonicus. Cét excellant Chef des Lacedemoniens, ayant sceu que les Soldats qu'il auoit à Chio, estoient sur le point de se mutiner; & que pressez de la faim, ils auoient faict vne secrette Coniuration contre ceux de l'Isle, aprés auoir conclu entr'eux de porter chacun en main vne canne, affin de se reconnoistre; s'aduisa iudicieusemét, que pour les mettre à la raison, il valoit mieux recourir aux voyes de la Prudence, que les attacquer à force ouuerte. Ayant donc choisi quinze de ses meilleurs hommes, il marcha par la Ville auec eux, qui suiuant l'ordre qu'ils en auoient, mirent à mort tout ce qu'ils rencontrerét de Soldats qui auoient des cannes. Alors tous les autres qui estoient de la partie, iugeant par là qu'on les auoit descouuerts, poserent bien viste de si funestes enseignes, & se deporterent de leur mauuais dessein. Cependant Etonicus ayant fait assembler les Insulaires, ne leur dit rien de ce qui s'estoit passé, pour ne leur donner de l'aprehension, ou de l'ombrage; & fit distribuer aux Soldats vne assez bonne somme d'argent, afin qu'ils ne tramassent à l'aduenir quelque nouuelle mutinerie. Voila comme quoy ce General d'Armée, pour auoir esté prudent & secret, arresta cette Conspiration par la mort de quelques particuliers; au lieu que s'il y eust procedé autrement, la Violence eust attiré sans doute la perte Vniuerselle des habitans de cette Isle.

Ce que ie viens de dire en faueur de la Prudence, representée par le Chat-huant; & contre le vice de la langue, nous est ingenieusement declaré par la plusparr des anciens Poetes, & particulierement par Ouide au 2. de ses Metamorphoses. C'est là qu'il feint que Minerue ayant appellé les filles de Cecrops, leur donna la garde d'Erichthonius, apres l'auoir enfermé dans vne corbeille d'osier, qu'elle leur deffendit d'ouurir. Mais elles ne laisserent pas de le faire, ny Coronis d'en aduertir la Deesse; qui pour la punir de sa curiosité, & d'auoir esté trop babillarde, la changea en Corneille. Elle se plaint ainsi dans Ouide.

Voylà donc ce grand bien que le Ciel me reserue;
Ie perds en vn moment les faueurs de Minerue,
Ie prens d'vne Corneille, & la forme & la voix,
Et suis moins qu'vn Hibou, de Nymphe que i'estois.
Vous, en qui le Babil est vn mal volontaire,
Instruits par mon exẽple, apprenez à vous taire.

Ces dernieres paroles du Poëte ne sont pas dittes sans beaucoup de raison, puis que l'õ void par espreuue, qu'il est impossible que ceux qui parlent à la volée, ayent grand commerce auec les hommes bien aduisez, qui ne disent iamais rien, sans l'auoir auparauant digeré. Ces Babillards au cõtraire s'échapent à tout propos dãs l'extrauagãce de leur discours, qui les fait enfin honteusement chasser de la cõpagnie des honnestes gens; tant il est vray que la Prudence & le Vice de la langue sont mal ensemble. Ce que Plutarque nous fait remarquer iudicieusement, & fort à propos de la Fable que nous auons rapportée, touchant le Chat-huan & la Corneille, quand il dit que le sang de ces deux oiseaux ne se peut mesler, & se separe tousiours; comme si la Nature ne pouuoit souffrir qu'ils eussent rien de commun ensemble, l'vn estant le symbole de la Sagesse, & l'autre de l'Imprudence.

DISC

point ce

main ouuer

qui signifie

faut auoi

l'on dit,

rapporte,

le conseil

De l'Abstinence ; Et qu'il ne faut iamais croire de leger.

DISCOVRS XXXIX.

CEvx qui s'estudient à deuenir honnestes gens, sont aduertis icy de deux choses ; La premiere, d'aimer la Sobrieté, & la seconde de ne point croire de leger. L'vne nous est figurée par le Pouliot, herbe qui est vn symbole d'Abstinence ; l'autre par vne main ouuerte, auec vn œil au milieu ; ce qui signifie, si ie ne me trompe, Qu'il faut auoir l'esprit clair-voyant, & comme l'on dit, toucher au doigt ce qu'on nous rapporte, auant qu'y adjouster foy. C'est le conseil que nous donne le Sage Epicharme, Philoſophe Sicilien, quand il s'eſcrie dans Ciceron; Qu'il ne faut iamais eſtre ſi credule, qu'on en ſoit trompé; & qu'il y a certaines defiances qu'on peut appeller iuſtes, comme eſtant les nerfs de la Sageſſe.

Quant à la Sobrieté, qui nous eſt figurée par le Pouliot, ce ſeroit auoir peu de connoiſſance de ce qu'elle vaut, que d'ignorer les legitimes loüanges que les plus celebres Autheurs de l'Antiquité luy donnent. Ciceron l'appelle la ſource de toutes les autres Vertus: Platon, la fidelle garde du corps, & l'ame de la ſanté, Et Xenophanes, la mortelle Ennemie des Vices, qui n'ont iamais de retraitte aux lieux où elle ſe treuue. Auſſi ne peut-on pas mettre en doute, qu'elle n'ait touiours eſté grandement cherie de tous ces hommes extraordinaires, que les Anciens ont honorez du tiltre de Sages. Teſmoin Socrate, à qui l'on attribuë la gloire de s'eſtre eſchappé par ſon Abſtinence

de

de cette Peste vniuerselle, qui en peu de temps rauagea tout le païs d'Athenes. Tesmoin le diuin Philosophe, chez qui le grand Capitaine Thimotée ayant soupé sobrement, & le rencontrant le lendemain en pleine ruë, *Mon cher* Platon, luy dit-il, *ie t'auoüe que tu me fis hier si bonne chere, que ie ne desire pas que desormais tu me traittes autrement. Car ie suis bien asseuré, que ceux qui mangent au soir à ton logis, ne s'en trouuent iamais mal le lendemain*: Tesmoin Pythagore, qui auoit pour l'ordinaire ces belles parolles à la bouche; Que le ventre plein rendoit l'esprit vuide, pource qu'il embarrassoit si fort la Raison, qu'il en estouffoit toutes les puissances; Et tesmoin encore le mesme Platon, que ie viens d'alleguer, qui dans vne Epistre qu'il escrit aux parens de Dion, reproche aux Siciliens leur brutale Gourmãdise, & les prodigieux excez qui se faisoient dans leur Isle. Mais cette illustre Vertu de Sobrieté n'estoit pas si particuliere aux Grequi ne mangeoient qu'vne fois le iour, qu'elle ne treuuaſt encore parmy les anciens Romains quantité d'autres adorateurs. Valere le Grand dit là deſſus, que la boullie leur eſtoit plus ordinaire que le pain; que le vin ne leur pouuoit nuire, de la façon qu'ils le trempoiẽt; & qu'en quelque temps que ce fût, ils s'eſtudioient à maintenir leur ſanté par leur regime de viure. A quoy lon peut adjouſter, que l'Abſtinence ne mettoit pas ſeulement en eſtime les Philoſophes de ce temps là, mais encore les Senateurs, les Conſuls, les Generaux d'Armée, & les Empereurs; comme il ſe remarque de Fabrice, de Curiús, de Coruncanius, de Caton, de Iules Ceſar, & de leurs ſemblables.

Pour ce qui regarde la creance des choſes; ou il y faut proceder meurement, ou ne s'y arreſter du tout point. Car il eſt certain qu'en telles matieres, les plus credules ſont ordinairemẽt les premiers tropés: Côme au contraire, il est difficile de surprendre ceux qui se tiennent sur leurs gardes, & qui veulent tousiours estre esclaircis de l'estat des choses, auant que se les persuader. L'œil & la main qui seruent à nostre Embleme, nous demonstrent cette verité; à laquelle doiuent auoir esgard plus que tous les autres ceux qui trauaillent pour le public; & se souuenir de ce bon mot de Pythagore, Qu'il ne faut pas toucher dans la main de toute sorte de gens. Car la plus-part des hommes du monde sont artificieux à ce point, que leurs parolles, leurs yeux & leur mine mentent souuent, sans qu'on y prenne garde, tãt ils ont d'adresse à se deguiser du masque d'Hypocrisie. L'on raconte à ce propos, qu'Apollonius se voyant vn iour pressé par vn Roy de Babylone, de luy dire librem ẽt cõme quoy il pourroit estre paisible dãs ses Estats: *Seigneur*, luy respõditil, *cela vous sera facile, si vous n'adioustés foy qu'à peu de personnes.* En effet, ie ne pense pas qu'il y ait rien si nuisible à la grandeur des Rois, que la creance qu'ils donnent souuent aux faux rapports que les Flatteurs se licentient de leur faire. A quoy se rapporte la maxime de Platon, qui veut dans la Republique, que les hommes de consequence, & qui sont dans les grands employs, ne s'arrestent iamais aux extrauagances ny aux contes que fait le Vulgaire; & pareillement ce dire de Plaute, *Qu'il faut tenir pour impertinent celuy qui croit plustost ce qu'on luy dit, que ce qu'il voit, puis qu'vn tesmoin oculaire vaut plus que dix, qui ne parlent que par oüy-dire.* Ce qui fait aussi qu'entre tant de personnages qu'on introduit dans les Comedies, Ciceron n'en trouue point de plus ridicule, que celuy d'vn Vieillard sans preuoyance, & qui tient pour veritables toutes les fourberies dont on le berne. Pour cette mesme raison les Anciens loüent plustost qu'ils ne blasment ceux qui sont d'humeur à ne croire les choſes qu'auecque peine; Et nous conſeillent pourtant, de n'eſtre pas du tout incredules, mais de nous défier des perſonnes que nous iugeons apparammét nous deuoir eſtre ſuſpectes. Demoſthene appelle cette Défiance vn ſalutaire preſeruatif contre les maux de la vie, & l'eſtime tres-proffitable aux hommes, quand ils en ſçauent vſer. Auſſi fût-ce par ſon moyen, qu'Vlyſſe, qui dans Homere eſt nommé le plus Sage de ſon temps, s'eſchappa heureuſement de tous les perils où il ſe vid expoſé dans les pays eſtrágers. Ce qui ne luy fut pas arriué ſans doute, s'il n'euſt ſceu l'art de les preuenir, en ne communiquant ſes ſecrets ny ſes deſſeins à perſonne. Mais ie trouue que le Poëte Heſiode encherit encore par deſſus, lors qu'allequant vn exemple de deux freres, il eſt d'auis que l'vn ſe défie ſi fort de l'autre, qu'il ne traitte d'aucune affaire auec luy, quand ce ſeroit meſme par maniere de ieu, ſans y appeller auparauant des teſmoins: & à vray dire, quelques dangereux que puiſſent eſtre des Ennemis, il faut aduoüer que de faux Amis ſont encore plus à craindre. Lon ſe donne garde des embuches des vns, à cauſe qu'on s'en défie; mais il eſt fort difficile d'euiter celles des autres, pource qu'on ne croit point qu'ils doiuent vſer de ſupercherie. Que s'il eſtoit beſoin de monſtrer icy, Qu'il s'eſt trouué de tout temps bien plus de perſonnes ruïnées par d'infidelles Amis, que par des Ennemis declarez; & pareillemét plus de Villes priſes par trahiſon, que par la force des armes; ie dirois que le perfide Calipe ſe ſeruit artificieuſement du ſacré nom d'Hoſpitalité, pour mettre à mort le pauure Dion; Et qu'Antipater fils de Caſſander ayant inuité Demetrius à ſouper, rendit tragique ſa fin par vn effort violant qu'il fit ſur luy, contre la foy qu'il luy auoit donnée. Mais d'autant que ce Discours me semble assez long, il est plus à propos que ie le finisse, pour expliquer l'Embleme suiuant.

Du

D

leur co
uoir de l
moy, qu
ne la co
forte
Com
chofe
premi

Du ſoing, & de la Vigilance.

DISCOVRS XL.

PLVSIEVRS grandes qualités ſont requiſes à tous ceux generalement qui ont de la preéminence ſur les autres, & qui ſont obligez à leur commune conſeruation par le deuoir de leurs charges. Mais ie trouue pour moy, qu'vn vray Prelat, à qui Dieu a donné la conduitte des Ames, doit faire toute ſorte d'efforts, pour s'acquitter d'vne Commiſſion de cette importance. Deux choſes luy ſont neceſſaires à cét effet. La premiere, d'eſtre ſi zelé au ſalut de ceux qui dependent de luy, qu'à force de les eſclairer par ſon exemple, il leur ſerue de fidelle Guide dans le chemin de la Foy; Et la ſeconde, de faire en ſorte, s'il eſt poſſible, que pas vn d'eux ne ſe iette hors des bornes de la vraye & ſalutaire Doctrine. Or ce n'eſt pas aſſez que pour arteindre à cette fin qu'il s'eſt propoſée, il vſe de Vigilance : Il faut encore qu'il y apporte de ſon coſté vn ſoing infatigable, & qu'adjouſtant au ſçauoir l'integrité de la vie, il combatte les Libertins, & fortifie dans les bons ſentimens de la Religion, ceux qui s'y portent d'eux-meſmes. Cela nous eſt icy demonſtré par deux Symboles bien remarquables, qui ſont tirés de deux Animaux aſſez connus, à ſçauoir du Coq, & du Lion; la figure deſquels eſt miſe ordinairement ſur les Clochers, & deuant les principales portes des Egliſes. Par l'vn les anciens Peres nous ont voulut ſignifier la Vigilance des Prelats, & par l'autre, le ſoing qu'ils doiuent auoir de ceux qui sont sous leur charge. Car, cóme dit fort bien S. Gregoire, Il faut que la persóne qu'on a choisie, pour esclairer les actions du peuple, les cósidere d'enhaut, & que les siennes soient eminentes, affin d'estre proffitables. Quelques autres par la Figure Hieroglyphique du Coq enté-dent les Saints Docteurs; pource qu'à l'imitation de cét Oiseau, qui chante de nuit, ils annoncent dans les tenebres de cette vie, le iour de nostre salut, & la lumiere de la Gloire future.

Pour le regard du Lion, Orus & Pierius demeurent d'accord, que la pluspart des Peuples du Leuant, & particulieremét les Egyptiens en leurs Figures mystiques, auoiét accoustumé de le peindre, lors qu'ils vouloient donner à entendre le soing que les Princes doiuent auoir de leurs sujets. Car c'est le propre de ce noble Animal, d'ouurir les yeux, quand il dort, & de les fermer quand il veille. D'où il s'ensuit, que pour sa merueilleuse

Vigilance, il n'est pas moins à estimer que le Coq, qui en a tousiours esté vn particulier Symbole. C'estoit pour cela, dit Plutarque, que les Anciēs le consacroient à Apollon ; & qu'ils le sacrifioient à la Nuit : Ces vers d'Ouide nous l'apprennent.

Quand par des routes inconnues
Latone, sans faire du bruit,
Fait rouler son Char dans les nuës,
Et sert de Soleil à la Nuit ;
On luy presente en Sacrifice
Le Coq qu'on trouue le plus blanc ;
Ou bien vne noire Genisse
Arrouse l'Autel de son sang.

Mais d'autant que dans tous les liures des Peres, il est difficile de trouuer vn endroit plus expres que le suiuant, qui est de Saint Ambroise, ny qui soit plus du suiet de cét Embleme, il ne me semble pas hors de propos de le raporter icy ; de la façon que ie l'ay traduit. *Le chant du* Coq, dit-il, *n'est pas seulement agreable la nuit, mais encore vtile.* Car cét Oiseau, *comme vn Hoste fidelle, resueille ceux qui dorment, sert d'horloge aux hommes d'affaires, & encourage les Voyageurs, qu'il aduertit que le iour s'approche. Quand il chante, le Voleur se donne l'alarme, & s'enfuÿt; l'Estoile du iour paroist, & illumine le* Ciel: Le Pilotte *espouuanté se rasseure dans la tempeste:* Le *Sçauant se remet à l'estude, & le Deuot à la priere. Quoy d'auantage? Par son chant le Prince des Apostres se ressouuint de sa faute, & s'en repentit. En vn mot, c'est par son chant que la santé reuient aux malades, & l'espoir à ceux qui n'en ont point; Que l'ardeur de la Fieure s'esteint peu à peu; que la douleur des blesseures se diminuë, & que les Ames esgarées sont remises dans le chemin de la Foy, comme par luy mesme encore Iesus-Christ corrige les Pecheurs, & les releue de leur cheute.*

De la P

D

proffiter
esté de
thagore
nous ab
bornes
ou, si
nous a

De la Prudence requiſe en la conduitte de la Vie.

DISCOVRS XLI.

LEs hommes de toute ſorte de conditions, & particulierement ceux qui s'adonnent à l'eſtude des bonnes lettres, peuuent beaucoup proffiter de cét Embleme, dont le ſujet eſt tiré de trois differens Preceptes que Pythagore nous donne. Par le premier il nous aduertit, de ne ſortir iamais hors des bornes que nous nous ſommes preſcrites, ou, ſi vous voulez, de la Profeſſion que nous auons embraſſée. Dequoy ne ſe ſoucient gueres la plus-part du temps ces folaſtres ieunes hommes, qui dans les Vniuerſités où les Sciences ſe monſtrent, ne penſent à rien moins qu'à l'eſtude. Car bien que dans l'opinion de tout le monde ils paſſent pour Eſcholiers; c'eſt vn nom pourtant duquel ils ne ſemblent pas tant ſe picquer que de celuy d'Eſprits forts, & de Gladiateurs, ou pour mieux dire de Fanfarõs. C'eſt de ceux-cy dõt Seneque dit, ſe ſeruant des termes d'vn vieil Iuriſconſulte, *Que leur vie s'eſcoule inſenſiblement, ou à mal faire, ou à ne rien faire, ou à faire autre choſe.* Le ſecond conſeil de noſtre Philoſophe, eſt de prendre ſoigneuſement garde à ce que nous faiſons; affin que les bonnes actions nous donnent autant de ſujet de nous reſiouyr, que les mauuaiſes nous en doiuẽt dõner de nous attriſter. Car ce n'eſt pas vne petite recõpenſe aux Vertueux, que le contentement qu'ils reçoiuent de ſe ſatisfaire eux meſme dans les choſes honneſtes. Le troiſieſme me, eſt de ne laiſſer rien à faire quand on le peut ; Et c'eſt en cela principalement que péchent pour l'ordinaire la plus-part des ieunes gens, qui frequentent les Eſcholes.

De ce que ie viens de dire il s'enſuit neceſſairement, que pour ne tomber dans les plus dangereuſes fautes de la vie, il n'eſt queſtion que de mettre en pratique ces trois Preceptes de Pythagore; d'où, ſi ie ne me trompe, Seneque a tiré ces parolles, qui ſe liſent dans ſon troiſieſme liure, *de la* Colere. Et d'autant qu'elles ſont trop belles, pour eſtre obmiſes, ie les ay ainſi traduittes. *Il faut faire en ſorte,* dit-il, *de regler les ſens, affin que l'aſſiette en ſoit ferme. Vous les trouuerés aſſez patiens de leur nature ſi l'Ame ne les débauche. C'eſt pourquoy, pour empeſcher que cela n'arriue, il luy faut tous les iours rendre conte. Sextius en vſoit ainſi; & ne ſe couchoit iamais, qu'il ne ſe fit auparauant à ſoy-meſme de pareilles demandes. De quel mal t'es-tu gueri auiourd'huy? A quel Vice as-tu resisté? Es-tu plus homme de bien que tu n'estois hier? Si nous faisons comme luy, ne doutons point que la Colere ne rende les armes; ou du moins, qu'elle ne perde beaucoup de sa fougue, quand elle sçaura qu'il luy faudra venir tous les iours deuant vn Iuge. Cela estant, y peut-il auoir rien de si beau, que de s'accoustumer à voir comme on a passé la iournée. O qu'apres cela l'on dort d'vn bon somme! Qu'on a de tranquilité! & que nostre Ame est satifaite des loüanges que nous luy donnons, ou qu'elle est mortifiée des remonstrances qu'on luy fait, qui sont à ses mœurs vne secrette Censure &c.* A ce bel endroit de Seneque ne s'accommode pas mal cét autre passage d'Apulée, où parlant des Gymnosophistes. *Tout à mesme temps*, dit-il, *que l'on a mis le couuert, auant qu'on ait seruy sur table, tous les ieunes hommes qui viennent là pour souper, sont interrogez par leur Precepteur, quelles bonnes actions ils ont faites ce iour là. A quoy l'vn respond, qu'il a reconcilié deux personnes qui estoient mal ensemble, l'autre qu'il a rendu vn bon office à son amy, ou tesmoigné par son obeyssance ce qu'il deuoit à ses plus proches, & ainsi du reste. Que si de hazard il se trouue quelqu'vn parmy eux qui n'ait rien fait de loüable, il est aussi-tost renuoyé, sans qu'on luy donne à manger.*

Ces authorités suffisent à mon aduis, pour monstrer combien est grande la satisfaction de la Conscience de l'homme; quand apres l'auoir examinée, il n'y trouue rien qui luy reproche d'auoir passé le iour inutilement, & negligé les preceptes de Pythagore, en pechant contre les regles de la Prudence. Les Grues, qui en sont le Symbole, & qui font aussi la principale partie de cét Embleme, ne faillent iamais de ce costé-là. Car, à ce qu'en disent les meilleurs Autheurs, elles ont accoustumé, quand elles prennent, l'essor, de porter chacune vn caillou, affin de connoistre par sa cheute, si elles volent au dessus de la mer, ou de la terre: & si elles doiuent s'arrester, ou passer outre. Or bien que cette raison soit assez bonne, il est pourtant vray que maxime de Tyr en allegue vne meilleure. Car il dit, Que ce qu'elles portent vn caillou à chasque pied, est pour s'en seruir comme de contre-poids, durant la plus forte violence du vent. Aussi comme leur Prudence n'estoit pas inconnuë au sage Deucalion, il en vsa bien à poinct au temps du Deluge: & selon Pausanias, il prit pour vn aduertissemẽt de se sauuer à la nage, l'estrange bruit qu'elles faisoient en volant. Elles sçauent bien pourtant se taire au besoin, & quãd par vn instinct naturel, elles connoissent que leur vie depend du silence. Car lors que les chaleurs trop violentes les chassent du Leuant en Occident, & qu'il leur faut passer le Mont Taurus, ou il y a quantité d'Aigles, l'aprehension qu'elles ont d'en estre déchirées, fait que pour s'empécher de crier, elles se fourrent dãs le beq de petits cailloux, qu'elles ne rejettent qu'apres auoir passé la Montaigne, ce quelles font auec vne incroyable visteſſe, que le grand Virgile exprime ainſi.

——telles qu'on voit les Grues,
Lors qu'elles-meſmes font des nuës dãs les nuës,
Se donner le ſignal, & ſe perdre dans l'air.
Où s'eſlance leur vol, plus viſte qu'vn eſclair.

Il ne faut donc pas qu'en la conduitte de leur vie, les hommes dedaignent de ſe regler par l'exemple de ces Oiſeaux. Mais ſur tout qu'ils les imitent, quand il le faut, en la moderation de la langue, au bout de laquelle, comme diſoit Ariſtote à Calliſthenes, ils portent ſouuent l'arreſt de leur mort, ou de leur vie. Que ſi les Animaux irraiſõnables ſçauent ſi bien preuoir ce qui leur doit eſtre ou proffitable, ou nuiſible, concluons par là, que les Creatures qui ne doiuent agir que par la Raiſon, ſont grandement à blaſmer, ſi elles ſe laiſſent vaincre par les Beſtes, en matiere de diſcerner le bien d'auecque le mal.

Briot fe.

Qu'il fau

DIS

B

ceux qui l
Satiriques
croye auc
mis en au
entre
reuse

Qu'il faut auoir soing de la Pudicité des Filles.

DISCOVRS XLII.

BIEN que tous les Amans se facent accroire qu'Amour est trop ingenieux & trop fin, pour ne point tromper la vigilance de ceux qui l'esclairent; Et que celuy de nos Satiriques qui raille de meilleure grace, croye auoir dict vn bon mot, quand il a mis en auant, Que si quelqu'vn vouloit entreprendre de garder vne féme amoureuse, pour s'opposer à la violence de sa passion,

Il luy faudroit auoir plus d'yeux, & plus aigus,
Que Lynce l'Argonaute, ou le ialous Argus;

Ie me perſuade pourtant, que la Pudeur, qui eſt naturelle à ce beau Sexe, l'empeſche ſouuent de ſe laiſſer cheoir dans vn chemin ſi gliſſant, & qu'on en peut meſme deſtourner les occaſions par les ſoings qu'on y apporte. Ils nous ſont repreſentés dans cét Embleme par vne Pallas armée, de l'inuētion de Phidias, à ce que diſent quelques Autheurs. Cét excellent Ouurier luy mit aux pieds vn Dragon (à qui les Poëtes ingenieux ont donné en garde le iardin des Heſperides) pour nous apprendre par là, combien doiuent eſtre ſoigneux de la Pudicité de leurs Filles, ceux qui deſirent que leur Maiſon ſe maintienne dans l'honneur, & ne ſe ſoüille d'aucune tache. A quoy leur ſeruira principalement, de les empeſcher de courir, & de les tenir touſiours en occupation.

Ostez l'Oisiueté, vous verrés Cupidon
N'auoir plus de Carquois, ny d'Arc, ny de Brandon;
Vous verrés sans effect ses plus viues atteintes,
Tous ses dards emoussez, & ses flammes esteintes.

Qu'ils se souuiennent pour cét effect de l'exemple de Publius Mæmus, qui fit punir à toute rigueur vn de ses Affrãchis, (bien que d'ailleurs il l'eust en considera-tion par dessus les autres) pour s'estre licentié de baiser sa Fille, qui estoit en aage d'estre mariée. Par où il voulut qu'elle apprît, qu'à moins que de rendre sa Chasteté suspecte, elle deuoit euiter l'approche des hommes, & garder ses baisers tous purs pour le Mary qu'elle auroit.

Cette maniere de viure vsitée parmy les Romains, estoit si recõmandable encore aux anciens Grecs, qu'ils ne permettoiẽt iamais que leurs Filles, non plus que leurs Femmes, allassent seules par la ville; comme le tesmoigne Homere en la personne de Penelope, tant ils apprehendoient que leur ſolitude n'attirât les compagnies, & ne leur fût vn ſuiet de ſe débaucher. Nous lisós à ce propos que Q. Antiſtius repudia ſa femme, pour l'auoir ſurpriſe en pleine ruë, parlant en ſecret à vn Affranchi: Et que Sempronius Sophus en fit autant de la ſienne; pour la hardieſſe qu'elle auoit priſe d'aller voir les ieux publiqs, ſans luy en demander congé.

Ce n'eſt donc pas ſans ſuiet, que les Meres particulierement ſont aduerties de gardes les ieunes Vierges, par la myſterieuſe Image de Pallas, Deeſſe de la Virginité. Auſſi ſe voit élle peinte icy en ieune Fille, pour monſtrer combien elle cherit vne ſi belle Vertu. Les Armes qu'elle porte, nous aduiſent que le Sage eſt inuincible à tous les traits de la Fortune; Qu'en quelque temps que ce ſoit, il ſe fortifie contre les Paſſions, & que ſa Vertu n'a beſoin que de ſon propre ſecours.

Son Heaume est le Symbole du Iugement, dont le siege est au Cerueau; Et sa Lance en est vn autre de la force de ses paroles, dont elle perce les Cœurs, comme d'autant de traits & de pointes. Quãt à son Escu, qui est de cristal, il marque la connoissance de l'homme prudent, par le moyen de laquelle il se voit soy-mesme aussi clairement, que s'il regardoit dans vn Miroir les choses exterieures. Que si la teste de la Gorgone est posée au milieu du Bouclier, c'est pour monstrer que le Sage a le cœur si ferme, & si asseuré, que ses Ennemis en sont espouuentés, toutes les fois qu'ils l'approchent: Ce qui signifie encore, que Pallas ne sçait riẽ craindre, & que c'est elle plustost, qui remplit d'apprehension & de terreur les personnes de mauuaise vie. Adioutons à cecy, que son habillement est de trois couleurs meslées ensemble, à sçauoir d'argent, d'or, & de pourpre, pource que la Sagesse est tousjours pure, qu'elle ne ſe laiſſe point voir à toute ſorte de gens, & que ceux qui la contemplent de trop pres, ſont bien ſouuent eſblouis de ſa clairté, comme de celle d'vn eſclair. Iobmets qu'on la feint ſortie du Cerueau de Iupiter, pour nous apprendre qu'eſtant la Reine de la Sageſſe, qui l'eſt auſſi des autres Vertus, il eſtoit bien raiſonnable que ſa naiſſance euſt ie ne ſçay quoy d'extraordinaire, & qu'elle naſquiſt armée. Par où il nous eſt enſeigné, Que ce qu'il y a de plus fort en l'homme, eſt dans la teſte, où la Raiſon a ſon Empire. On luy conſacroit au reſte des Dragons & des Cheueches, à cauſe de la grande reſſéblance qu'il y a de ſes yeux à ceux de ces Animaux. Car elle ne les a pas moins ſubtils, ny moins agiſſans que le Dragon, de qui les Naturaliſtes diſent, qu'il ne ſe laſſe iamais de veiller. Elle tout de meſme, eſt infatigable en la contemplation des choſes de la Nature, & demeure perpetuellement Vierge, d'autant que la force de la Sageſſe, ſubſiſte touſ-ſiours, & qu'elle ne peut eſtre ſoüillée d'aucune tache.

Du Riche Ignorant.

DISCOVRS XLIII.

COMME tout le monde n'a pas le dõ d'eſtre Riche; tout le Monde auſſi n'a pas le don d'eſtre Sçauãt. Ce ſont deux choſes differentes, & qui neantmoint ne ſont pas incompatibles dans vn meſme ſuiet. Car nous voyons par eſpreuue quantité d'honneſtes gens, en qui les biens de l'Eſprit & de la Fortune s'accordent enſemble, & qui dans leur Abondãce ne ſortent point hors des bornes de la Moderation, ny de la vraye Philoſophie. Ce n'eſt donc pas mõ dessein de parler d'eux en ce discours, nõ plus que de ces autres Riches, qui pour n'auoir point estudié, ne laissẽt pas pourtant d'auoir le sens bon, & la science du Monde. Ie ne comprends dans cét Embleme, que ces Riches ignorans, que Diogene appelle des Moutons couuerts d'vne toison d'or, & Socrate, des Cheuaux chargez d'argent. Aussi n'est ce point mentir, que de dire qu'en cette engeance d'hommes brutaux, plus qu'en toute autre sorte de personnes, se verifie l'ancien Prouerbe, qui dit que *les Richesses sont le bagage de la Vertu.* En effet, si celles qu'ils possedent par excez, ne leur ostent pas l'esprit, (qu'ils ne peuuent perdre, puisque naturellement ils n'en ont point), du moins est-il bien certain, qu'elles leur donnent de tres grandes habitudes dans le Vice; Ce qui n'arriue sans doute que de leur Insuffisance; qui leur faisant negliger les connoissances du vray bien, ne les attache qu'au mal. De cette mesme source

procede

procede leur hayne contre les personnes de merite; Et de cette hayne le peu d'estime qu'ils ont accoustumé d'en faire. Car tous ceux qui ne daignent s'accommoder à la foible portée de leur Esprit, passent pour impertinans chez eux; Et tant plus les personnes sont habiles, tant plus ils ont d'auersion pour elles. Qui leur parle de Science, leur semble parler d'vn Monstre. Ils appellent Pedanterie tout ce qu'ils n'entendent pas. Ils considerent les Philosophes comme des Gueux, les Poëtes comme des Fols, & les Orateurs comme des Babillards, & des conteurs de sornettes. Au contraire, ils ne trouuent point de plus hónestes gens à leur mode, que ceux qui pour leur estre agreables, font vanité de ne rien sçauoir; Et qui pareils aux Hapelourdes, ne brillent que d'vn faux esclat, encore est-il emprunté. Que si quelque chose pouuoit rendre supportables ces Veaux d'or, ce seroit possible leur Ignorance. Mais ce que i'y trouue de pire, c'est qu'vn extreme malice y est iointe, & que tous mal-habiles qu'ils sont, ils veulent faire les suffisans & les imperieux chez autruy. Cependant ils n'ont pas l'esprit de commander dás leur maison, où ils n'ont ny œconomie, ny conduitte; où ils se laissent mener comme des Enfans, par le caprice d'vne femme; & où leurs propres valets connoissans leur foiblesse, les tiennent dans la contrainte, sans que ces Maladuisez osent s'en pleindre, tant ils aprehendent de les fâcher. Dequoy ie m'asseure qu'ils ne seroient pas en peine, s'ils auoiét esté moins stupides, & plus retenus à ne leur communiquer point leurs secrets, ny à se reposer sur eux de leurs principales affaires.

Voyla pour le premier point de cét Embleme. Ie passe au second, auquel a donné lieu la Fable de Phryxus; qui pour ne tomber dans les pieges que sa Marastre luy auoit tendus, s'enfuïst auec sa sœur Hellé, & fendit les vagues de la mer sur ce precieux Mouton dőt la Toison estoit d'or. Or comme il n'y a point de doute que ce recit ne soit fabuleux, il se peut faire aussi que quelque vray-semblance ait donné lieu à cette Fable, que les Escrits des Poëtes, & mesme des Historiens ont authorisée. Mais laissant à part ce qu'en ont dict entre les autres, Ouïde & Iustin, ie rapporteray icy l'explication qu'en donnent quelques Autheurs. Ils disent donc que cette Toison, ou cette Peau de fin or, n'estoit autre chose qu'vn certain liure escrit en velin, où se voyoit par escrit le grand Oeuure des Philosophes Chymiques, c'est à dire la Sciēce de faire de l'or. Ils adioustēt à cela, que l'aduis en estant venu à Diocletian, il enuoya des hommes expres en Egypte, où ils se saisirent de tout ce qu'ils y treuuerēt de liures de cette nature; que l'Empereur fit brusler, de peur que les Egyptiēs ayant ce secret, n'eussent aussi de trop grandes richesses, & qu'ils ne s'en seruissét vn iour à faire la guerre aux Romains. Ensuitte dequoy l'vsage de ces Liures, en cas qu'il s'en trouuât encore, fût defendu par Edict publiq, comme pernicieux, & dommageable à la Republique. Quelques autres neantmoins sont d'opinion differente, & soustiennent que par cette Toison se doit entendre vne prodigieuse quantité d'or que les Princes de Colchos auoient successiuement amassée. La meilleure raison qu'ils en donnent, est qu'au païs de Colchos, pour estre proche du Mont Caucase, il y a de ce metail en abődance. Ce qui nous est confirmé par Strabon, qui dit que le Caucase a plusieurs belles fontaines, & de grãds ruisseaux où il se trouue du sablon d'or; Et d'autãt qu'il est cőme impalpable, & imperceptible aux yeux, pour estre extremement brillant & menu, il adiouste que pour le ramasser, ceux du païs ont accoustumé de plonger dans l'eau vne peau de Brebis, affin que ce sable s'y attache, & qu'aprés cela ils en facent la ſeparation: D'où peut bien la Fable dont nous parlons eſtre tirée, eſtant certain que ces peaux dorées ont vne entiere conformité auec la Toiſon qui ſert de ſuiet à cét Embleme.

Que les g

cra

D I

theologist
les Poetes
met qu
commu
sçauo

Que les gens de bien ne doiuent point craindre la violence des Riches.

DISCOVRS XLIV.

CET Embleme á pour fondement la Fable des Harpyes, qu'il eſt neceſſaire de ſçauoir, auant qu'en donner l'explication. Les Mythologiſtes en parlent diuerſement apres les Poetes, entre leſquels Heſiode n'en met que deux. Mais l'opinion la plus commune eſt, qu'elles eſtoient trois, à ſçauoir Aëllo, Ocypetes, & Celœno, car c'eſt ainſi que les appelle Virgile. La deſcription qu'il en fait, frappe d'abord l'imagination, & luy represente ie ne sçay quoy d'estrange, sous la forme de certains Oiseaux monstrueux, qui auoient le visage d'vne Fille, & les pieds d'vn Vautour. Mais pour penetrer plus auant dans le fonds de cette Fable; il faut sçauoir que Phinée ayãt pris pour femme Cleopatre, fille de Borée & d'Orithie, fut si maladuisé, que d'en espouser encore vne autre, qu'on nommoit Idée, fille de Dardanus; par les persuasions de laquelle, il creua les yeux aux Enfans qu'il auoit eus de Cleopatre; Ce qui fut cause, que pour le chastier de son crime, les Dieux l'aueuglerent luy-mesme; & que pour le tourmenter encore plus fort, ils enuoyerent contre luy les Harpies; qui l'empéchoient de manger, par les continuelles ordures qu'elles faisoient sur les viandes qu'on luy seruoit. Mais à quelque temps de là, le bon-heur voulut que Zetes & Calais faisant le voyage de Colchos auec les autres Arge-Nochers, s'en allerent loger chez luy, qui les receut honorablement, & les pria de le deliurer de la persecution de ces funestes Oiseaux; Ce qu'ils luy promirent aussi-tost, & chasserent les Harpyes iusques dans les Isles Plotines.

Que si maintenant, comme c'est nostre ordinaire, nous voulons chercher l'Allegorie de cette Fable, il ne nous sera pas difficile de la trouuer. On les appelle *Harpies*, ou *larronesses*, pource que rien ne leur eschappe, & qu'elles portent leurs mains crochuës sur toute sorte de choses. Aussi est-ce pour la mesme raison qu'on les feint Vierges, d'autát qu'il n'est point de rapine qui porte du fruit, & qui ne deuienne sterile. Elles sont trois de nombre, pour monstrer qu'on a premierement de la conuoitise pour le bien d'autruy, qu'en suitte de cela on le vole, & que finalement on le cache. Il y en a qui disent que par ces Harpyes se doiuent entendre les plus violantes Passions de l'Ame, & d'autres qui diſét qu'elles nous marquent particulierement trois Vices bien dangereux, qui ſont l'Auarice, l'Enuie, & l'Orgueil. Quoy qu'il en ſoit, il eſt tres certain que les Poëtes n'ont pas feint ſans vne grande raiſon, Que Iupiter enuoya les Harpyes contre Phinée, pour le punir de ſon crime; affin de nous aduertir par là, Que la tempeſte, la Sterilité, la Famine, & les autres maux ne viennent pas de la terre, mais pluſtoſt du Ciel, qui nous en afflige pour chaſtier nos meſchancetés.

Ce ſont les orages & les fleaux que doiuent aprehender tous les hommes en general, & particulierement les Riches, qui perſecutent les Pauures. La plus-part d'entr'eux nous ſont fort bien repreſentez par les Harpyes de cét Embleme. Car à leur imitation ils ſe ſeruent des charmes de leur viſage, pour attirer ceux qu'ils veulent perdre; Et comme elles encore ils ont des aiſles & des mains, dont ils volent doublement. O que les plus gens de bien ont de peine à s'eſchaper des ſerres de ces Oiſeaux affamés & inſatiables! Il n'eſt pas à croire combien de pieges ils dreſſent à l'integrité de leur vie, ny combien ils font joüer de reſſorts, pour attraper ce peu de commodités qu'ils ont, & les heritages que leurs Predeceſſeurs leur peuuent auoir laiſſez. Pour s'en ſaiſir finement, ils les attirent d'abord par douces parolles, par quantité de belles promeſſes, & par des offres continuelles. Ils leur repreſentent en ſuitte leur grand credit, les amis qu'ils ont, les bons offices qu'ils leur peuuent rendre; Et tout cela ſe conclud par d'inuiolables proteſtations de ſeruice. Que s'ils voyent que tous ces artifices ſoient inutiles à leur deſſein, qui n'eſt autre que de ruyner entierement ceux qu'ils amadoüent ainſi; ils ſe declarent alors contre eux, & les perſecutent ouuertement. Alors, dis-je, ils leur ſuſcitent de ieunes Mutins, qui leur font des querelles, des Chicaneurs qui les embarraſſent dans des Procez, des Calomniateurs qui les accuſent, & de faux teſmoins qui leur impoſent des choſes dont ils n'ont iamais eu la moindre penſée. Mais ils ont beau faire : tous leurs efforts ne peuuent rien à la fin. Car la Conſtance & la Probité de ceux qu'ils attacquent, ont la meſme force de les preſeruer de tels Perſecuteurs, qu'eurent autresfois Calais & Zetes, de deſliurer le miſerable Phinée de la violence des Harpyes, qu'ils exterminerẽt. Auſſi eſt-il veritable, que le iuſte Ciel ne laiſſe iamais dépourueus de ſecours ceux que leur Innocence en rend dignes. Elle triomphe des artifices des Méchans ; & l'homme de bien peut dire ſans ſe tromper, qu'il eſt touſiours à couuert de tous les coups que la Malice luy porte.

Quand on l'attacque ſans raiſon,
L'on tache en vain de le ſurprendre,
Il n'a beſoin, pour ſe defendre

De traits abreuués de poison;
Et peut bien se passer encore
De l'Arc, & des fleches du More.

Sa Conscience seule le rend plus fort que n'estoit Aiax, quand il tenoit son Bouclier, & luy sert, comme dit le Poete, d'vne muraille d'airain: de maniere qu'il peut se vanter auecque Bias, de porter tousiours en soy-mesme dequoy resister à ceux qui le persecutent. Que si de hazard sa bonne cause succombe sous l'Iniustice, outre la satisfaction qui luy reuient de n'auoir point merité ce mauuais traittement, il est asseuré que l'injure qu'on luy fait ne doit point demeurer impunie. Car il en a tousiours mal pris à ceux qui ont opprimé les Innocens, & violé la Iustice: cóme à Archias, de s'estre soüillé du sang d'Archilochus, au Roy Attalus d'auoir fait tuer sans cause ceux qui en qualité d'Alliez croyoient viure en confidence auec luy; & à Cecilius Metellus, d'auoir sans raison triomphé des Peuples de Dalmatie.

Du deu

DI

le moindr
obligés d
nuelles à

e

Du deuoir des Enfans enuers les Peres.

DISCOVRS XLV.

TOVS ceux que la Nature a faict naiſtre Raiſonnables, & dans l'Ame deſquels elle à tracé le moindre trait de recognoiſſance, ſont obligés d'en donner des preuues continuelles à ceux qui les ont mis au Monde, & auſquels ils doiuent l'eſtre apres Dieu. S'ils font autrement, qu'ils ne s'eſtonnent pas ſi les Elemens ſe reuoltent contr'eux; ſi toutes les choſes d'icy bas leur reprochent leur ingratitude, & ſi les Beſtes mesme leur apprennent les deuoirs de Pieté, dont ils s'acquittent si mal, à leur grande honte. Car au rapport de Solin, les vieilles Cigoignes reçoiuent des Oiseaux de leur espece le mesme bien qu'elles leur ont fait, quand ils estoient encore petits. Aussi est il vray qu'en leur lettres Hierogliphiques les Egyptiens voulant representer vn Enfant qui auoit soing de son Pere, peignoient ordinairement vne Cigoigne, comme celuy de tous les Animaux, le moins ingrat, & qui a le plus de tendresse. Car de la mesme façon qu'elle a esté nourrie de ses Pere & mere en son bas aage, elle les nourrit & les soigne quand ils sont vieux. Alors pour leur rendre le semblable, elle leur fait vn nid, pour y estre mollement. Elle leur porte à manger, & leur tire doucement les plumes superflues, affin qu'il leur en reuienne d'autres meilleures, à la faueur desquelles ils puissent chercher dequoy repaistre. Que s'il est vray, comme plusieurs Autheurs

nous

nous l'enseignent, qu'il y ait tant de bon naturel en ces Oiseaux; Ne deuons-nous pas rougir de honte de nous laisser vaincre à eux, en matiere de reconnoissance & de Pieté? Il est sans doute bien raisonnable, que nous rendions à la Nature ce que nous auons receu d'elle, & que nous conseruions auecque soing la vie de ceux à qui nous sommes redeuables de la nostre. Auec ce que le deuoir nous y oblige, il faut que nous y soyós encore portés par vne autre cósideratió, qui est que nos Enfans s'en reuencherót vn iour, quád nous serons vieux, & que la foiblesse de nostre aage nous desniera le secours qu'il nous faudra mendier des autres. Mais il n'est pas besoin, ce me semble que nous vsions de tant de parolles pour demonstrer vne verité qui est plus claire que le iour; n'y ayant personne qui ne sçache bien, qu'apres les trois premiers poincts qui regardent le culte Diuin, la chose du monde qui nous est la plus recommandée, c'est d'honnorer ceux qui nous ont donné naissance, & d'estre soigneux de leur obeïr. C'est Dieu mesme qui est Autheur de cette Loy, & qui pour en faire voir l'importance, a promis pour salaire à ceux qui l'obserueroient, vne longue vie en ce monde, & en l'autte les felicitez eternelles. Aussi à vray dire, ce deuoir d'obeyssance & d'Honneur est tellement iuste, que les moins religieux d'entre les Payens l'ont reconu. D'où vient qu'Hesiode en la Description qu'il fait du siecle de fer & d'Impieté, ne trouue rien de si execrable parmy les hommes de ce temps-là, que l'Ingratitude des Enfans enuers leurs plus proches. Car alors, dit-il, ils leur feront tous les maux imaginables, & les abandonneront en leur vieillesse, sans leur donner aucune assistance. Surquoy il conclud que Iupiter les frappera d'vn esclat de foudre, & qu'on perdra cette engeance d'hommes pernicieux & maudits.

Voylà le ſentiment d'vn Payen contre ces Enfans dénaturez, qui n'ayant rien que ce ſoit d'humain, ne meritent du tout point d'eſtre appellés hommes. Mais Caſſiodore les deteſte encore plus fort, lors qu'en d'écriuant leur odieuſe méconnoiſſance : *Où eſt,* dit-il, *cette force de la Nature, qui par vne mutuelle vnion d'amour nous deſtine à reviure en noſtre Poſterité? Les beſtes ſont ſuiuies de leurs petits, qu'elles nourriſſent. Les rejettons s'attachent aux branches, & les branches à l'Arbre qui les produit : les rameaux de la Vigne ne degenerent point du Sep qui les porte; Et toutesfois il ſe treuue des Enfans qui ne tiennent en rien de la vertu de leurs Peres. Mais ce qu'il y a de pire en eux, c'eſt qu'ils oublient entieremẽt les biẽs-faits qu'ils en ont receus; le moindre deſquels ſeroit capable d'obliger à les reconnoiſtre les plus Barbares de tous les hõmes. Choſe eſtrãge! on prend le ſoing de les eſleuer: on ne trauaille que pour eux: on leur amaſſe du bien; Et ces Ingrats les poſſedent ſans en ſçauoir aucũ gré à ceux qui les en ont pourueus liberalement.*

N'est-ce pas vne grande pitié, de ne receuoir aucune consolation de tels Enfans, que nous auons si fort cheris, & pour qui nous nous sommes tant de fois mis en danger de perdre nos vies? Ne deuroient-ils pas rougir de honte, de voir que les Bestes mesmes les instruisent là dessus; & que les Oiseaux, qui ne se tournent qu'à la mangeaille, ne laissent pas d'auoir toutesfois vn naturel instinct à la Pieté. Tesmoin la Cigoigne, qui voyant que ses Pere & Mere ne peuuent chercher à viure, à cause de la foiblesse de leur aage, s'en vont en queste pour eux, & les couurent de leurs aisles, pour reschauffer leurs membres glacez; se reuenchant ainsi du bien qu'ils luy ont fait, quand elle estoit dans le nid. Voylà ce que dit Cassiodore, touchant le deuoir des Enfans enuers les Peres; que les Iurisconsultes ont estimé si legitime, & si iuste, qu'ils ont estably des peines expresses contre ces Monstres qui le violent ingratement. Ce que ie vous demonstrerois plus au long, n'estoit que vous pouués voir cette matiere amplement traittée par diuers Autheurs ſacrez & Prophanes, tels que ſont Platon, Ariſtote, Pline, Valere le Grãd; & particulierement par le grand Sainct Baſile, dans le beau diſcours qu'il en a fait, où vous trouuerez, ie m'aſſeure, dequoy vous contenter, ſi vous en voulez ſçauoir dauantage.

D

qu'il n
leon.
mal pr

Contre les Flatteurs.

DISCOVRS XLVI.

L'INVENTION de cét Embleme eſt de Plutarque, dans le Traitté qu'il a fait, Des moyens de diſcerner le vray Amy d'auec le Flatteur qu'il ne compare pas ſans ſujet au Cameleon. Car comme ce merueilleux Animal prend toutes les couleurs qu'on luy oppoſe, reſerué le blanc; Le Flattteur de meſme, s'accommode à toute ſorte de choſes, hormis à celles qui ſont honneſtes, & qui meritent d'eſtre imitées; En cela ſemblable à ces mauuais Peintres, qui ne pouuant copier ce qu'il y a d'excellent & de rare dans vn Original, ne s'estudient qu'à peindre des rides, ou des verruës, & ne touchent point aux principales beautez du visage. C'est ainsi que le Flatteur, pour se rendre agreable au Prince qu'il sert, fait gloire d'imiter les defauts qui se remarquent en luy; comme par exemple, son Intemperãce, sa colere, son orgueil, sa mauuaise humeur, & ainsi des autres Vices, ausquels il le cõnoist enclein. A quoy ce singe malicieux s'accommode d'autant plus, qu'il sçait que son Maistre l'en aime mieux, & l'en considere dauantage. Or comme cette façon de viure est vne chose seruile & basse, Aussi a-t'elle tousiours esté blamée par les bons Autheurs, & par tous les Sages de l'Antiquité. Car l'Histoire remarque, Qu'Alcibiades, pour l'auoir pratiquée, auec vne soupplesse indigne de luy, fut appellé du nom de l'Animal dont nous tirons cét Embleme. Mais ie ne trouue pour moy rien de ſi eſtrange, ny de ſi conuenable à noſtre ſujet, que ce qu'on raconte de certains peuples d'Arabie; qui ont accouſtumé d'imiter leur Prince en ce qu'il a de defectueux au corps, auſſi bien qu'en ce qui regarde les Vices de l'Ame. Car ſi par Nature, ou par accident il eſt mutilé de quelque membre, ils font ſemblant de l'eſtre de meſme. Nous en auons vn exemple dans l'Hiſtoire de Philippe de Macedoine; où il eſt dit, que parmy quantité de Flatteurs qui ſuiuoient ſa Cour, il s'en trouua vn ſi complaiſant, & ſi ridicule, que ce Prince ayant par mal-heur perdu vn œil d'vn coup de fleche, qui luy fut tiré en aſſiegeant vne Ville, le Flatteur dont nous parlons, parût en public le lendemain, auec vn emplaſtre ſur l'vn de ſes yeux; comme ſi par là il euſt voulu perſuader au Roy, qu'il prenoit part à ſon mal, & que la douleur en eſtoit paſſée iuſques à luy. L'on racõte encore, qu'vne autre-fois Philippe s'eſtant rompu vne jambe par vne cheute qu'il fiſt dans la meſlée, ce meſme homme fut ſi extrauaguant, qu'il ſe monſtra deuant luy auec la cuiſſe bandée, & que touſiours depuis il contrefit le Boiteux.

C'eſt donc la couſtume des Flatteurs, de ſe rendre touſiours ſouples à l'humeur de ceux qu'ils ſeruent ; de ne manquer iamais de complaiſance pour eux ; Et d'aprouuer generalement toutes choſes, de quelque nature qu'elles ſoient, hormis celles, qui pour eſtre poſſible vn peu trop honneſtes, ne leur ſont pas agreables. Car comme les Filles d'amour ne ſouhaittent à leurs Amans que des richeſſes & des threſors, affin d'en auoir leur part, mais point de bon ſens, ny de Prudence ; Les Flatteurs en font de meſme à leurs Maiſtres, pour proffiter de leur deſreglement, & de leur mauuaiſe conduitte. Auec tous leurs déguiſemens neantmoins, & toutes leurs ſingeries, ils ſont trompez la pluspart du temps, & trouuét enfin, qu'il eſt de leur Fortune imaginaire, comme du Cameleon, qui ne ſe nourrit que de vent. Où il me ſemble auſſi, qu'il eſt à propos de remarquer auec Caſſiodore, que ce meſme Animal eſt le Symbole d'vn Chicaneur endetté qui change de ruſes à tout moment ; qui ne tient rien de ce qu'il promet, qui fait, comme l'on dit, des contes en l'air ; qui ne donne que du vent à ſes Crediteurs ; qui par ſa mauuaiſe foy ſe voit continuellement en alarme, & qui prend toute ſorte de formes & de viſages, pour s'eſchapper des mains de ceux qui luy demandent leur bien.

Qu'i

DIS

Pharſale,
qui fit voi
ſon chario
nommer
turenie

Qu'il n'y a point de Force indomtable.

DISCOVRS XLVII.

L'ORIGINE de cét Embleme est prise de Pline, qui dans le huictiesme liure de son Histoire, dit qu'apres la Bataille de Pharsale, Marc-Anthoine fut le premier qui fit voir des Lions à Rome, attellez à son chariot de Triomphe. Ce qu'on peut nommer par maniere de dire, vne peinture müette des reuolutions de ce temps-là, qui procederent la plus-part de la tyrannie de ce Vaincœur insolent. Car ce fut luy-mesme, qui par la monstre publique qu'il fit de ces nobles Animaux ainſi domptez, voulut donner à connoiſtre que tout cedoit à ſa puiſſance; Que les principaux Citoyens faiſoient ioug ſous luy; Et qu'il auoit enfin trouué l'art de ſe venger de ces ennemis illuſtres, qui par la force des armes ou de la langue s'eſtoient liguez à ſa perte. Mais celuy de tous qui s'en trouua le plus mal, fut aſſeurément ce Pere de l'Eloquence Romaine; cét inuiolable Protecteur des Loix, ce grand Ciceron, que les méchans hayſſoient ſi fort, & que les gens de bien aimoient & craignoient enſemble. Toute ſa ruyne proceda des Harangues que la Verité luy fit faire en plein Senat au deſauantage d'Anthoine. Il ſe declara deſlors ſon Ennemy, & ne ceſſa iamais qu'il n'euſt trouué le moyen de ſe défaire de luy. Ciceron ſe ſentant doncques trop foible pour luy pouuoir reſiſter, ſortit de la Ville, auecque deſſein de s'embarquer au premier port, afin d'aſſeurer ſa vie par ſa fuitte.

Mais la violẽce de la tempeste luy ostant l'esperance de l'vn & de l'autre, luy fit prendre resolution de regaigner la terre; où s'estant mis en chemin pour aller au Formian, le mal-heur voulut pour luy qu'il fit rencontre des soldats d'Anthoine. Dés aussi-tost qu'ils commencerẽt à le poursuiure, il iugea bien que c'estoit fait de sa vie; Tellement que sans marchander dauantage, il mit la teste hors de sa litiere, qui luy fut coupée à l'instant par Popilius Lænas, & qu'on exposa depuis entre ses deux mains, en la mesme place aux Rostres, où Ciceron auoit fait publiquement contre Anthoine des inuectiues & des Harangues.

Or comme cette action estoit execrable & maudite, les Romains aussi en maudissoient sans cesse l'Autheur; & ne pouuoient assez detester l'humeur furieuse de cét homme imperieux & cruel, qui se plaisoit à faire tirer son char par des Lions. Ce qui nous donne assez à connoiſtre, qu'il n'y a point de force ſi grande, ny de reſolution ſi ferme, ny de perſuaſion ſi puiſſante, que les Souuerains ne puiſſent quelquefois abattre, s'ils veulent abuſer de l'authorité que le Ciel leur a dónée. En effet, combié de fois a-t-on veu à la ruyne des grands Eſtats, la cómune liberté perduë, & la Vertu comme enſeuelie par la violence des Tyrans? Qui lira les Hiſtoires, n'y trouuera que trop d'exemples de cette verité, qui par diuers accidens tragiques & lamentables s'eſt de tout temps confirmée. Il n'en faut point chercher d'autre, apres celuy de Ceſar, qui fut miſerablement mis à mort par les principaux Chefs de la Republique Romaine. Ils prirent pour pretexte le Bien public, & la conſeruation de la Liberté. Mais ce fut trop hazarder; & s'engager méchamment dans vne Conſpiration trop ruïneuſe, comme l'effet le monſtra. Ils oſtoient du monde, celuy qu'ils appelloient Tyran; & ne peurent toutes-

fois

fois oster de Rome la Tyrannie. Car les affaires de la Republique estant ruynées par ce Parricide; & les Courages des Cytoyens abatus, Marc-Anthoine vsurpa tout aussi-tost la mesme puissance que Cesar auoit eüe, bien qu'il fut beaucoup au dessous de luy, en matiere de conduitte, de viuacité d'esprit, & de grandeur de courage. Ce que Ciceron ne pouuant souffrir, il se ietta dans le Party de la pluspart des Seigneurs de Rome, qu'Anthoine s'aduisa de proscrire par le moyen du Trium-virat, & d'en mettre à mort les plus considerables. Or bien que Ciceron eust de long-temps preueu ce mal-heur, il luy fut impossible pourtant d'y apporter du remede; Et tout ce qu'il pût faire, fut de s'en plaindre publiquement, comme il se voit dans sa seconde Philipique; où se laissant emporter à vne iuste Colere, *Vous pleignez-vous*, dit-il, *de la perte de trois Armées Romaines? C'est Anthoine qui l'a causée. Cét Ordre a-t'il perdu son ancienne authori-*

té? Cette perte ne vient que d'Anthoine. Trouués-vous à redire icy quantité d'illustres Citoyens? *Anthoine vous les a ostés. En vn mot, il ne nous est point aduenu de maux (& les Dieux sçauent combien il nous en est arriué) dont nous ne deuions imputer la faute à vn seul* Anthoine, *apres que nous aurons bien consideré toutes choses.* Il y a quantité d'autres endroits, où il encherit encore par dessus. Mais il me suffit d'auoir rapporté celuy-cy, pour faire voir par l'exemple de cét homme violant, que le mesme Ciceron appelle *la Gangrene, & la Peste de sa Patrie*; combien est veritable ce qui nous est signifié par cét Embleme, dont le docte Alciat a donné l'explication en vers Latins, que i'ay à peu pres ainsi traduits, ou pour le moins imités.

Quand par vn effort tyrannique
Anthoine, Peste de l'Estat,
Eust fait mourir par attentat
Le Pere du bien-dire, & de la Republique
S'imaginant d'estre plus qu'homme,

Il osa triompher à Rome,
Sur vn Char que tiroient deux Lions furieux;
Et sans parler, il voulut dire,
Que les Chefs les plus glorieux
Estoient soubmis à son Empire.

Qu'il r

ne,

DI

docte
laissera
rechef
de la
dans
cette
stie,

Qu'il ne faut iamais offencer personne, ny de fait ny, de parolle.

DISCOVRS XLVIII.

ENcore que ie me souuienne fort bien d'auoir déjà dépeint Nemesis, sous vne autre figure que celle-cy, & rapporté là dessus le docte Discours qu'en a fait Bacon ; ie ne laisseray pas toutesfois d'en parler derechef, puis qu'elle semble m'y conuier, de la façon quelle se voit representée dans cét Embleme. Ie diray donc, que cette Deesse., autrement appellée Adrastie, & Rhamnusie, est destinée, à ce que feignent les Poëtes à vanger toute ſorte de mauuaiſes actions, & particulierement les inſolentes parolles. Car comme ceux qui s'y plaiſent, ne peuuent iamais ſe deſrober à ſa connoiſſance; ainſi eſt il impoſſible qu'ils s'exemptent de la punition qu'elle a de couſtume d'en faire: car la Vengeance diuine eſt ineuitable; & c'eſt en ce ſens que Catulle dit.

Chaſſe le Deſdain de tes yeux,
Sois fauorable à ma priere;
Et pour me rendre glorieux,
Ne mets pas mes ſoings en arriere:
N'atire point ſur toy la main
De l'impitoyable Adraſtie,
Dont le pouuoir eſt ſouuerain,
De peur qu'elle ne te chaſtie.

Macrobe la fait irreconciliable Ennemie des courages audacieux; & le Poëte Heſiode la prend pour la Iuſtice meſme, en vn endroit de ſes œuures, où il dit qu'elle & la Pudeur ont quitté la terre, &

s'en sont volées dans le Ciel. Elle est icy peinte tenant vne bride d'vne main, & de l'autre vne Baguette; pour monstrer l'Empire qu'elle a sur les Méchans, & qu'elle sçait mettre vn frein à leur bouche, quād ils se iettent dans le debordement de la Medisance. Platon dans son quatriesme liure des Loix, la nōme *l'Ange du Iugement*: ce qui semble auoir de la coformité auec nostre Religion; qui nous apprend que le Souuerain Createur de l'Vniuers a connoissance de toutes choses, & qu'il ne laisse rien impuny. Les Anciens n'ont donc pas eu mauuaise raison, quād pour regler les mœurs des hommes, & leur apprendre combien est desagreable à Dieu la Superbe, ils ont dit que les personnes sujetes à ce Vice attiroient sur elles la malediction du Ciel. Aussi est-ce pour cela que par le nom de Nemesis, ils ont entendu cette imaginaire Deïté dont nous parlons, qui preside, comme i'ay desia dit, au Chastiment & à la Vengeance. Il faut remarquer à ce propos, auec le subtil Philosophe Ficin, Que tous les hommes en general ont en eux mesmes quatre choses fort cõsiderables, qui sont, la Loy, le Iugement, la Iustice, & cette Nemesis dont il est question. Chacun de nous porte en soy l'exemple de ces choses, & il ne tient qu'à luy qu'il n'en vse comme il faut. Il a en l'Entendement la Loy, qui luy apprend ce qu'il luy faut faire, ou ne faire pas, c'est à dire la difference de la Vertu d'auecque le Vice. Il a en la Raison le Iugement, qui luy fait connoistre ce qu'il y a d'honneste, ou d'inciuil, & de mal-seant dans la vie humaine. Il a en la Volonté la Iustice, par le moyen de laquelle il sçait faire election des choses qu'il est raisonnable, ou de fuir, ou de suiure. Il a finalement dans l'Imagination cette Nemesis non moins seuere que iuste, qui ne pouuant souffrir ſa meſdiſance, ny de luy voir commettre des actions deshonneſtes, luy en fait ſans ceſſe des reprimendes.

Ie ſçay qu'il y en a quelques-vns, qui ne mettent preſque point de diſtinction entre Nemeſis & l'Enuie, à cauſe qu'il y a ie ne ſçay quoy de ſemblable en l'eſmotion de l'vne & de l'autre. Mais ceux-là ſe trompent extremement, de ne voir pas combien la difference en eſt grande. L'Enuie n'en met aucune entre les méchans, & les perſonnes de probité. De quelque nature que ſoit le Bien dont les autres jouyſſent, elle s'en afflige indifferemment; & regne ſur tout entre gens de meſme condition. Nemeſis au contraire, ne ſe fache que de voir eſleuez aux honneurs les méchãs, & les hommes que leur baſſeſſe en rend indignes. Ainſi elle peut eſtre fort à propos définie, Vne loüable eſmotion d'eſprit, qui ne ſe rencontre que parmy les gens de bien, & par qui la

Vertu eſt miſe en eſtime. Car eſtant iuſte comme il eſt, que les Bons proſperent pluſtoſt que les mechans, la Raiſon veut auſſi, Que l'homme de bien ſe reſjouyſſe & ſe conſole, quand il voit que par vne exacte obſeruation de la Iuſtice, les Meurtriers, les Traiſtres, & les Voleurs, ſont chaſtiez comme ils le meritent ; Et partant, il ne faut pas s'eſtonner, ſi pour la meſme raiſon encore, il ſe réjouyt des bonnes fortunes qui arriuent aux perſonnes que l'integrité de leur vie en rend dignes. De cette punition, que Nemeſis a ſi ſouuent faite, nous eſt vn exemple aſſez manifeſte le plus cruel de tous les Empereurs Romains. Ce Monſtre de la Nature ayant oſté du monde celle qui l'y auoit mis, fut bien toſt puni de ſes crimes par les propres remords de ſa Conſcience, ſi toutesfois il en auoit vne. Cét Inhumain, dót les violences auoient cótraint le Senat de les ſouffrir, ſans en oſer murmurer, vid en moins de rien tous les Romains le souslever contre luy. Quelques-vnes de ses Statuës furent abbatuës de nuit; Et lon ouyt en plein iour des voix qui crioient, *Neron a tué sa Mere*: Ce que plusieurs luy furent dire iusques dans son Palais; non pas tant pour aucune foy qu'ils y adioustassent, que pour accuser Neron deuant Neron mesme. Aussi arriua t'il enfin par vn iuste chastiment de sa maudite vie, que le Senat ordonna, Qu'il seroit mené tout nud par la ville, trainant son propre Gibet; & que le Bourreau l'ayant fait mourir sous le foüet, ietteroit son corps à la voirie. Quoy dauantage? Sejan n'eut-il pas encore sa Nemesis, qui ne l'abandonna iamais, qu'il n'eust esté payé de ses crimes, & de son Ambition demesurée? Apres s'estre vainement picqué de ce beau tiltre de Collegue de l'Empire, dont Tybere le leurroit; apres auoir vilainement abusé de Liuie; apres auoir fait empoisonner Drusus; apres auoir suborné les soldats de la garde du Prince, & par leur moyé conspiré cótre luy mesme; qu'en arriua-t'il en fin? Il se vid enuelopé de toutes parts. Tybere plus fin que luy, le mit dans des pieges dót il ne pût s'eschaper. En vn mot, il l'accusa deuant le Senat; Et de son accusation s'ensuiuit cét Arrest, *Que Sejan auroit la teste trenchée ; Que son corps seroit ietté aux* Gemonies, *& qu'on puniroit aussi ses Enfans*. Voylà combien redoutables sont les effets de la Deesse dont nous parlons; qu'Artemidore nous fait comprendre aussi-tost, quand il dit, Qu'elle prend en main la cause des Innocens, & les venge des persecutions que les Mechans ont accoustumé de leur faire.

Car pour exposer ces Perfides
Aux tourmens les plus rigoureux,
Elle commande aux Eumenides
De vomir tout leur fiel sur eux;

De ioindre le fer à la flamme,
De donner la gesne à leur ame
Par de continuels remors;
Et pour chastiment de leurs crimes,
D'en faire à Pluton des Victimes,
Dans le noir Royaume des Morts.

Marie Briot fe.

Qu'il s

F

DIS

L

a

noissance d

prennent l

de ce bel A

cus, qu'il

mere, d'o

Il feint q

gnós du

son ord

point de

Qu'il se faut donner garde des Filles d'Amour.

DISCOVRS XLIX.

LEs enchantemens de Circé, que Virgile appelle Fille du Soleil, à cause de la merueilleuse connoissance qu'elle auoit des Plantes, qui prennent leur accroissement & leur force de ce bel Astre; ne peuuét mieux estre décrits, qu'ils le sont dans l'Odissée d'Homere, d'où nous auons tiré cét Embleme. Il feint que quelques-vns des Compagnōs du Sage Vlysse, estant énuoyez par son ordre, pour voir s'ils ne pourroient point découurir le lieu où cette Magiciéfaisoit sa demeure, furent changez en pourceaux, par le moyen de certain breuuage qu'elle leur fit prendre; Ce qu'on ne peut mieux appeller qu'vne ingenieuse representation de la Volupté, en la personne des femmes lasciues. Car ce luy est vne chose ordinaire, de corrompre & de chãger de mal en pis, les mouuemẽs & les passions; d'où il s'ensuit que la Raison en est peruertie, & que l'hõme deuiẽt Beste, de Raisonnable qu'il estoit auparauant. Cela n'arriua pas neantmoins au prudent Vlysse, à qui tous les charmes, ny tous les Philtres de Circé, ne peurent faire changer de forme: par où nous est demonstrée la merueilleuse force de l'Entendement, qui est la regle & la Guide de l'Ame. Pas vn des Modernes ne nous explique mieux cecy que le docte Erasme, qui le rapporre iudicieusement au sens des anciens Mithologistes. *Que signifie*, dit-il, *la Fable de Circe, qui par ses enchantemens changeoit les hommes en Bestes? N'est-elle pas vn*

vray

vray Embleme des hommes voluptueux, qui par leurs lasciuetés perdent le tiltre de Raisonnables; qui s'adonnent entierement à leurs Passions desreglées; qui n'ont rien de l'homme que le nom; qui ne se souuiennent que d'assouuir leur Brutalité; Et pour leur dire en vn mot, qui transformant leur Nature, par leur Lubricité deuiennent Ours; par leur Paresse, Pourceaux; par leur humeur farouche, Lions; & ainsi du reste. Au contraire, par Vlysse, qui fut le seul que le breuuage de Circe, ny la Baguette dont elle le toucha, ne peurent changer en Beste; que nous est-il signifié, sinon que par vne ferme & constante habitude à la Vertu, l'homme sage ne peut ny estre renuersé par les violentes secousses de la Fortune, ny destourné des choses honnestes par aucune sorte d'allechemens & de charmes? Ceux qui penetrent plus auant dans cette Fable, disent, Que de ses Amans diuersement corrompus, cette Femme impudique en fit enfin des Voleurs, des Assassins, des Traistres, & des Meurtriers. Ce qui ne veut dire autre chose, sinon que les Voluptueux s'adonnent souuent à tous les Vices, apres qu'il ne leur reste plus rien, & que leurs belles Sorcieres, ou si vous voulez, leurs insatiables Harpyes, ont espuisé leur principale substance. Cette pensée est de Xenophon, qui adiouste en suitte, Que si de hazard le Philosophe Socrate, se rencontroit en quelque festin, où il n'alloit que rarement, il n'y mãgeoit que fort peu, & beuuoit encore moins; vsant de ce trait de raillerie, Que la bõne chere auoit changé en Pourceaux les Cõpagnons d'Vlysse; Mais que luy plus fin qu'eux s'en étoit exempté par le moyen de son Abstinence, & pour s'estre tousiours souuenu du conseil que luy auoit donné Mercure. Il y a dans vn Dialogue de Plutarque vn fort bel endroit à ce propos, dont le sens est tel. *Comme il se fait certaines pastes, auec lesquelles on prend du poisson, qui ne sert de rien toutesfois, pource qu'on n'en peut manger; Il en est de mesme des Philtres, que les femmes debau-*

chées donnent aux hommes, pour se les acquerir: car ils ne seruent à rien, qu'à les faire deuenir brutaux, stupides, & furieux. Ainsi en prit il à Circe; qui des Compagnons d'Vlysse qu'elle enchanta, n'en receut que le plaisir de les auoir transformés en Bestes. Mais pour le regard d'Vlysse, elle l'aima veritablement, à cause de sa Prudence, & de sa bonne conduitte. Elle n'en vsa pas de mesme à l'endroit de Picus, Roy des Latins. Car bien qu'il fut son Mary, & fils de Saturne, elle ne laissa pas toutesfois de le changer en Pie, comme il se voit dans le septiéme liure de l'Eneide, & plus au long dans le quatorziesme des Metamorphoses d'Ouide. Ce qu'elle fit, selon quelques-vns, à cause qu'estant Augur, il fut le premier qui dans les Auspices, se seruit de cét Oiseau; Mais ie trouue plus iudicieux ceux qui disent, que ce fut vn effet de son inconstance, Vice que les Impudiques comme elle, ont accoustumé de pratiquer, affin de mieux assouuir, s'il est possible, la brutalité de leur Concupiſcence. De cecy nous eſt encore vne preuue l'exemple de Scylla, qui ſe reſſentit, comme les autres que i'ay nommés, des dangereux enchantemens de la meſme Circé, & qui eſt auſſi vn particulier ſymbole de l'Amour deshonneſte. Ce qu'il eſt aiſé de remarquer, en ce qu'elle a par le haut le viſage d'vne Fille, & qu'en bas elle eſt enuironnée de chiens enragez, qui ne ceſſent d'abboyer à l'entour d'elle. Auſſi repreſentent-ils l'Audace, le Vol, la Gourmandiſe, & quantité d'autres Vices enormes, qui precipitent dans le dernier mal-heur, tous ceux qui ne s'eſtudient imprudemment qu'à ſatisfaire à leurs deſirs impudiques. De toutes leſquelles choſes, on peut conjecturer & conclurre, Qu'il importe entierement à tous les hommes en general, de fuïr plus que la Peſte le honteux commerce des femmes laſciues, & de ſe ſouuenir auec Ciceron, *Que la Volupté du corps eſt tout à fait indigne de l'excellence de l'homme, qui par consequent la doit hayr, comme vne chose pernicieuse, & qui n'est propre qu'aux Bestes.*

De trois fo

par

DI

personnes.
pelle Char
la maison
qu'ils en
mauuai
desquels

De trois sortes de Personnes denotées par la Chauue-Soury.

DISCOVRS L.

QVoy que le nom de *Chauue-Soury* se puisse approprier à diuerses choses ; si est-ce qu'il s'attribuë particulierement à trois sortes de personnes. Car en premier lieu l'on appelle Chauues-Souris, ceux qui gardent la maison, pour quelque action noire qu'ils ont commise, qui les a mis dans la mauuaise estime du monde ; Au nombre desquels sont compris encore ces signalez Affronteurs, qui pour ne payer leurs dettes, bien qu'ils le puiſſent, ne ſortent iamais que de nuit, tant ils apprehendent de rencontrer ceux qu'ils fuyent, & d'eſtre contraints de s'acquitter par les voyes ordinaires de la Iuſtice.

Secondement, ce Nom ne conuient pas mal à cette maniere d'Eſprits pointilleux, qui veulent faire les raffinez en matieré de Science; qui cherchent curieuſement icy bas, ce qui eſt au deſſus d'eux; & qui ſe mettent en peine de penetrer dans les ſecrets du Ciel, que nous ne pouuons ny voir, ny toucher, ny les comprendre non plus, ſi fort ils ſont eſloignés de noſtre connoiſſance. Et toutesfois ils oſent bien en eſmouuoir des diſputes, & en parler comme d'vne choſe qu'ils croyent ſçauoir aſſeurément. Mais ils ne voyent pas combien ils s'abuſent dans la bonne opinion qu'ils ont d'eux-meſmes; Car tandis, qu'à force de contredire, ils en perdent preſque l'eſprit,

& qu'en blaſmant les bons ſentimens des autres, ils s'opiniaſtrent à defendre leurs propres ſottiſes, ils cherchent la Verité où elle n'eſt pas, & ne la peuuent iamais trouuer. En quoy certes ils ne ſuiuent point l'exemple de Socrate, qui pour n'eſtre pas blaſmé de reprendre les Ignorans, auoit accouſtumé de dire, *Que la choſe du monde qu'il ſçauoit le mieux, c'eſtoit qu'il ne ſçauoit rien du tout*; bien que neantmoins Apollon meſme l'euſt eſtimé le plus ſçauant & le plus ſage de tous les Philoſophes. Ce que cét excellent hóme n'euſt point dit vray-ſemblemét, auec vn ſi grand meſpris de ſoy-meſme, s'il n'euſt bien veu que la Philoſophie humaine n'auoit ſans doute rien de certain, ny de veritable. Car de croire, comme font quelques-vns, qu'il ſe fut fait ignorant, pour de là tirer aduantage de reprendre ceux qui l'eſtoient, c'eſt à mon aduis vne choſe, à laquelle il n'y a du tout point d'apparence. En effet, comme il diſoit ſans flatterie, que les hommes ignoroient tout, à cauſe que leur eſprit eſtoit touſiours chancelant; auſſi ſembloit-il faire gloire de ſe mocquer de l'Aſtrologie, dont la plus-part des Philoſophes de ſon temps faiſoient profeſſion ouuerte.

Le nom de Chauure-Soury ſe peut donner en troiſieſme lieu à tous ces illuſtres Fourbes, qui ne vont iamais qu'à taſtons dans les affaires du monde; A ces fameux Charlatans, qui ne parlent qu'obſcurement, & par équiuoque; qui couurẽt du voile d'Hypocriſie leurs mauuaiſes actions, & dont la langue venimeuſe deſcoche des traits qui volent dans les tenebres. Ce qui veut dire, qu'ils n'épargnẽt pas meſme la reputatiõ des gens de bien, non-plus que celle de leurs Amis, qu'ils dechirent ſecrettement; En cela d'autant plus malicieux, qu'au lieu de ſe tenir fermes dans leur confidence, ils ne s'en ſeruent qu'à les trahir laſchement ; & tournent ainſi leurs pas à la Tromp erie, comme dit fort bien l'Oracle de la Sapience diuine. Tels hommes perfides & laches, doiuent estre detestés, & fuys de tout le monde. Car quelle asseurance peut-on mettre en eux, qui n'ont ny foy ny parole? Qui peut douter qu'ils ne trompent les autres, puis qu'ils se sont premierement trompés eux-mesmes? Certes, s'ils aimoient tant soit peu la Verité, ils feroient en sorte de n'auoir commerce qu'auec ceux qui la cherissent; & ne trahiroient iamais leurs sentimens, pour apprendre ceux des autres, affin de s'en seruir à leur nuire. Mais apres tout, quel bien leur en reuient-il? En sont ils plus en repos, & les en estime-t'on d'auantage? Rien moins: Au contraire, leur mauuaise Conscience les gesne sans cesse, & ils ne passent enfin que pour Imposteurs dans l'opinion de tout le monde, qui ne les croit iamais plus, quand mesme ils diroient la Verité. Pour conclurre donc par où i'ay commencé, ie dis auec

Hésychius, Que tous ces esprits artificieux & malings, qui tachent de rendre obscures les choses claires; qui embrassent indifferemment toute sorte de partis, qui se font vne Morale à leur mode, & qui mesme en matiere de Religion quittent les interests de la Consciēce pour ceux du Monde; ne peuuent mieux estre comparez qu'aux Mineïdes, qui pour auoir mesprisé les Sacrifices de Bacchus, furent changées en Chauues-Souris, & tacherent en vain de se sauuer à la faueur des tenebres, comme le tesmoigne Ouide.

A l'instant ces deux Sœurs Thebaines,
Trop dédaigneuses, & trop vaines,
Virent auecque desplaisir,
Leurs fleches en Tyrses changées;
Et la fureur les vint saisir,
Qui les rendit comme enragées.
Bacchus, ce redoutable Dieu,
Leur ayant fait changer de lieu,

Leur fit außi changer de forme:
Et chaſtia leur vanité
Comme vn Vice par trop enorme,
Puis qu'elles s'attaquoient à ſa Diuinité.

De la Con

DIS

cét Emble
quables. I
conſtant d
ſeconde, Q
qui nous en
ceſſaire de
bas aage.
qui ſeroi

De la Constance dans les trauaux.

DISCOVRS LI.

PAR cette Palme victorieuse, & par cét Enfant qu'elle esleue en haut, au lieu d'en estre abaissée, nous sont signifiées dans cét Embleme deux choses bien remarquables. La premiere, Qu'il faut estre constant dans les trauaux de la vie; Et la seconde, Qu'à l'exẽple de nostre Sauueur, qui nous en a monstré le chemin, il est necessaire de nous y accoustumer dés nostre bas aage. Car cõme ce merueilleux Arbre, qui se roidit cõtre le fardeau qu'on luy oppose, porte vn fruit delicieux, & qui merite d'estre seruy à la table des Rois, ainsi les fruits du trauail sont agreables, & dignes de parestre deuant les yeux des plus grands hommes du monde. Mais ceux de l'Estude sur tout ont des douceurs incomparables; Et ce qu'il y a de peine est recompensé au double par le contentement qui s'y treuue. Aussi est-il vray, comme dit Phornutus, ancien Autheur Grec, que les Muses sont couronnées de Palmes, pour monstrer que comme il est fort difficile de monter sur cét arbre-là, il l'est aussi grandement, de gaigner le haut du Parnasse, & de s'esleuer au sommet des connoissances de la Nature : Ce que ie souhaitterois volontiers qu'eussent sans cesse deuant les yeux tous les ieunes Escoliers, qui ont ce noble dessein, & qui sont rebuttés des bonnes lettres par les moindres difficultez qu'ils y rencontrent d'abord. Mais s'ils sçauoient considerer, combien est doux & charmant le fruit de de l'estude ie ne doute point que pour le cueillir, & pour le gouster vn iour, ils ne fissent toute sorte d'efforts, sans que les choses les plus penibles peussent lasser leur perseuerance. A quoy les inuite par vn merueilleux effet de Nature cét inuincible Palmier. Car l'experience fait voir que plus on l'oppresse, & plus il resiste. Que si de hazard on le charge si fort, que ne pouuant soustenir la pesanteur du fardeau, il soit contraint de ceder, il le fait de telle sorte, que ses branches courbées se redressent aussi-tost contre la violence du poids, sans en pouuoir estre accablées. A raison dequoy, comme elle a tousiours esté le vray symbole de la Victoire, que l'on ne peut gaigner sans combattre, aussi l'est elle de la Constance, qui nous est absolument necessaire, & sans laquelle il nous est impossible de vaincre icy bas les Ennemis de nostre repos. Parmy tant de grands exemples que nous en auons, il me suffit de rapporter icy le tesmoignage de

Marc-Aurele, *Ie ſçay*, diſoit-il, *que Ceſar s'eſt eſleué à l'Empire par ſon eſpée, que la naiſſance l'a donné à Auguſte; Que Caligula y eſt paruenu par les victoires de ſon Pere; Neron par ſa Tyrannie; Titus, pour auoir dompté la Iudée; Et Trajan par ſes illuſtres actions. Mais de moy, ie l'ay obtenu par ma Conſtance, dans les mal-heurs de la vie.* De cette meſme vertu donna des preuues illuſtres le ſage Pelopidas, lors qu'Epaminondas, ſon compagnon d'armes, l'ayant deſliuré des fers, où l'auoit mis iuſtement Alexandre Phereſien; *Et bien*, dit-il, *encore ay-ie de l'obligation à ce Tyran: car il eſt cauſe que ie me ſuis armé de Conſtance contre les dangers de la guerre, & meſme contre les apprehenſions de la mort.* Ce fut elle encore, qui accompagna touſiours Anaxagoras dans la priſon; & qui fit que Socrate ne parla iamais ſi bien de la Philoſophie, qu'vn peu auant que mourir, & qu'aualer la Ciguë. Mais quoy que tous ces exemples de Conſtance fuſſent admirables, i'oſe dire pourtant que ceux du grand Fabius le furent encore d'auantage. Cét excellant homme ayant rachetté de ses propres deniers les Esclaues qu'Annibal auoit pris sur les Romains, fut si peu reconnu de ce bon office, que le Public ne luy en voulut iamais tenir compte. Il n'en dit mot neantmoins, ne croyant pas qu'à moins que de se rẽdre coupable, il luy fût permis de murmurer contre sa Patrie, qu'il reconnoissoit pour sa bonne Mere. A ce sujet de se plaindre en succeda vn autre, par l'ingratitude du Senat, qui voulut que Minutius eust la mesme authorité que luy. Il ne se facha point pourtant de cette Iniustice, non plus que de l'autre. Quoy d'auantage? On luy fit quantité d'affronts & de tres-grãdes supercheries, sans que pour cela il témoignât d'en estre esmeu. Sa Constance fut plus grande que l'Animosité de ses ennemis; Et quelques bruits qu'ils fissent courir que c'estoit vn lache, qui fuyoit deuant Annibal, &

qui n'osoit l'attacquer, il faisoit semblant de n'en rien oüir ; ne laissant pas cependant d'agir bellement, & d'essayer à prendre son temps. Aussi le prit-il si bien, que par ses iudicieux deslays, il vint à bout de la ieûne fougue d'Annibal, & restablit les affaires de sa Patrie, sans se laisser iamais emporter, ny à la Colere, ny à l'Esperance, ny à la Crainte. Cela estant, l'on peut bien dire de luy, qu'il merita plusieurs Palmes, puis qu'il donna pareillement diuerses preuues de sa Constance.

Ie viens maintenant au second poinct de nostre Discours, qui consiste à monstrer que dés le bas aage il faut s'accoustumer au trauail, affin de s'y endurcir par vne longue habitude. Ainsi en vsoient autrefois les Peuples de Germanie, qui pour rendre supportables à leurs enfans les miseres & les trauaux de la guerre, les plongeoient tous nuds dans de l'eau froide, aussi-tost qu'ils estoient nais : ce que les Rutiliens pratiquoient aussi, comme

Virgile l'a remarqué. A quoy se rapporte ce que les Poëtes ont feint d'Achille, à sçauoir qu'il fut ainsi baigné dans la mer par sa Mere Thetis; ce qui le rendit inuulnerable en tous les endroits de son corps, horsmis au talon, qui ne trempa point dans l'eau, d'autant que c'estoit par là que sa Mere le tenoit; Et à vray dire tous ces personnages illustres que l'Antiquité vante si fort, n'ōt iamais reüssi en leurs entreprises que par la glorieuse habitude qu'ils ont prise dans la fatigue des Armes; Ce que les Historiens & les Poëtes ont remarqué dans les diuerses descriptiōs qu'ils ont faites des trauaux d'Hercule, de ceux de Iason, d'Vlysse, d'Alexandre, de Cesar, d'Enée, & de quantité d'autres grands hommes Grecs & Romains; à l'imitation desquels il faut que les ieunes gens se roidissent courageusement contre les choses les plus difficiles, s'ils veulent comme eux auoir vn prix de Vertu, & gaigner la Palme qui leur est proposée dās cét Embleme.

Des Stat

DI

côme l'a

fi

ray l'ex
mier p
ay escrit

Des Statuës en general, & particulierement de celle de Mercure.

DISCOVRS LIII.

AYANT à traitter succinctement cette Matiere, qui me semble assez diuertissante, i'en diuiseray le Discours en deux principaux poincts, côme i'ay fait le precedent. En l'vn, apres auoir parlé des Statuës en general, ie descendray en particulier à celle de Mercure, qui ne se faisoit pas de tout bois, côme dit l'ancien Prouerbe, & en l'autre i'en dôneray l'explication apres Alciat. Pour le premier point, ie rapporteray icy ce que i'en ay escrit autrefois; & commençant par les

Ouuriers, ie diray, que comme ils sont diuers en sçauoir, les matieres aussi, sur lesquelles ils trauaillent, sont differentes. Parmy ceux qui se sont meslez autres-fois de faire des Ouurages d'argile (Art que les Latins appellent *Plastices*) les Anciens ont tenu pour excellents Maistres Demophilus, Gorgasus, & Porsuinius, qui selon Varron, forma de terre certains poissons, si au naturel, qu'ils sembloient estre viuans: & pareillement Arcesilaus, à qui Luculle donna soixante Sesterces, pour vne Statuë de la Deesse Venus; sans oublier Turianus, qui fit le simulachre de Iupiter Capitolin, & celuy d'Hercule, auec vn artifice inimitable.

Quant à la Graueure, Virgile appelle excellents en cét Art, Pretus, Alcon, & & Euricion; qui neantmoins en ont cedé la premiere gloire à Mentor, les Ouurages duquel furent estimez incomparables, principalement le Iupiter du Capitole, & la Diane d'Ephese.

Pline en son trente-troisiesme liure, estime fort vn certain Loede Stratide, qui graua sur des lames d'argent des batailles confuses d'hommes armés, auec vn trauail qu'on ne pouuoit assez admirer. En vn mot, en matiere de Graueure, il s'est trouué des Ouuriers, qui par maniere de dire, ont fait ceder la Nature à l'Art. Pline neantmoins dit que de son temps il n'y auoit personne qui sceut bien grauer en or. Mais nous lisons dans l'Exode, chap. 35. Que Beselcel, fils d'Vrie, & Ooliab, fils d'Alchisamech, sceurent parfaictement buriner l'or, l'argent, le cuiure, le fer, le marbre, & le bois; mais que par vne grace particuliere, ils eurent cette connoissance infuse de Dieu.

Les Anciens eurent encore plusieurs Ouuriers, qui trauaillerent en Bronze; comme Polichetus, qui ietta en fonte des joueurs de dez; Iphicrates, qui fit la Statuë de Lena, fameuse Courtisane de son temps; Et qui l'ayant cachée ne la voulut iamais découurir aux Tyrans Hermippe, & Aristogiton, de quelques tourmens dont ils le fissent ménacer; Myron, que les Statuës qu'il fit d'vn Satyre, d'Apollon & de Minerue, firent admirer par dessus tous ceux de son siecle; & l'incomparable Phidias, qui fit des Poissons si au naturel, qu'il ne leur falloit plus rien, comme dit Martial, qu'estre dans l'eau, affin d'y nager: & à quoy i'adjouste, que ce fut luy-mesme encore, qui fit en or, & en iuoire vne Statuë de Minerue, de la hauteur de vingt-cinq coudées, sur l'Escu de laquelle estoëit graués les Cōbats des Amazones & des Geants; & sur ses brodequins, celuy des Lapithes & des Centaures. Quant aux Graueures qui se faisoient sur les pierres precieuses, Pyrgotelés estoit l'homme de son temps qui s'y connoissoit le mieux: Aussi lisons nous qu'Alexandre le Grand ne voulut point qu'autre que luy grauât son portrait.

Parmy tant de sortes de Sculpteurs,

qui s'estudient à representer diuersement les choses de la Nature, ie n'en trouue point pour moy de plus anciens, ny de plus recommandables que ceux qui s'adonnent à faire des Statuës. Pline dit, que l'on commença d'en voir en Grece, enuiron l'Olympiade 50. Durant l'Empire des Medes, & auant que Darius eust encore pris en main le Sceptre des Perses, Dypenus & Scylus, natifs de l'Isle de Crete, furent les premiers qui grauerent sur du marbre les anciennes Idoles. Macrobe neantmoins attribuë aux Pelagiens l'origine des Statuës, Epicadus à Hercule, Diodore aux Ethiopiens, Lactance Firmian à Promethee, & la plus-part aux anciens Idolatres. Cela nous est confirmé bien expressement dans les saintes Letres, où nous lisons que Rachel desroba les Idoles de son Pere Laban; & pareillement par l'ancienne Histoire, qui rapporte, que Semiramis s'estant fait dresser vne statuë de la hauteur de dix-sept ſtades, voulut que de temps en temps, cent hommes veſtus en Preſtres luy fiſſent des offrandes, & l'adoraſſent. Outre cecy quelques Autheurs ont eſcrit, qu'il y eut anciennement en Egypte vn homme grandement riche, qui pour alleger en quelque façon le déplaiſir que luy apportoit la perte d'vn Fils vnique, en fit faire vne Statuë, qui le repreſentoit au naturel; Si bien que depuis l'vſage en deuint aſſez commun. Ciceron en vne de ſes Harangues contre Verres, dit qu'il ne fût introduit que pour l'embelliſſement des Temples & des Citez, affin que la Poſterité ne mit point en doute les ſacrez Myſteres de la Religion : Et en ſes Philippiques il aſſeure, que par le moyen des Statuës on rendoit immortelle la memoire de ceux qui eſtoient morts honnorablemẽt, pour la conſeruation de la Republique. Les principaux Chefs-d'œuure de ce bel Art, ont eſté, le Iupiter Olympien de Phidias, la Statuë de Diane, faite par Arceſilaus:

la Venus Gnidienne de Praxiteles, l'Apollon Pithien, commencé par Teleclée, & acheué par Theodore son frere ; le Mausole d'Arthemise, de l'inuention de Timothee: L'Hecate de Metestratus, erigée dans Ephese: la Statuë de Lysias, toute d'vne piece, & comprenant diuerses choses ensemble, à sçauoir vn Chariot, vn Apollon, vne Diane de marbre, & plusieurs Cupidons, qu'Arcesilaus y adjousta. I'obmets les Fourmis de Callicrates, les pieds desquelles, & tous leurs autres membres, estoient si desliez, qu'ils sembloient imperceptibles à la veüe, bien qu'on ne laissât pas de les discerner. A ces merueilleux Ouurages on peut adjouster encore ceux de Policlet, d'Eufranor, d'Aleximene, & de Lysippe, Sculpteur du Grand Alexandre ; ensemble le prodigieux Colosse de Rhodes, fait par le fameux Sculpteur Chares ; La Statuë du Soleil, que fit Zenodore pour l'Empereur Neron ; celle de Pharnasses, Roy du

Pont, qui fut transportée à Rome ; pour le triomphe du grand Pompée, & vne infinité d'autres, que ie laisse à part, pour passer à celle de Mercure qui sert de sujet à cét Embleme.

Les Anciens la representoient diuersement, selon la difference des charges & des offices qu'ils luy attribuoient ; comme à celuy de tous les Dieux, qui s'entremettoit de plus d'affaires, suiuant l'ordre exprés qu'il en auoit de son Pere Iupiter. Tantost ils mettoient vn Coq au pied de sa Statuë, affin de monstrer par là sa Vigilance : Tantost vn Belier, qui se tenoit debout deuant luy, pour signifier qu'il estoit Dieu des Bergers. Souuent aussi ils luy donnoient vne Lyre en main ; à cause que ce fut luy qui l'inuenta, & qui mesme en fit present à Apollon. Quelques-vns encore ont voulu dire qu'on le peignoit auecque trois testes : soit que cela se fit, ou pour donner à entendre qu'ayant couché auec Hecate, il en auoit eu trois filles, ou pour marquer les trois diuerses puiſſances qu'il auoit, en mer, en terre, & au Ciel, comme autant de Symboles des facultés qui eſtoient en luy, à ſçauoir, de la Naturelle, de la Morale, & de la Raiſonnable. Mais quoy qu'il en ſoit; il eſt bien certain que pour l'ordinaire on en faiſoit la Figure comme elle ſe voit icy; c'eſt à dire, qu'il eſtoit repreſenté auecque des aiſles à la teſte, & qu'il en auoit auſſi aux pieds, qu'on appelloit des Talonnieres. Auecque cela il tenoit d'vne main vn Caducée, pour marque de ſon authorité, & de l'autre il monſtroit le chemin aux Voyageurs, dont il auoit vn ſoing tres-particulier. Auſſi luy adreſſoient-ils leurs vœux, & amonceloient autour de ſes Statuës tout ce qu'ils trouuoient de pierres dans les grands chemins; ſoit qu'ils le fiſſent, ou pour en oſter l'embarras, ou pour rendre plus remarquable aux paſſans la figure de ce Dieu; ou ſoit qu'ils creuſſent encore que c'eſtoit l'honnorer, que de luy offrir la premiere chose qui se rencontroit deuant eux. D'autres disent (& presque tous les Autheurs qui en ont escrit s'y accordent) que la plus-part des Statuës de Mercure estoiét faites à my-corps, & quarrées par en bas ou à quatre faces, châcune desquelles marquoit le chemin par vne Inscription particuliere; ce que nous appellons encore aujourd'hy des *Termes*, par corruption du mot Grec.

Voila sommairement pour ce qui regarde la Statuë de Mercure, qui nous apprend, (& c'est le second point de nostre Discours,) Que c'est à nous à ne suiure que les choses à quoy Dieu & la Nature nous ont fait naistre, pour auoir jugé qu'elles estoient de nostre portée. Aussi n'y a-t'il point de pire folie, que d'entreprendre vne chose à laquelle on n'a du tout point d'inclination ; ce que l'ancien prouerbe appelle,

Embrasser vn trauail, en despit de Minerue.

Cela

Cela me remet en memoire ce bon mot de Caton, *Que la Nature est vne excellente Guide à ceux qui la suiuent : & que la vouloir chocquer, c'est faire la guerre aux Dieux, à la façon des Geants.* Voylà pourquoy Sainct Paul nous exhorte, *à nous tenir dans la professíon & dans le genre de vie, où il a pleu à Dieu nous appeller.* Mais d'autant que l'homme est de sa nature, & si aueugle, & si ignorant, qu'il ne sçait quel chemin prendre; il luy faut regler sa vie de telle sorte, qu'il ne s'esloigne iamais de la route du vray bien; & auec vne parfaite soubmissió d'esprit, recourir droit à Celuy, qui se dit estre à bon droit, *la Voye, la Verité, & la Vie*; Comme en effet, quiconque le suit, ne s'esgare iamais dans les tenebres; ce qui nous oblige d'auoir continuellement à la bouche ces belles paroles de Dauid, *Monstrez-moy, Seigneur, le chemin dãs lequel il faut que ie marche.* C'est la voye, que Socrate mesme, tout Payen qu'il estoit, n'a pas ignorée : Et qui luy fait dire dans Platon, Qu'il n'en faut iamais prendre d'autre que celle par où il plaiſt à Dieu nous conduire. Vn ancien Poëte nous fait la meſme leçon:

------Souuien toy de ton Eſtre,
Et demeure en l'eſtat auquel Dieu t'a fait naiſtre.

Diſons en ſuitte, que par l'ancien Mercure, qui eſtoit Ambaſſadeur des Dieux, nous deuons entendre, ou les Saintes Eſcritures, qui nous découurent la volonté diuine, ou les Prophetes & les Saints Docteurs, ſacrés Interpretes de la parolle de Dieu; par les inſtructions deſquels nous ſommes guidés dans le chemin du ſalut, & de la vie eternelle. Surquoy ie diray, que dãs le genre de vie que nous embraſſons; n'eſtant pas poſſible qu'il ne s'y rencõtre de l'obſtacle, comme cét Embleme l'enſeigne, nous auons beſoin neceſſairement d'vn Mercure, c'eſt à dire d'vn Directeur, qui nous monſtre par où il faut que nous allions. Car nous ſommes icy bas enuelopés de tant de nuages, qu'il est difficile de les dissiper, sans l'assistance diuine. Ce que nostre Sauueur mesme nous declare expressément par ces parolles. *Vous ne pouués rien faire sans moy*: Et Sainct Paul par les suiuantes : *Si nous semblons propres à quelque chose , asseurément cela vient de Dieu, & non pas de nous.*

Que l'E

DIS

pris ſujet de
loquence : T
dans vn D
me de Pr
quelques
ingenieu

Que l'Eloquence vaut plus que la Force.

DISCOVRS LIIII.

SOIT que les anciens Celtes, c'est à dire les Gaulois, ayant peint Hercule comme le voicy, ou soit que de cette Figure Lucian ait pris sujet de nous exprimer la force de l'Eloquence; Tant y a qu'il est certain que dans vn Discours qu'il en a escrit en forme de Preface, pour l'accommoder à quelques plus grand Traitté, il nous a fort ingenieusement tracé le crayon de cét

Embleme. Et d'autant qu'il ſeroit fort difficile de le mieux repreſenter qu'il a fait, ny d'en donner vne meilleure expli-cation que la ſienne, ie rapporteray icy le ſens de ſes parolles, que i'ay copiées ſur la traduction que i'en ay faite autres-fois.

Les Gaulois en leur langue vulgaire appellent Hercule *Oymois*, & le repre-ſentent d'vne nouuelle & eſtrange façon, differente de celle des Grecs. C'eſt vn homme fort vieil, & tout chauue, ayant les cheueux (s'il en a quelques-vns) tous chenus, la peau ridée, & pluſtoſt noire que bazannée à cauſe de la chaleur, ny plus ny moins que nous voyõs les vieux Nautonniers, tout bruſlez du hale de la Marine. A le voir d'abord, on ne diroit ia-mais que ce fut Hercule, mais bié Charõ, ou Iapet, tels qu'ils ſont dãs les Enfers, où ils font leur ſejour ordinaire. En vn mot ce Portrait ne reſſemble à rien moins qu'à luy; Et toutesfois il en a la mine, l'habillement & les Armes. Car il eſt couuert de la peau d'vn Lion. Il tient en sa main droite vne Massuë; en la gauche vn Arc, qu'il est tout prest à decocher, & vn Carquois sur les espaules: de maniere qu'à le voir en cét equipage, on peut dire veritablement qu'il est tout Hercule. En effet, la premiere fois que ie le vis, ie m'imaginay que les Gaulois l'auoient ainsi peint à plaisir, affin de mespriser la Diuinité que les Grecs luy attribuent, & de se venger par ce moyen des courses & des rauages, qu'on tient qu'il fit autresfois dans leur païs; lors qu'en cherchant le Bestail du Roy Geryon, il s'assujetit plusieurs contrées dans l'Occident. Ce que ie trouue de plus merueilleux en cette peinture, est de voir que ce Vieillard traine apres soy quantité de gens, tous liez par les oreilles, auec de petites chaines extremement desliées, qui sont d'or & d'ambre, & faites à la façon des Carquans. Or bien que ces chaines soient si foibles, qu'on s'en peut desliurer aysement; ceux neantmoins qu'elles tiennent attachés, ne pensent point à les rompre, n'y à s'enfuyr. Au contraire, transportés d'vne allegresse incroyable, ils loüent le Dieu qui les conduit, & marchent si viste, en le suiuant, qu'à voir leurs chaines si laches, il semble qu'ils ayent enuie de le deuancer, & qu'il leur facheroit fort de n'estre plus captifs: tant s'en faut qu'à la façon des personnes lassées, ils ayent de la peine à mettre vn pied deuant l'autre. Ie n'oublieray point à dire ce qui s'ensuit, qui me semble fort plaisant, & toutesfois bien estrange. C'est que le Peintre ne sçachant comme quoy ioindre toutes ces chaines, à cause qu'Hercule tenoit sa Massuë de la main droitte, & de la gauche son Arc, s'auisa de luy percer le bout de la langue, & de se faire suiure ainsi de cette troupe de Prisonniers, vers lesquels ce Dieu joyeux & sousriant auoit la face tournée. A pres que tout triste, & tout faché i'eus esté vn assez longtemps à considerer cette Peinture, il se trouua fortuitemẽt parmy nous vn Gaulois, qui ſçauoit fort bien noſtre langue (cõme nous le connuſmes depuis, s'eſtant mis à nous entretenir en Grec) & qui de plus excelloit en la Philoſophie, que l'on tient eſtre commune en ce païs-là. Celuy-cy s'adreſſant à moy; Paſſant, me dit-il, ce tableau te met en peine, ce me ſemble, & ie te voy ſi fort eſtonné que tu voudrois bien ie m'aſſeure en apprendre le ſecret, que ie ſuis contãt de te deſcouurir. Tu ſçauras donc, que nous qui ſommes Gaulois, ne croyons pas comme font les Grecs, que Mercure ſoit le Dieu de l'Eloquence. C'eſt vne loüange que nous donnons à Hercule, qui a de beaucoup ſurpaſſé Mercure en l'Art de bien dire; Et partant ne trouue pas eſtrange, ſi nous le faiſons peindre vieil & chenu; Car c'eſt principalement vers le declein de l'aage que l'Eloquence ſe fait pareſtre: Ou ſi cela n'eſt, vos Poëtes Grecs mentent bien fort, quand ils diſent,

L'Eſprit des Ieunes eſt volage
Les Vieillards vont plus poſément;
Et ſçauent ioindre eloquemment,
La Raiſon auec le Langage.

Voylà pourquoy le plus grand de tous vos Poetes a eſcrit, Que de la bouche de Neſtor couloient des parolles plus douces que le miel; Et que les Ambaſſadeurs des Troyens, qui eſtoient vieux, excelloient par deſſus tous en l'Art de biẽ dire. Il ne faut pas s'eſtonner au reſte, ſi tu vois que ce Vieillard tient attachées par les oreilles tant de ſortes de perſonnes. Car il n'eſt pas que tu ne ſçaches bien que telle eſt la force de l'Eloquence, repreſentée par Hercule; & que tu ne connoiſſes encore la grande ſimpathie qu'ont les oreilles & la langue. Que ſi la ſienne eſt percéece, n'eſt pas ſans vne grande raiſon, & ie me ſouuiens à ce propos de certains vers Comiques qui diſent,

Quand il aduient que lon harangue,
Sçauoir parler facilement,

Et s'expliquer disertement,
C'est auoir des trous à la langue.

Nous auons de plus cette ferme croyance, qu'Hercule n'a point fait d'exploits que par la force de son bien-dire: Car il est certain qu'il n'ignoroit rien, & que par ses persuasions il vint à bout de plusieurs grandes entreprises. Aussi est-il vray encore, que par les traits de son Arc, nous est signifiée la merueilleuse facilité de son Discours. En effet, ses parolles alloient si viste, qu'elles assiegeoient l'esprit, & sembloient voler; ce qui ne s'accommode pas mal aux sentimens de vos Autheurs Grecs; qui disent que les mots ont des aisles.

Tout ce que i'ay dit iusques icy est tiré de Lucian, qui par la Description qu'il fait de la peinture d'Hercule, nous enseigne que l'Eloquence & la Valeur estoient deux qualitez naturelles à ce Herôs; Et que ce fût particulierement par les charmes de sa Langue, qu'il vnit enſemble les anciens Gaulois, qui n'auoient entr'eux ny Loix ny Police, auant qu'ils l'euſſent connu, car il leur apprit luy ſeul la vie ciuile, & la politeſſe des Mœurs. Or d'autant qu'entre les Peuples qui ont de pareils deſirs de Gloire, il y a pour l'ordinaire de l'Emulation & de l'Enuie; les Grecs ne pouuant ſouffrir l'eſclat de noſtre Hercule, ny les prodiges de ſes actions, voulurent faire paſſer pour Fables les Veritez que la Renommée en auoit publiées, & les attribuerent toutes à leur Hercule, Fils de Iupiter & d'Alcmene. Mais ce fut fauſſement & ſans raiſon, puis qu'on ſçait bien que toutes ces grandes qualitez furent particulieres à l'Hercule Gaulois, homme diuin, à vray dire, & en qui le tiltre d'Eloquent fut inſeparable d'auec celuy de Sage, de Vaillant, & de Courageux. Auſſi aprit-il toutes ces belles Vertus à ceux de ſon pays, qui les cultiuerent ſoigneuſement, & qui furent en outre, non ſeulemẽt Eloquens,

mais fort sçauans dans la lãgue Grecque. Sur quoy l'on peut remarquer encore, auec les plus grands esprits de l'Antiquité, qu'Hercule se fit moins considerer par les forces du Corps, que par celles de l'Esprit, & que ce qu'on nous raconte de ses douze trauaux, est pour nous marquer vn excellent Chef-d'œuure de Vertu, qui ne peut s'accomplir en l'homme, que par vne grace du Ciel, du tout extraordinaire.

M. Briot, fe.

Que la Sobrieté ſert de remede à l'Amour.

DISCOVRS. LV.

CEvx qui ont eſcrit la mort d'Adonis, diſent qu'elle n'eût pas eſté tragique, s'il euſt voulu croire Venus; qui l'aimant paſſionnement, pour ſa beauté merueilleuſe; & voyant qu'il la ſuiuoit touſiours à la chaſſe, l'aduiſoit à tout propos de ſe donner garde des beſtes ſauuages.

Cher Adonis, luy diſoit-elle,
Dont les victorieux regards,

Me blessent, comme autant de dards,
D'vne atteinte plus que mortelle;
Suy les ruses dont ie me sers,
Lors que ie relance à la chasse
Les Cheureuls, les Daims & les Cerfs,
Que ie poursuis, & que ie lasse.
Au contraire, euite tousiours,
Les Lous, les Sangliers, & les Ours,
Dont l'abord à tous est funeste;
Car ces Animaux furieux,
En te rauissant à mes yeux,
M'osteroient par ta mort le seul bien qui me reste,

Voyla, dit Ouide, quel fut le langage que l'amoureuse Venus s'aduisa de tenir vn iour à son ieune Amant; à qui elle n'eust pas plustost donné ce conseil, que remótant sur son char, elle s'en retourna dans le Ciel. Mais son Fauory, qui se croyoit plus aduisé qu'elle, n'obeït qu'à son caprice, & se mit incontinent à brosser apres vn Sanglier, qui luy fit tomber l'espieu des mains, & luy donna le coup mortel auec ses

ſes deffences. Or bien que Venus ne fût pas encore ſi eſloignée qu'il n'en oüiſt le le bruit, ſi eſt-ce qu'elle ne pût deſcendre aſſez toſt pour le ſecourir. Voyant donc que c'eſtoit fait de ſa vie, elle luy dit les derniers adieux ; & apres auoir arrouſé ſon corps de ſes larmes, elle le cacha ſoubs des laittuës, ſi nous croyons aux vers qu'en a fait la Poëteſſe Saptio.

Athenée en dit de meſme, & en rend vne raiſon fort vray-ſemblable, qui eſt, que ceux qui mangent ordinairement des laittuës, ſe reſſentent de leur qualité, qui eſt extremement froide; & que leur xion amoureuſe en eſt de beaucoup diminuée. Il nous eſt donc enſeigné par cét Embleme, Qu'il faut retrancher

les viandes ſuperfluës, mais encore celles, qui peuuent irriter, ou entretenir en quelque façon que ce ſoit les voluptés deshonneſtes. Car il n'eſt pas à croire combien a d'Empire ſur Venus la Sobrieté qu'on a tournée en habitude, & combien elle est capable de tenir en bride les passions desreiglées. Aussi est elle vn des principaux remedes que le plus amoureux de tous les Poëtes ait donnés contre l'Amour.

Fuyez auecque soing les viandes exquises,
Que le Luxe produit,
Et dont se sert Venus, comme de friandises
Aux plaisirs de la nuit.

Et ces Philtres charmans,
Que dans la Volupte, rendent plus violantes
Les flammes des Amans.
Pour les mieux amortir, vsés plustost de ruë
Et de simples connus,
Ou de remedes froids, par qui se diminuë
La chaleur de Venus.

Or il n'y a point de doute, que les laittües sur tout ne produisent cét effet, par vne vertu qui leur est speciefique, principalement si on les mange cuittes : Car alors, cõme le remarque Dionys. Cassius au 12. liure de l'Agriculture, chap. 13. elles emoussent les aiguillons de la chair; Et voyla pourquoy les Pythagoriciẽs ont appellé cette Plante *Eunuque*. Les Bracmanes en vsoient aussi; Et il est à croire, que pour la mesme raisõ les anciens Hermites en faisoiẽt leurs plus delicieux repas dans le Desert; où ils ne viuoient ordinairement que d'herbes, de racines, & de legumes; ne trouuant point de plus fortes armes pour combattre la Cõcupiscence, que celles de la Sobrieté. Sans elle aussi ny les hõmes ny les femmes, qu'elle Deïfie, comme dit Plutarque, ne pourroient se conseruer inuiolables de corps & d'esprit, contre les Passions qui leur font la guerre: sans elle le Desreglemẽt & la Brutalité se donneroient vn souuerain Empire sur la Raisõ, & sans elle-mesme on n'auroit point de part à cette Vertu diuine, que tous les Peuples ont adorée; & qui fit meriter à l'ancienne Vesta des Temples & des Autels, apres qu'elle eust obtenu de Iupiter le sacré don d'vne Virginité perpetuelle.

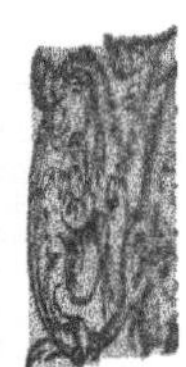

Qu'vn Es

Arm

DI

sans doute
bles, & d
solument
vn diuin
compren
plus diff

Qu'vn Estat se maintient par les Armes, & par le Conseil.

DISCOVRS LVI.

CEVX qui sans l'ayde des lettres, ont de la Prudence à gouuerner vn Estat, & qui ne manquent pas de bonne conduitte, en sont obligés sans doute à deux choses bien considerables, & dont l'vne ou l'autre leur est absolument necessaire. Car ils doiuent auoir vn diuin Genie par le moyen duquel ils comprennent aussi-tost ce qu'il y a de plus difficile dans vne affaire, & s'en demeslent heureusement; comme firent autrefois Thesée, Cecrops, & Numa qui par vne Science particuliere, infuse du Ciel, plustost que par les preceptes de la Philosophie, rendirent fleurissante la Republique Grecque & Romaine; Ou bien il faut necessairement que l'Experience, les Reuolutions diuerses, & les Accidens inopinés, les ayent instruits dans les connoissances Politiques. Et certainement les vns & les autres ne meritent pas vne petite loüange, s'ils sont gens de bien, & s'ils se tiennent dans les bornes que les Loix leur ont prescrites, quoy qu'apres tout il y ait tousiours quelque chose à redire dans cette sorte de Prudence. Que s'il leur arriue d'estre méchans, en tel cas ils sont d'autant plus à blasmer, qu'ils ont moins d'esprit & de conduitte dans les affaires; ce qui est cause que ne sçachant ce qu'ils font, & n'ayant pour guide que leur Passion; leur Ignorance grossiere, iointe à leur extreme Malice, eſt l'origine & la ſource de la ruïne publique. Or eſtant certain qu'il faut conſiderer vn Eſtat, ou comme paiſible, ou comme en déſordre, & agir diuerſement dans la Paix & dans la Guerre ; il importe que le Prince ſoit ſi aduiſé, que ſe repreſentant les commodités & les dommages qui s'enſuiuent de l'vn & de l'autre ; il ſçache non ſeulement preuoir quel remede on y doit mettre ; mais qu'en effet il l'y mette ſi bon, qu'il merite d'en eſtre aimé de ſes ſujets, & creint des Eſtrangers. Or de quelque façon que cette Prudence s'acquiere; ſoit par les Liures, ſoit par l'Experience ; tant y a que celuy qui la poſſede eſt beaucoup à eſtimer. Et d'autant qu'vn Eſtat ne ſubſiſte que par le moyen des Loix, qui ſót au corps Politique ce que l'Ame eſt au Corps naturel, & que le Prince eſt vne Loy viuante; il faut que par ſon exemple il donne des preuues de ce qu'il eſt, que par l'adminiſtration de la Iuſtice, il déracine ce qui nuit à la Paix, & pareillement que par le moyen de la Discipline Militaire, il destruise ce qui empesche le progrés de la guerre. Il ne faut pas douter qu'il ne vienne à bout de tous les deux ensemble, s'il estudie souuent l'Histoire de ces Grands hommes, qui par les Armes & par les Letres ont fait fleurir les Estats, & si pour bien gouuerner le sien il n'appelle à son Conseil que des personnes qui sçachent faire valoir ces deux talens. Pour le premier, il est tres-certain qu'il ne sçauroit s'en passer, puis que par le force tant seulement, & par l'adresse de ses soldats il peut defendre son païs, & le mettre à couuert de la violence des Estrangers. Aussi n'est-ce que pour cette fin, qu'en leurs premieres années, les Gentils-hommes sont dressez au maniment des armes, à monter à cheual, à rompre en lyce, aux ioustes, au tournois, aux combats de barriere, & à tous les autres exercices, qui peuuent ou endurcir leur corps à la fatigue, ou fortifier leur ieune courage. Quant au second talent, qui est celuy des bonnes Lettres, l'experience fait voir tous les iours, qu'il sert infiniment à la conseruation des Estats, & des fortunes publiques. Car s'il est vray que les Empires & les Royaumes ont besoin encore de quelque autre chose que des Armes, pour se pouuoir maintenir, c'est asseurement des Lettres, & de tous les plus beaux Arts qui dependent de leur connoissance. Disons-donc que pour affermir vn Estat, il est necessaire qu'vne mesme chaine les lie ensemble, & qu'en quelque temps que ce soit elles doiuent estre inseparables : Ce que le Grand Iustinian reconnoit fort bien, lors qu'en sa Preface; *Il faut*, dit il, *que la Maiesté de l'Empire soit non seulement embellie par les Armes, mais aussi fortifiée par les Loix, affin de gouuerner l'Estat esgalement bien, & dans la Paix, & dans la guerre.* Cette verité nous est assez bien demonstrée par cét Embleme, où se voit vne Courône sur vne Table, & vne Espée iointe à vn Liure, entre deux rameaux, dont l'vn est vn laurier, & l'autre vne Palme. Ce qui signifie, qu'il est difficile qu'vn Prince ne demeure victorieux de ses ennemis, si deuant que les combattre, il se sert iudicieusement du conseil des hommes aguerris, & pareillement de ceux que l'Experience & les Liures ont rendus habiles. Car de ces deux sources il doit attendre sa principale gloire; qui ne fera pas seulement vne forte impression dans les cœurs de ses sujets, mais qui par les escrits des hommes illustres, durera tousiours dans la memoire de tous les Peuples.

Ceux de qui les illustres plumes
Dédaignent l'injure du Sort;
Escriront pour luy des Volumes,
Qui veincront le Temps, & la Mort;
Ses loüanges aduantageuses
N'auront point ces couleurs trompeuses
Dont se pare la vanité,

Et l'eſtime en ſera ſi iuſte;
Que ſes faits, comme ceux d'Auguſte
Iront iuſqu'à l'Eternité.

Que le bo

D I

le, qui fu
Vlysse tou
ce rusé Pri
potées, si
me par v
trainc les
que con
aussi ne

Que le bon Droit triomphe à la fin.

DISCOVRS. LVII.

LES plus celebres de tous les Poëtes Grecs & Latins, semblent auoir pris plaisir à nous descrire cette fameuse querelle, qui suruint autrefois entre Aiax & Vlysse touchant les armes d'Achille; que ce rusé Prince d'Ithaque n'eust iamais emportées, si par la force de son bien dire, cõme par vn certain charme, il n'eust contraint ses Iuges à les luy ceder. Il est vray que comme il les acquit injustement, aussi ne les posseda-il pas long-temps.

Car nous lisons dans Pausanias, qu'apres le Naufrage d'Vlysse, elles furent iettées tout contre le Tombeau d'Ajax, par la violence de la tempeste. De cét euenement remarquable, nous pouuons tirer vne instruction aduantageuse, quand on nous fait injustice. Car il est certain (& c'est vne espece de consolation ordinaire aux affligés) *Que l'Ignorence, & la Verité sont souuent opprimées, sans que toutesfois on les puisse iamais accabler*. C'est ce que dit Ciceron, lors que plaidant la cause de Cœlius; *Asseurement*, s'escrie-t'il, *la force de la Verité doit estre bien grande, puis qu'elle s'eschappe si facilement des embuches que les Mechans luy dressent, & qu'elle n'a besoin que de soy mesme pour se defendre*. Aussi est elle puissante en effet, veu qu'il se voit par espreuue, qu'elle triõphe tous les iours de l'artifice des Enuieux, de la ruse des Fourbes, de d'Imposture des Calomniateurs, de la perfidie des Traistres, de la malice des faux Amis, de la violence des Ennemis;

& pour le dire en vn mot, de la persecution de tous les Tyrans. Comme elle est fille du Temps qui reuelle tout, il n'est point d'obscurité qu'elle ne perce de ses regards, ny point d'entreprise contre les gens de bien, qu'elle n'apprenne par le moyen de son Pere. Ainsi de la mesme bouche dont elle decouure les actions des Coupables, elle soustient celles des Innocens, & defend si bien leur cause, qu'enfin elle leur fait rendre par la Iustice ce que la Violence leur a rauy. Cela se remarque à tout moment, par les exemples qu'elle mesme nous en donne. Car elle nous fait voir quantité de gens, qui apres auoir esté mal traittez durãt quelque temps, ou par la malice de leurs Iuges, ou par les fausses poursuittes de leurs Accusateurs, ont eu cettte gloire, que de se iustifier des fautes qu'on leur imposoit, & cette satisfaction de n'auoir point trahy leur Conscience, en se disant Innocens, quand par l'artifice de leurs Ennemis, ils passoient pour

Criminels. Par où certes il est aisé de voir combien est iudicieux ce dire de Tite-Liue; Qu'on peut choquer la Verité, mais non pas l'abatre. Car comme les choses fausses ne sçauroiét subsister long-temps, & se defót d'elles-mesmes; ainsi les vrayes cedent bien quelquefois aux orages que les mechans leur suscitent; mais c'est de telle sorte, qu'on les esbranle, sans iamais renuerser.

Telles que ces Colomnes fermes,
Qu'Hercule planta sur les flots;
Et qui seruent comme de Thermes
A la route des Matelots;
Haussent leurs orgueilleuses testes
Sur les brüillards & les tempestes,
Qui font des rauages en l'air,
Et paroissent deux Pyramides,
Qui dessus les pleines humides,
Dédaignent la Foudre & l'esclair.

Telles

Telles, & plus fortes encore
Se font voir dans l'obſcurité,
Deux Beautez que le Ciel honnore,
La Iuſtice, & la Verité:
Le Vice n'a point de nuage,
Que les rayons de leur viſage
Ne diſſipent ſoudainement;
Et quelque vent qui les menace,
Elles ramenent la Bonace,
Sans ſe troubler aucunement.

Ie diray au reſte pour noſtre commune inſtruction, qu'il y a trois principales remarques à faire dans cet Embleme. La premiere, que par la force de ſon bien dire vn homme eloquent, tel qu'eſtoit Vlyſſe, peut quelquefois rendre vrayſemblables les choſes fauſſes, ou meſme corrompre la Iuſtice à ſon aduantage, en la faiſant parêtre toute autre qu'elle n'eſt, par de fauſſes couleurs de Rhetorique; D'où il s'enſuit que Ciceron a raiſon de dire, qu'il faut que l'Orateur ſoit homme de probité, d'autant que les Armes de l'Eloquence ſont dangereuſes entre les mains d'vn Fourbe. La ſeconde, Qu'vn bien injuſtement acquis reuient enfin à ſon Maiſtre, comme fit le bouclier d'Ajax, ou du moins que l'Vſurpateur n'en iouyt pas longuement: & la troiſieſme; Que les Elemens, comme dit Seneque, ſont quelquefois plus iuſtes, & plus ſenſibles à la pitié que les hommes meſmes: Ce qui ſe verifie icy par l'exemple de la mer irritée, qui rendit au vaillant Ajax apres ſa mort, les Armes d'Achille, que les Capitaines Grecs auoient, comme i'ay dit cy-deſſus, mal à propos adiugées au cauteleux Vlyſſe.

Ainſi, quand l'iniuſte licence,
Perſecute les gens de bien,
Et reſerue la recompenſe
Pour ceux qui ne meritent rien;
Apres tant de peines diuerſes,
Tant de maux, & tant de trauerſes,

Qui les ont chocqués à l'envy;
Enfin le Ciel leur est propice,
Et leur rend ce que la Malice
Insolemment leur a ravy.

De l'En

DISC

C E

cu

vo

me

cheueux, ny

des Serpens,

dans vne C

couchée, san

iamais. Le

d'autruy, l

sa peau

charnez, &

peau, en l

De l'Enuie, & de ses effets.

DISCOVRS LVIII.

CETTE Femme espouuentable, où plustost cette Fureur que vous voyez icy peinte, se nomme l'Enuie. Elle n'a pour tous cheueux, ny pour toute nourriture que des Serpens, & fait sa demeure ordinaire dans vne Cauerne, où elle est tousiours couchée, sans que toutesfois elle repose iamais. Le mal qu'elle se donne du bien d'autruy, la rend si defaite; qu'à voir sa peau retressie, ses membres décharnez, & ses os qui luy percent la peau, on la prendroit plustost pour vn ſquelet que pour vne Creature viuante. Auſſi ne vit-elle pas, puis que les peines continuelles & les douleurs qu'elle ſouffre, la font mourir mille fois le iour. Mais n'y auroit-il pas de l'iniuſtice à la pleindre, & ne deuroit-on pas pluſtoſt luy ſouhaitter, s'il eſtoit poſſible, des maux plus grands que les ſiens, s'il eſt vray, comme il n'en faut pas douter, qu'elle ſe donne la geſne à ſoy-meſme, & que ſes ſupplices ſoient volontaires? Ouy certes on le deuroit, affin depurger pour vne fois la terre de ce Monſtre: Le mal-heur eſt qu'il ne s'eſt point trouué iuſques icy d'Hercule qui l'ait peû faire, & ie ne penſe pas qu'il s'en puiſſe non plus trouuer à l'aduenir. Il n'eſt point d'imperfection plus vieille que celle-cy, ny qui deuſt pluſtoſt finir, veu les tourmens qu'elle ſouffre. Elle ne peut mourir toutesfois: & il eſt de ſes ſupplices comme de ceux de Promethée, qui par vn priuilege qu'il voudroit biẽ n'auoir pas, ne l'aſſujettiſſent point aux loix de la Parque. Toute la difference qu'il y a, c'est qu'vn Vautour insatiable luy mange le cœur, au lieu que l'Enuie se le ronge à soy-mesme.

Que si maintenant on considere ce Vice comme il faut, ie suis bien certain qu'on n'en trouuera point de plus vniuersel, ny de plus estrange dans le monde. Ceux qui sont suiets aux autres vices ont quelque plaisir, au lieu que l'Enuieux n'en a du tout point. Il est tousiours réueur & chagrin. Il trouue des suiets de pleurer, où les autres en ont de rire; & quelque bonne Fortune qui luy arriue, il n'en peut ioüir en aucune sorte, d'autant qu'elle luy séble tousiours au dessous des prosperités des autres, dont il s'afflige sans cesse. Miserable condition, à vray-dire, qui des bons succez de ceux qui ne l'offencent point, en tire le suiet de ses mescontentemés, & de ses propres disgraces. C'est la remarque que fait Ouide, lors que descriuant à quel point de mal-heur les Enuieux ſe trouuent reduits: *Ils couuent*, dit-il, *au fonds de leur ame*, *des penſées contagieuſes. Ce ſont des Animaux venimeux, qui ſans raiſon & ſans iugement peſtent contre ceux qui ſont bien dans leurs affaires; qui vomiſſent contr'eux tout leur fiel, & qui n'en retirent toutesfois ny proffit ny adũtage quelconque.* Qu'y-a t'il donc de plus dangereux que cette commune Ennemie du genre humain; cette execrable & maudite Enuie, qui ne ſe ſoucie point de ſe faire du tort à ſoy-meſme, pourueu qu'elle puiſſe nuire generalement à tout le monde? Auſſi ne feint-on pas ſans ſuiet, qu'elle ſe nourrit de chair de Viperes; pour monſtrer par là, qu'elle fait ſes plus cheres delices des Infortunes d'autruy; Les ſerpens ayant cela de particulier pardeſſus tous les autres Animaux nuiſibles, que plus ils ſe nourriſſent de venin, & plus ils deuiennent venimeux. Son pernicieux naturel nous eſt encore fort bien demonſtré par ce Rocher tout en feu; qui ſe voit au deſſous d'elle. Car comme le Mont Ætna entretient à ſa propre ruyne, les flammes qu'il ne ceſſe de vomir iour & nuit; l'Enuieux de meſme ſe conſume & ſe bruſle dans le profond de ſes entrailles, par cette ardeur violente qu'il a de poſſeder ce que les autres ont par deſſus luy. Ce mal, comme ie penſe auoir deſia dit, eſt ſi commun dans le monde, qu'il y a ie m'aſſeure, fort peu de gens qui en ſoient exempts. Cela procede, ſi ie ne me trompe, de ce que comme l'Amour propre eſt naturel à tous, tous s'imaginent auſſi deuoir prendre part aux choſes que les autres poſſedent, & que les en priuer c'eſt leur faire tort. Quoy qu'il en ſoit, & de quelque ſource que procede l'Enuie, elle ne peut eſtre que tres-contagieuſe, puis qu'elle fait ſouffrir, cõme dit Horace, de ſi rigoureux tourmens à ceux qu'elle infecte de ſon venin, que les plus cruels Tyrans de Sicile n'en ont iamais inuenté de ſemblables. Et partant, quiconque voudra posseder son esprit, qu'il ne donne point de prise à cette Megere, & qu'il se souuienne auecque Phocilides, ancien Poëte Grec, Qu'enuier le bien d'autruy, c'est agir contre l'ordre du Monde, où l'on ne voit pas que les riuieres portent enuie à la Mer, ny que la Lune, qui fut autresfois jalouse d'Endymion, le soit maintenant de voir luire le Soleil, de qui elle emprunte sa lumiere.

L'Esprit vniuersel du Monde
Entretient la plus-part des Corps,
Qui sont sur la Terre, & sur l'Onde,
Par d'inseparables accors.
On voit dans le Ciel les Planettes
Agir, & ne s'enuier pas,
Pour les influences secrettes,
Qu'elles répandent icy bas.
Les Animaux les moins paisibles
Abhorrent les choses nuisibles,
Et qui chocquent leur sentiment:

L'Homme ſeul trauaille ſa vie:
Et n'eſtant iamais ſans Enuie,
N'eſt iamais auſsi ſans tourment.

Contre les Temeraires.

DISCOVRS LIX.

PAR ce temeraire ieune homme, qui ſans auoir ny art ny adreſſe, s'imagine follemẽt de pouuoir dompter ce cheual fougueux, il nous eſt enſeigné, Qu'il fait mauuais ſe fier à la conduitte d'vne perſonne qui n'en a point, & qui ſe laiſſe emporter à ſes Paſſions deſreglées. A ce propos auſſi le diuin Platon compare iudicieuſement noſtre Ame à vn Cocher; & les brutales affections de noſtre Corps, à des cheuaux indomptez. Le grand Saint Ierosme vse de cette comparaison encore; Et Ciceron mesme, tout Payen qu'il est, nous conseille de regler si bien nos mouuemens impetueux, qu'ils obeïssent à la Raison. A quoy Maxime de Tyr nous exhorte par de si belles parolles, que i'ay creu qu'elles meritoient bien d'estre traduittes, pour estre icy raportées. *Pour nous faire confesser que la cõdition humaine est infiniment au dessous de la Diuine, il ne se pouuoit trouuer de meilleur moyen que celuy-cy, qu'il a pleu à Dieu inuenter. C'est qu'il a mis l'Ame en vn corps terrestre, comme vn Cocher dans vn Chariot. Pour cette mesme fin il luy a donné la force de le mener, & l'adresse de tenir les resnes, remettant à sa libre disposition d'en vser comme il aduiseroit. Si donc ce Cocher, c'est à dire cette Ame, ou cét Esprit qui a la conduitte de ce Chariot, se represente que c'est Dieu qui la luy a donnée, il n'y a point de doute que pour s'acquitter de sa charge, il taschera de tout son possible d'aller tousiours bride en main; d'arrester la fougue de ses cheuaux, &*

de les mener par des endroits où il n'y a it rien à craindre. Comme au contraire, s'il ne le fait, il sera tout estonné qu'il verra soudainement les cheuaux deuenus indomptables, s'emporter à pleine course, & entrainer ainsi le Chariot. Il verra, dis-je, l'vn faire des degasts & des rauages par tout, pour aßouuir sa brutale Concupiscence : l'autre se precipiter hazardeusement dans tous les dangers, où son insolence & son humeur imperieuse l'exposeront : l'vn courir à la seruitude, à la mollesse, & à la faineantise; l'autre au tumulte, à la trahison, & à l'infamie: Voylà cependant qu'au milieu de ces desordres, & le Chariot & le Cocher se treuuent si embarrassez, qu'ils sont contraints de se laisser aller à l'appetit du Vainceur, qui les prostituë ordinairement à toute sorte de voluptez, & de mauuaises actions, si bien qu'il les iette enfin dans vn goufre de mal-heurs d'où ils ne peuuēt iamais se tirer. Voylà ce que dit Maxime de Tyr, qui adiouste en suitte, Que ces accidens ruineux & funestes n'arriuent iamais aux hommes, que lors qu'ils perdent la route de la Raiſon. Sans elle auſſi, que peuuent-ils faire qui ne ſoit defectueux, qui ne degenére du glorieux tiltre qui les diſtingue d'auec les autres Animaux, & qui par conſequent ne tienne de la Brutalité? C'eſt ce que les Poëtes nous ſignifient par le Centaure Chiron, qu'ils repreſentent homme par deuant, & Cheual par derriere ; outre qu'ils luy font tenir vn Arc tendu vers le Ciel ; comme s'ils vouloient monſtrer par là, qu'à l'eſgard du corps, l'homme eſt à vray dire & Senſuel & Brutal : mais que du coſté de l'Ame il eſt ſpirituel, & diuin ; Et partant, qu'il doit ſuiure conſtamment la Raiſon, eſleuer ſes penſées en haut, d'où il a tiré ſon origine, & tacher de vaincre les Ennemis domeſtiques, c'eſt à dire les Paſſions & les Vices, qui s'oppoſent à ſon repos, en luy faiſant ſans ceſſe la guerre. Le vray moyen de gaigner cette victoire, c'eſt de corriger en ſoy-meſme ce que l'on blaſme en autruy. Que ſi cela ne ſe peut, ſans

quelque

quelque reuolte interieure, il ne faut pas laisser pourtant de prendre courage, & de combattre vaillamment, puisque c'est pour s'acquerir vne tranquillité perdurable. Ie diray à ce propos, Que ceux de Cirrha ayant vn iour consulté l'Oracle, sur ce qu'il leur falloit faire, pour iouïr du bien de la Paix, eurent pour responce, *Qu'ils fissent perpetuellement la guerre à leurs voisins Estrangers*; par où estoient entendus leurs Vices, & leurs appetits desreglez. Ce fut le mesme conseil que donnerent les Bracmanes au grand Alexandre, quand pour luy faire connoistre ses propres defauts; *Prends garde*, luy dirent-ils, *à changer desormais de vie, si desormais aussi, tu veux viure plus contant. Tu fais la guerre aux Ennemis de dehors, pour entretenir ceux que tu as au dedans: Tu t'assujettis quantité de Peuples, & te fais Esclaue de beaucoup de Vices.* A ces parolles ne se rapportent pas mal ces autres de Claudian, à l'Empereur Theodose.

Ie veux que ta valeur ſoubs ton Empire
range
Toutes les Nations de l'Eufrate, & du
Gange;
Tu ſeras ſoubs le ioug, au lieu d'eſtre vein-
cœur,
Si l'Effroy te ſaiſit, & te glace le Cœur;
Si le cruel Amour te bruſle de ſa flamme,
Ou ſi quelque remords tyranniſe ton ame.

L'Empereur Valerius, comme le remarque Saint Auguſtin, fut le Prince du Monde qui connut mieux cette verité, lors qu'encore vierge en l'aage de quatre vingts ans, ſe reſſouuenant de toutes ſes victoires, il dit le meſme iour qu'il mourut, Qu'il en auoit gaigné vne entre les autres, dont il s'eſtimoit infiniment glorieux; Et là deſſus enquis, quelle victoire c'eſtoit; *C'en eſt vne*, reſpondit-il, *que i'ay remportée ſur ma propre chair, & ſur les appetits ſenſuels, qu'on peut nommer à bon droit les cruels Tyrans de la vie, & les Ennemis qui ſont le plus à craindre.*

DI

des ancien
la demeur
dont ils ab
la

De la Solitude.

DISCOVRS LX.

CET homme qui marche dans le Desert, où il semble se mettre en peine de chercher vn lieu qui soit encore plus à l'escart, affin d'y mieux entretenir ses pensées, me fait souuenir des anciens Philosophes, qui preferoient la demeure des champs à celle des villes, dont ils abandonnoient volontairement la Pompe & le Luxe. Aussi se neglige-t'il à vn point, qu'il a comme eux, la teste tousiours descouuerte, & le corps à demy-nud; mettant toutes choses dans l'indifference, & au dessous des contentemens que luy apporte la Solitude. Ie sçay neantmoins qu'elle semble insupportable à quantité de personnes, qui l'appellent vn Exil; d'autant que pour auoir accoustumé d'estre tousiours en compagnie, il leur est comme impossible de viure ailleurs que dans le grand monde. Mais s'ils sçauoient veritablement, quel plaisir c'est de s'entretenir soy-mesme, ils se persuaderoient auec Scipion, de n'estre iamais moins seuls, que lors qu'ils sont suls. Ils trouueroient loing du tumulte dequoy se diuertir agreablement. Les Objets de la Campagne, qui sont les tableaux d'vn Ouurier inimitable, fourniroient à leur esprit vn suiet illustre de les admirer sans cesse, & de ces merueilles de la terre, les feroient passer à la contemplation de celles du Ciel. Ainsi se possedant tous seuls, ils verroient nettement dans le Desert ce que dans la foulle, on ne peut voir que grossierement, & qu'à trauers vn nuage.

C'eſtoit en effet la ſeule cauſe, pour laquelle les Anciens auoient accouſtumé de baſtir loing des villes, les Temples des Muſes, & les autres lieux ſacrez, qui leur ſeruoient de retraitte. Pour le meſme ſuiet encore, ils appelloient la nuit *Euphroné*, c'eſt à dire *Sage*, affin de monſtrer que la Solitude & le repos ſont neceſſaires aux productions de l'Eſprit, & aux meditations des Philoſophes. La plus ſolide raiſon que lon en puiſſe donner, eſt dans Seneque, qui dit, Que quand on eſt auec pluſieurs, lon n'eſt point proprement auecque ſoy-meſme; Et partant, que toutes occupations laiſſées à part, il faut retourner le pluſtoſt qu'on peut, du corps à l'eſprit, & l'excercer iour & nuit à la Contemplation. Que s'il n'eſt point de lieu plus propre à cecy que la Solitude, faut-il s'eſtonner ſi tant de grands hommes de l'Antiquité l'ont ſi paſſionnément aimée? Teſmoin ce Vieillard que Claudian loüe ſi fort, qui n'eſtant qu'à vn quart de lieüe de Veronne, ne voulut iamais quitter son village, pour aller voir cette ville là. Tesmoin Psophidius, dont parle Pline, qui pour n'estre iamais sorty de l'enclos de sa maison, fut estimé par l'Oracle le plus heureux homme de son temps. Tesmoin Mison, à qui vn de ses amis ayant demandé pourquoy il rioit ainsi tout seul; *C'est pour cela mesme*, respondit-il, *car i'aime fort à m'entretenir*: Et tesmoin encore le grand Pericles, qui s'estant demeslé des charges publiques, pour viure en homme priué; Courage, dit-il; me voylà dans l'estat où ie me suis tousiours souhaitté.

Ma condition me plaist fort,
Maintenant rien ne m'importune:
Puis donc que i'ay trouué le Port,
A dieu l'espoir, & la Fortune.

Que si lon m'allegue que la Solitude attriste l'esprit, qui par consequent en est moins propre à l'eſtude; à cela ie reſponds que ce qu'on appelle icy Triſteſſe, eſt plus proprement Melancolie, c'eſt à dire vne des quatre complexiõs naturelles, & que cette humeur s'attachant aux Solitaires, leur fortifie le iugement, d'autant que ſi elle eſt plus terreſtre que les autres humeurs, elle eſt auſſi plus raſſiſe. Ce qui fait dire à Ciceron, Qu'il ſouhaitteroit volontiers d'eſtre du nombre de ces Eſprits poſez, que l'on appelle Melancholiques. Ce ſont eux auſſi qui iouyſſent d'vne Felicité toute pure dans le repos, tandis que ceux qui s'en mocquent, ne peuuent eſtre que mal-heureux parmy l'embarras des choſes du monde. Que ſi les hommes qui ſont dans les grands employs, conſideroient bien qu'ils ne viuent que pour les autres, quelquefois ſans doute, il leur prendroit enuie de viure pour eux-meſmes; Quelquefois, dis-je, pour penſer au bien de l'ame, ils ſe relacheroient des occupations qu'ils ont pour le corps, que bien ſouuent ils ne leur donnent pas loiſir de mourir comme il faut, & de ſe reconcilier auec Dieu. Heureux au contraire ſe peuuent dire ceux qui pour mieux ſe diſpoſer à cette derniere fin, ont quitté les ſoings & les ſoucys de la terre; qui ſe ſont dechargés de ce qui les incommodoit en ce Pelerinage mortel; & qui ont choiſi la Solitude, non ſeulement pour y apprendre à bien viure, mais encore à bien mourir. Heureux encore vne fois les peut-on nómer, ſi loing du tumulte, ils s'adonnent à cette haute Philoſophie; que Platon appelle vne continuelle meditation de la mort; & s'ils ſe repreſentent à tout moment, que c'eſt folie de penſer trouuer icy bas vne proſperité qui ſoit de durée. C'eſt le conſeil que donne Saint Cyprian à ſon amy Donat, quand il le prie de s'imaginer qu'il eſt au ſommet de quelque rocher qui s'auoiſine du Ciel; d'où il decouure les afflictions & les mal-heurs de la terre:

d'où il voit tous les chemins remplis de Voleurs, & toutes les mers pleines de Corſaires : & d'où, quelque part qu'il tourne ſes yeux, il n'aperçoit que trahiſons & que vilainies, qu'injures & que blaſphemes, que ſeditions, & que meurtres. Par où il conclud en faueur de la Solitude, Que ceux à qui Dieu a fait la grace d'y pouuoir viure, l'en doiuent remercier à tout moment, puis qu'elle leur eſt vn lieu de ſeureté contre les dangers & les diſgraces du monde.

De la Contemplation, ou du rauissement de l'Esprit.

DISCOVRS LXI.

LA plus-part des Peëtes ont esté Philosophes, comme dit Maxime de Tyr: Mais ils ont eu cet auantage sur eux, d'auoir treuué l'Art de dire agreablement les choses; & d'attirer l'admiration dans les esprits, en leur faisant comprendre insensiblemẽt les plus hauts mysteres de la Sagesse, qu'ils ont couuerts du voile des Fables. Ils en ont feint quantité d'excellantes, dans lesquelles leur principal but a tousiours esté de plaire & d'instruire. Mais celle-cy me semble illustre par dessus toutes. Ils disent que Iupiter amoureux de Ganymede, fils d'vn Roy de Troye, prit la forme d'vne Aigle, & l'enleua dans le Ciel, non pas pour la beauté de son corps, mais pour celle de son ame. C'est ainsi que le remarque Xenophon, qui dit, Que les Dieux & les Heros font incomparablement plus d'estat de ce dernier que non pas de l'autre; Et que Iupiter ne mit au nombre des Immortels que ceux dont il aima l'ame; tels que furent autresfois Hercule, Castor & Pollux, & ce mesme Ganymede dont nous parlons. Par son rauissement donc, nous est signifiee l'Ame raisonnable, laquelle, selon Plotin, se desrobe d'icy bas, pour se cacher en haut, lors qu'en quelque façon elle se destache d'auecque le corps, pour contempler les choses celestes; ce qui ne se peut faire que par vne maniere de rauissement & d'extase. Le diuin Platon l'entend comme cela, quand il veut que l'Ame soit separée du corps ; c'est à dire qu'il ne faut pas qu'elle le serue en esclaue, de peur qu'ayant trop de commerce auec luy, les choses de la terre ne luy facent oublier celles du Ciel. Or pour reuenir à ce rauissement, on ne le trouuera pas estrange, si lon considere bien que nous auons naturellement, & nostre Cœur, & nostre Ame, en la chose que nous aimons ; Ce qui n'est, à proprement parler, qu'vn pur effet de l'Imagination, par le moyen de laquelle les autres actions demeurent comme en suspens ; d'où peut s'ensuiure reéllement cette merueilleuse Extase, par qui la personne est comme desrobée à soy-mesme, & priuée de tout sentiment. Que si la force de l'Imagination va iusques là, celle de la Raison peut aller encore bien plus auant, quand elle s'esleue à la contemplation des choses d'anhaut. Ce que lon raconte à ce propos de certains Philosophes anciens, feroit merueilleux à vray dire, s'il ne tenoit entierement de la Fable. Car de croire qu'ils abandonnassent leur corps, cóme s'il eust esté mort; & que leur Ame en ayant pris possession, apres s'estre bien pourmenée de part & d'autre, il fallût adiouster foy aux metueilles qu'ils asseuroient d'auoir veües; ce feroit, sans doute, manquer d'esprit, & mesme de sens commun. Les principaux de ces Visionnaires, estoient Hermotin, Epimenides de Crete, & le prodigieux Aristeas. Suidas raconte de ce dernier, que durant qu'il estoit ainsi en extase, ses Ennemis brusterent son corps; de maniere que son Ame se treuua bien empechée, quand elle y voulut retourner, & s'en alla de toutes parts en queste apres luy, se voyant comme vne espée sans fourreau: Que si ces choses sont aduenuës, elles ne peuuent vray-semblablement auoir esté faites, que comme les transports des Sorcieres; Car le commun Ennemi du genre humain

humain ayāt à les porter au Sabat, ſuppoſe quelquefois vn Fātoſme qui les repreſéte, durant quelles y ſont; Et quelquefois auſſi il leur trouble ſi fort l'imagination, qu'en dormant d'vn profond ſommeil, il leur ſemble voyager bien loing, & voir des choſes eſtranges, qu'elles ſe perſuadent pour vrayes, bien qu'en effet elles n'ayent bougé d'vne place. Mais laiſſant à part ces rauiſſemens imaginaires & Diaboliques, nous pouuons dire ſans nous abuſer, qu'il y en a d'autres ſurnaturels, & qui s'appellent *Extaſes*. Tels ſont generalement ceux qui par vne particuliere grace de Dieu arriuent aux Ames ſaintes. C'eſt par ces diuins tranſports que l'Ame rauie dans la contemplation des merueilles de ſon Createur, ſe degage de ſoy-meſme; & qu'embraſée de l'amour de Dieu, ainſi que d'vn feu celeſte, elle ſemble vouloir rompre ſa priſon, comme fait le feu Elementaire, pour paruenir à ſon Centre. Auſſi aduient-il quelquefois, que Dieu la porte ſi haut par deſſus les forces natu-relles, que le Corps en eſt eſleué en l'air, par vn effet extraordinaire, & du tout miraculeux. Ainſi en arriua-t'il à Sainct Paul, lors qu'il fut rauy iuſques au troi-ſieſme Ciel ; où il euſt ce bon-heur in-eſtimable, de voir ce que les yeux n'ont iamais veu, ce que les oreilles n'ont ia-mais oüy, & ce que l'eſprit de l'homme ne peut comprendre. Il vid, dis-je, les Throſnes reſplandiſſans, & la glorieuſe demeure des Bien-heureux. Car ce qu'il appelle le troiſieſme Ciel, ſe doit enten-dre de l'onzieſme, comme il ſe voit par demonſtration, & ſuiuant la ſupputation ordinaire. Il faut ſçauoir pour cét effet, que toute cette eſtenduë d'air, ou tout cét eſpace qu'il y a depuis la terre iuſques au premier Ciel, eſt conté pour vn, à le pren-dre dans les termes ordinaires de la pa-rolle diuine. Quant au ſecond, il com-prend toute la Machine des Cieux, ſelon le meſme teſmoignage des ſaintes Lettres

& de ce passage expres, où Dieu dit, *Le Ciel est mon Throsne, & la terre est l'Escabeau de mes pieds.* Conformement à cecy, le troisiesme Ciel n'est autre que celuy dont iouyssent les Bien-heureux, qui sont dans vne eternelle Contemplation des grandeurs & des merueilles diuines, comme il nous est demonstré par l'Aigle de cét Embleme. Le rauissement de Ganymede se peut appliquer encore à ces Ames deuotes, & saintes, qui penetrent iusques dans le Ciel par leur zele ardant, & par la force de leurs Meditations. Car comme toute leur estude n'est icy bas qu'apres les choses qu'elles sçauent estre agreables à Dieu, aussi leur donne-t'il, mesme en cette vie, vn auant-goust des delices, & des Felicitez eternelles.

Que la

D

mence,
de plus
nemen
uoit en
n'auoit
Senat,
qu'a c
cleins
chose

Que la Clemence fait estimer, & cherir vn Prince.

DISCOVRS LXII.

LES Atheniens, comme dit Macrobe, bastirent autresfois vn superbe Temple à la Clemence, où se voyoient erigées les Statuës de plusieurs Princes, qui auoient passionnement aimé cette Vertu. Là nul ne pouuoit entrer, pour y faire ses prieres, s'il n'auoit vne particuliere permission du Senat; & les portes n'en estoient ouuertes qu'à ceux qui estoient naturellement encleins à pardonner les offences. Car la chose du monde qu'ils prisoient le plus, estoit de ne passer point pour cruels dans l'opinion de leurs Ennemis, & de faire des actions de Clemence, qui esclatassent, & qui les missent dans l'estime de tout le monde. Que si lon sçait bien considerer cette vertueuse habitude, on treuuera sans doute, qu'elle estoit d'autāt plus loüable en eux, qu'il est certain qu'on est tousiours moins blasmé d'estre enclein à la compassion, que de pencher à la Cruauté. C'est le sentiment de Lipse, dont les parolles m'ont semblé si belles, que i'ay bien voulu les traduire icy, pour en faire la plus essentielle partie de ce Discours. La Clemence, dit-il, est si conuenable à ceux qui sont grands de courage, & de Fortune, qu'elle ne sied bien à personne cōme à eux; ce qui me semble vne chose tres-remarquable. Les hommes de peu sont la plus-part brutaux & cruels, dans la licence qu'on leur en donne. Comme au contraire, ceux de haute naissance ne s'emportent iamais dans le debord. Ils ne degenerent point de ce sang illustre d'où ils sont sortis; Et plus le chemin leur est ouuert au desreglement, tant plus ils se tiennent dans la moderation. Mais quoy? me direz-vous; à quel propos inuiter les Princes à cette Vertu, qui chocque en quelque façon la Iustice, & qui en apparence la rend plus molle, & plus lache? On se l'imagine ainsi: mais en effet cela ne peut estre, puis que l'vne & l'autre ont mesme fin. La Iustice corrige par l'aprehension de la peine, & par la peine mesme: La Clemence, par la douceur, & par la Misericorde. Celle-là punit; celle-cy pardonne: Mais toutes deux le font auec discretion: aussi en doiuent elles vser; & i'adiousteray en la personne de qui: Car cette Vertu n'appartient pas à toute sorte de gens, mais aux Souuerains seulement, qui pour quelque bien peuuent adoucir les Loix, & les rendre moins seueres. En vn mot, elle est proprement la vertu des Princes; Et voyla pourquoy dans la definition qu'en donne Seneque: *La Clemence*, dit-il, *est vne bonté dont vse le Prince enuers son suiet, en ordonnant des peines.* Où il est à remarquer, que ces mots, *En ordonnant*, sont vrays d'vn costé; mais qu'il y faut adjouster de l'autre, *En remettant les peines*: d'autant que la Clemence le fait d'ordinaire. *Ce dernier point*, adjouste le mesme Philosophe, *regarde le Souuerain, pource qu'il n'y a rien de plus beau à ceux qui sont en eminente fortune, que de donner permission de beaucoup de choses, & de ne la demander d'aucune*; Et de quelles choses donc? car il ne faut pas que ce soit de toutes. Il y en a plusieurs que la Loy defend de violer, & particulierement celles où le Prince est interessé. Telles sont par exemple les injures de fait & de parolle, les Calomnies, & autres semblables offences, qu'il pardonne de son authorité, bien qu'elles soient punissables. En quoy certes il considere qu'il est Pere commun. Car comme les Peres particuliers chastient souuent leurs enfans, quand ils ont failly, & se contentent aussi quelquefois de leur monstrer les verges, affin de leur faire peur; luy tout de mesme les corrige par la seule apprehension qu'il leur donne. Ainsi selon que les humeurs des hommes sont differantes, la Douceur, qui engendre le Respect, en rend quelques-vns meilleurs, & la Seuerité, d'où naist la Crainte, en fait de mesme des autres: tellement que c'est tousiours pour vn bien que le Prince se sert de tous ces moyens. Ce mot ordinaire est aussi tres-veritable, *Que la Clemence du Souuerain retient le suiet, & luy fait auoir honte de pecher.* Voylà quelle est la pensée de Lipse, qui adiouste pour conclusion, Que de toutes les Vertus, celle cy, pour estre la plus humaine, est aussi la plus propre, & la plus seante à l'homme. Or bien que le Prince qui les met en pratique, en doiue estre loüé; si est-ce qu'estant estably de Dieu, ou esleu du peuple, non pas tant pour luy-meſme, que pour ſes ſujects, & pour le commun bien de ſon Eſtat, il doit auoir vn ſoing tres-particulier de pratiquer la Clemence. La raiſon eſt, d'autant que par elle il peut accroiſtre & conſeruer ſes Prouinces, ioint que c'eſt le vray moyen de gaigner à ſoy les volontés, & les cœurs de ceux qui viuent ſous ſon Empire. Car il n'y a point d'homme ſi peu ſenſible à la reconnoiſſance, qui apres auoir failly contre les Loix, & merité punition, n'aime infiniment ſon Prince, s'il voit que luy pouuant oſter les biens & la vie, il luy ſauue l'vn & l'autre par vne grace particuliere. Or il ny a point de doute que nous ſouhaittons toute ſorte de biens à celuy que nous aimons; comme au contraire, nous voudrions voir perdu tout à fait celuy que nous haiſſons. Adjouſtons encore à cecy, Que par la Clemence les Souuerains & les Magiſtrats ſont par maniere de dire, rendus ſemblables à Dieu, qui en eſt le Pere, & qui à ſon exemple nous recommande la Miſericorde ſur toutes choſes. Que ſi l'Empire qu'ont les plus grands ſur les autres, les oblige d'en auoir du ſoing, c'eſt le deuoir du bon Prince, de ſe reſſerrer quelquefois dans ſa puiſſance, de mettre des bornes à ſa Colere, & de ne chercher point à guerir vn mal par des remedes violents, de peur qu'il ne l'irrite plutoſt; & qu'à force d'impoſer à ſes ſuiets des peines vniuerſelles, il ne ſe face hair auſſi d'eux vniuerſellement. Qu'il ſe ſouuient qu'vne victoire, où la Douceur n'a point eu de part, attire ſouuent la ruïne du Victorieux, & qu'il n'eſt point d'Objet plus funeſte à la Vieilleſſe, comme diſoit Ceſar autresfois, que le ſouuenir d'auoir eſté grandement cruel: Car la Cruauté n'accroiſt pas tant la Puiſſance (comme quelques-vns l'ont voulu croire) qu'elle fortifie la hayne, & le nombre des Ennemis.

Mais les Conquerans ſur tout doiuent prendre garde à n'irriter point leurs nouueaux ſuiets par vn excez de ſeuerité; puis qu'il eſt vray que ſouuent l'apprehenſion de la peine engendre le Deſeſpoir, qui porte ordinairement ceux qu'il poſſede à toute ſorte de maux & de violences. Ainſi Galba (qui fut neantmoins plus vertueux que Tybere) pour auoir à ſon aduenement à la Couronne, vſé d'vne trop grande ſeuerité en la punition des Coupables, fut mis à mort en plein iour par les ſoldats de ſes gardes. Ainſi de noſtre temps meſme, Demetrius Duc de Moſcouie, ſeruit de Victime à ſes plus grands Confidents, qui dans la Capitale de ſon Empire, l'aſſaſſinerent le premier iour de ſes nopces. Ce qui ne fut iamais arriué, ſi au commencement de ſon Regne il euſt traitté plus doucement qu'il ne fiſt ces peuples cruels, & Barbares de leur naturel. De ſi grands malheurs pouuoient apparamment eſtre destournez par la Clemence; que l'Empereur Diocletian n'appelle pas sans raison *le plus illustre ornement du Prince*, & Seneque, *vn grand remede contre la Crainte*: Aussi à t'elle tousiours esté profitable à tous les Princes, parmy lesquels il s'en est trouué plusieurs qui l'ont eüe en singuliere recommendation. Tesmoin Philippe de Macedoine, qui pouuant se venger des injures que ceux du Peloponnese luy auoient faites, aima mieux les assister que leur nuire, & adjousta de nouuelles obligations à celles qu'ils luy auoient. Tesmoin le fameux Pericles, qui se voyant proche de sa fin, & enuironné de ses amis, dont les vns loüoient sa Generosité, sa bonne conduitte, & son Eloquence; les autres ses memorables faits d'armes, & ses illustres victoires; *Ne vous amusez point*, leur dit-il, *à loüer en moy toutes ces choses, qui sont petites, & fortuitement arriuées. Dittes plustost, que durant ma vie, mes actions n'ont iamais fait porter le dueil à la personne.* Tesmoin M. Bibulus, à qui la Reine Cleopatre ayãt enuoyé quelques ſoldats, qui par vn excez de cruauté auoient mis à mort deux de ſes fils qu'il aimoit vnicquement, il ne s'en voulut point venger ; Et ſe contentant de l'auoir pû faire, les renuoya genereuſement à Cleopatre. Teſmoin encore le grand Auguſte, qui durant qu'il eſtoit en Eſpagne, ayant mis à vn million de ſeſterces la teſte de Corocotta, pour le faire punir de ſes volleries, luy pardonna ſes crimes depuis, pource qu'il ſe vint rendre à luy volontairement ; & luy fit donner de plus la ſomme qu'il auoit promiſe à ceux qui le pourroiẽt prendre, à cauſe, dit-il, que Corocotta auoit amené Corocotta. A tous ces exẽples, que Lipſe deduits au lõg, i'en pourrois ioindre quãtité d'autres ; mais ie me cõtenteray de celuy de LOVIS XII. Roy de France. L'Hiſtoire raporte que Charles 8. dõt la Couronne luy deuoit eſtre hereditaire, à faute d'enfans, le traittoit ſi mal, qu'il en eſtoit en priſon, & en dãger de ſa vie, ſans auoir aucun ſupport des Grands du Royaume, qui ſuiuoient tous la paſſion de leur maiſtre. Charles mourut cependãt, & Louys appellé à la Couronne, fut auſſi-toſt courtiſé de quelques particuliers, qui l'auoient touſiours ſeruy dans ſa mauuaiſe Fortune. Parmi ceux-ci dõc, il s'en trouua vn, qui s'aduiſa de luy demander la confiſquatiõ d'vn Bourgeois d'Orleans, qui s'eſtoit ouuertement declaré contre LOVIS. Mais ce Prince genereux, n'eſtimant pas iuſte de luy accorder ſa requeſte; *Demendez-moy quelque autre choſe*, luy dit-il, *& ie vous reconnoiſtray. Pour celle-cy, ie ne puis vous l'octroyer: car il ſieroit mal au Roy de France de venger l'injure faite au Duc d'Orleans.* Par où il voulut donner à connoiſtre, qu'il ſe croyoit obligé de changer d'humeur, en changeant de dignité. Cela ne luy ſembla pas aſſez encore; & par vne extraordinaire grandeur de courage il declara publiquement, *Qu'il n'en-*

tendoit point changer le Conſeil ny les Gardes, non plus que les autres Officiers du Roy ſon Predeceſſeur, & qu'il les retenoit à ſon ſeruice, auec les meſmes honneurs & les meſmes gaiges qu'ils auoient eüs. Dequoy certes il ne faut pas s'eſtonner, puis que la Vertu ſe croit touſiours en ſeureté ; & que par conſequent elle ſe promet, que les choſes qu'on luy doit legitimement, luy ſeront auſſi legitimement renduës. Or ce n'eſt pas ſeulement par l'exemple des plus grands hommes, que nous ſommes inuités à la Clemence, mais par celuy encore de Beſtes irraiſonnables.

Il ſuffit au Lion, d'auoir porté par terre
Ceux qui luy font la guerre:
L'on a ſur l'Ennemi teſmoigné ſa vertu,
Quand il eſt abbatu;
C'eſt imiter des Ours l'inſatiable rage,
Que d'aimer le carnage.

Dans cét Embleme donc, par le Lion, qui de l'vn de ſes pieds de deuãt s'appuye ſur vn petit chien, nous eſt ſignifiée la

Clemence

Clemence des Princes. Car ce genereux Animal en est vn symbole dans la plus-part des Autheurs, comme le Chien en est vn autre de bien-veillance & de bon naturel. Par où il est donné à connoistre, Qu'il faut pardonner, non pas seulement aux ennemis que l'on a vaincus, mais encore aux Amis, s'il arriue fortuitement qu'ils se licentient à quelque chose qui nous deplaise. Aussi est-ce le propre d'vn grand courage, d'estimer petites la plus-part des offences qui luy sont faites, & de ne s'en venger point, quand il en a le moyen. A cecy se rapportent ces belles parolles de Salomon, *Que la Misericorde & la Verité sont les gardes du Roy, & que la Clemence fortifie son Throsne.* En effet, soit que l'homme se face considerer ou par sa naissance, ou par sa Fortune, toutes ses conquestes & ses victoires ne le feront iamais estimer heureux, s'il ne sçait point se veincre soy-mesme, & s'il ne sçait ioindre comme il faut, la Moderation à la grandeur de courage.

Que la P

DI

la boüe, co

noissance

sciplines

es vn io

Que la Pauureté s'oppose à la Fortune des bons Esprits.

DISCOVRS LXIII.

LA plainte que fait icy ce ieune Escolier, n'est que trop commune à la plus-part des hommes de Lettres, qui ne demeureroient point dans la boüe, comme ils font, s'ils auoient dequoy s'aduancer, & par les grandes connoissances qu'ils s'acquerroient dans les disciplines humaines, se rendroient capables vn iour de s'esleuer aux charges publiques. Mais le mal-heur est, qu'à faute de commodités, ils se trouuent dans vn Labyrinte, d'où il leur est impossible de sortir.

Ceux qui sont vertueux, & pauures de naissance,
S'ils n'ont quelque support;
Ne peuuent autrement que par la Patience,
Veincre le mauuais Sort.

Cela nous est signifié par l'Embleme de ce ieune homme, qui fait toute sorte d'efforts, pour s'esleuer en haut auecque les aisles qu'on luy a mises en la main gauche, marques de la vigueur de son esprit; mais qui en est empeché par le contrepoids de la droite, où se voit attachée vne grosse pierre. Car les Poëtes disent, qu'à cause de son embarras, & de sa pesanteur, elle est le symbole de la Pauureté.

Qui de tous les fardeaux le plus insupportable,
Et le corps, & l'esprit de miseres accable.

C'est elle en effet, qui noüe la langue, & qui retient la main aux Vertueux, qu'elle rend inhabiles, ſoit à eſcrire, ſoit à parler. Tels euſſent eſté poſſible Virgile & Horace, ou du moins ce precieux talent qu'ils auoient de leur naiſſance, n'euſt iamais eſclatté, comme il a fait, ſi le genereux Mecene ne leur euſt donné moyen de le faire valoir dans leurs Ouurages incomparables. Tels ſeroient encore parmy nous, pluſieurs hommes de merite, qui pour n'auoir point d'autres biẽs que ceux de l'eſprit, ne les pourroient cultiuer que dans les eſpines, & verroient comme eſtouffées ces belles ſemences qu'ils tiennent de la Nature; ſi pour les remettre en vigueur, il ne ſe trouuoit en France de nouueaux Mecenes, beaucoup plus loüables & plus illuſtres que ceux de l'ancienne Italie. C'eſt par leur fauorable aſſiſtance que les Muſes leur donnent des fruits, en lieu de fleurs & de fueïlles; Par elle auſſi ils trouuent au milieu des trauaux vn agreable repos, & reſpirent à loiſir dans les douceurs de l'eſtude. Ce qu'asseurément ils ne pourroient faire, à moins que d'auoir la Vertu de Caton, s'il falloit, comme on disoit de luy, qu'ils fussent perpetuellement embarrassez à lutter contre la mauuaise Fortune. Cette Inhumaine s'oppose entierement à la tranquillité des Vertueux, quand elle les priue des choses necessaires & leur apréd par espreuue, Qu'il n'y a rien de fabuleux en ce que les Poëtes ont escrit de la peine de Sysiphe, puis que l'incommodité en est vne encore plus pesante aux hommes d'esprit & de courage.

Il leur deplaist de voir leur Vertu mesprisée,
Et que leur Pauureté;
Les ait reduits au point, de seruir de risée
Au Vulgaire effronté.

Cela n'a pas empesché pourtant, que plusieurs grands personnages, que leurs escrits ont rendus immortels, n'ayent vaincu tous les plus facheux obstacles, qui durant leur vie se sont opposés à la naturelle inclination qu'ils ont eüe pour les

Sciences: Tous pauures, & tous incommodés qu'ils estoient, ils ont trouué l'Art de se satisfaire dans le desir qu'ils auoient d'apprendre; Et ce mesme desir les a fait heureusement reüssir à l'estude, malgré la Faim, que le grand Virgile nomme à bon droit le pire de tous les maux. A quoy certes ie ne puis trouuer d'autre raison, sinon qu'il falloit absolument que leur ame fut d'vne trempe extraordinaire, & leur Genie extremement fort, puis qu'il les rendoit ainsi constans, & inuincibles à la fatigue. De ce nombre estoit Cleante, qui passoit la meilleure partie de la nuit à puiser de l'eau, pour gaigner sa vie, & le iour entier à prendre des leçons, que luy donnoit le Philosophe Chrysippe. I'obmets cét excellant, Poëte Comique, qui fit la plus-part de ses Comedies dans vn moulin, où il se loüoit pour tourner la meule, afin d'auoir dequoy subsister. Ie ne parle point non plus du Prince des Poëtes Grecs, qui s'en alloit chantant ses vers pour du pain, & qui durant ſa vie ayant eſté le rebut de tout le monde, donna de l'emulation apres ſa mort à ſept des plus fameuſes villes de Grece, qui eurent contraſte pour le lieu de ſa naiſſance. I'en pourrois alleguer encore quantité d'autres Anciens; Mais vn ſeul d'entre les Modernes, me tiendra lieu de tous enſemble. C'eſt le diuin Taſſo, que les Muſes Italiennes ont reconnu pour leur Apollon; que ſes eſcrits admirables font aller du pair auec les plus celebres Autheurs de l'Antiquité; à qui les plus belles langues de l'Europe ont à l'enuy fait parler la leur; & qui toutesfois, ô merueille eſtrange! compoſa tous ces excellans vers que nous auons de luy, qui ſont comme vn rare Chef-d'œuure de la Nature & de l'Art, parmy de continuelles trauerſes d'eſprit & de corps, qui luy vindrent de ſa mauuaiſe Fortune. Elle le traitta ſi mal, que par elle-meſme il ſe vid indignement priuè de la Liberté, de la conuerſation de ſes

Amis, & ce qui eſt le pire, de la plus-part des choſes neceſſaires à la vie; Ce qui ſeroit difficile à croire, veu le merite de ce rare homme, ſi par ſes propres eſcrits il ne ſe verifioit, à la honte de ſon Siecle, que les plus grands Princes de ce temps là, qui l'honoroient de leurs letres, ne luy faiſoient aucun bien. Apres ces teſmoignages & ces exemples, ie ne penſe pas qu'il ſoit beſoin d'en produire d'autres, pour preuuer que ce n'eſt pas d'aujourd'huy que la condition des gens des letres eſt trauerſée. Mais ce qui me ſemble deplorable ſur tout, c'eſt qu'il arriue ſouuent que ceux que la Nature a fait naiſtre aux Sciences, & qui meſme y ont de tres-bons commencemens, ſont contraints de tout quitter, & de ceder à la tyrannie de la Neceſſité. Que s'ils ſe roidiſſent contre; ce n'eſt, comme i'ay dit cy-deuant, que par le moyen d'vne haute Vertu, d'vn trauail continuel, & d'vne patience extraordinaire, qu'ils s'ouurent vn chemin à la continuation de leurs estudes. Par où ie concluds, que c'est vn grand aduantage aux Sçauans, de n'estre point dépourueus de ce qu'il leur faut, pour mieux cultiuer les Sciences; Et à ceux qui aspirent à le deuenir, d'auoir dequoy le faire, ou par le bien de leur maison, ou par celuy qu'ils reçoiuent de leurs amis, & de la generosité des hommes Illustres. Car en quelque façon que ce soit, comme dit fort bien vn de nos Poëtes,

L'or dore les Vertus, & leur donne des aisles,
Affin de s'esleuer aux choses les plus belles.

Que si quelques grands hommes de l'Antiquité, semblent auoir eu dans leurs Escrits des sentimens contraires à celuy-cy; ils n'ont pas esté faschés pourtant de Philosopher, comme ils ont fait, dans l'abondance de toutes choses. Tesmoin le plus moral d'entr'eux, de qui l'on a dit autresfois,

C'eſt en vain que Seneque blaſme,
Les Richeſſes, & leurs appas;
Car ſi les biens nuiſent à l'Ame,
Il deuoit ne les aymer pas.
Ces raiſonnemens magnifiques,
Dont ſon Eſprit s'eſt tant flatté;
Ses beaux Diſcours Panegyriques,
En faueur de la Pauureté;
Et ces remedes qu'on admire,
Qu'à tout coup il nous vient offrir;
Sont des choſes bonnes à lire,
Mais fort mauuaiſes à ſouffrir.

Quel

DIS

plusieurs c
mesme fin
vn seul he
gouuern
le
re
les Nauig

Que le Conseil vaut plus que la Force.

DISCOVRS LXIV.

CE n'a pas esté sans raison qu'vn Ancien a comparé le Gouuernement d'vn Estat à celuy d'vn grand Nauire. Car bię que dās vn vaisseau il y ait plusieurs offices, ils n'ont pourtant qu'vne mesme fin, & dependent tous du soing d'vn seul homme. C'est le Pilote qui tient le gouuernail, qui preuoit les tępestes, & qui par les bons aduis qu'il donne, y met si bon ordre, qu'il empeche le Nauire & les Nauigateurs de faire naufrage. De cette mesme façon, quoy que les Officiers d'vn Royaume soient diuers en nombre, & en dignité, ils releuent neantmoins d'vn plus grand qu'eux, qui sçait destourner prudemment l'orage, & les dangers de l'Estat, accroistre les fortunes publiques, conseruer le bien des particuliers, affermir ce qui est foible de soy, & maintenir toutes choses en ordre, par son conseil, & par sa bonne conduitte. En effet, l'experience nous apprend, que les plus importantes affaires ne subsistent que par le Conseil. Aussi ny a t'il rien si diuin entre les hommes, que de le sçauoir donner, ny rien si proffitable, que de le sçauoir prendre. C'est le fondement de toutes les bonnes actions, & des entreprises les plus hautes.

La Force sans Conseil, se defait d'elle-mesme.

Il n'en faut point de plus forte preuue que celle que nous en auons dans l'Histoire, où il est dit, Qu'à faute d'auoir esté bien cõseillé, Xerxes mit en vain sus pied ce prodigieux nombre de gens de guerre, qui espuisoient les riuieres, & dont il menaçoit l'Ocean. Ce qui fait dire au Poëte Euripide,

Qu'vn bon Conseil est vainceur d'vne Armée; à Gellius, Que les Princes & leurs sujets se perdent souuent, à faute de consulter des personnes bien aduisées; à Salomon, *Que l'homme prudent ne fait rien que par Conseil*, Et à l'Empereur Antonin, Qu'encore que le Rasoir trenche bien, si est-ce qu'il est bon quelquefois de le repasser par la meule; c'est à dire, que pour subtil & raffiné que soit vn esprit, il le sera d'auantage, s'il n'entreprend rien que par le conseil de ses amis. Et certainement, il est comme impossible que de plusieurs aduis ioints ensemble, & bien debattus, on n'en tire vn bon, pour destourner la ruyne d'vne affaire, & en auoir vn fauorable succez. A quoy tous les hommes en general doiuent bien s'estudier, & se souuenir auec Seneque, Que

Iupiter ne lance iamais la foudre, ſans y auoir penſé auparauant, & s'en eſtre conſeillé.

Il faut neantmoins ſoigneuſement prendre garde, que le Conſeil ſoit exempt, s'il eſt poſſible, de paſſions ambitieuſes, de ſentimens violans, & de prejugez opiniaſtres. Car il eſt certain, comme diſoit Bias, qu'il a pour Ennemis irreconciliables la Colere & de Precipitation, que Democrite appelle à bon droit des ſources d'Erreur & de Repenatnce. Auſſi ſont elles à la conduitte des grandes affaires ce qu'eſt à la route de la Nauigation le Deſtroit de Scylle & de Carybde, que les ſeuls naufrages qui s'y font, rendent fameux & celebre. il faut donc deliberer lentement, comme dit Ariſtote, & imiter ces deux excellans hommes, Pericles, & Demoſthene, qui demandoient touſiours du temps, pour mieux reſoudre des choſes qui leur eſtoient propoſées.

Bien conſeiller, & courir promptement,

N'ont

N'ont mesme fin, ny mesme euenement.

C'est ce qui a donné lieu à ce Prouerbe, Qu'en matiere d'entreprises, il faut se seruir du bras des Ieunes, & de la teste des Viellards; Et ce qui fait dire aussi fort iudicieusement à Tacite, Que les Souueraines Puissances sont mieux soustenuës & mieux asseurées par les conseils froids & mûrs, que par ceux où il y a trop d'ardeur & de violence. C'estoit pour cela qu'Agamemnon ne souhaittoit rien tant que d'auoir dix Chefs tels que le Vieillard Nestor; se promettant par leur bon conseil, plustost que par la force d'Ajax, d'auoir raison de Troye assiegée. A ce sentiment estoit conforme celuy du grand Agesilaus, qui menoit ordinairement auec soy cinquante vieux Conseillers, sans l'aduis desquels il n'entreprenoit iamais aucune chose. L'Empereur Seuere en faisoit de mesme, & s'en trouuoit bien; Comme au contraire il en a tousiours mal pris à ceux qui n'ont pas tenu cette maxime, & qui ont plus fait d'estat du Conseil des ieunes gens, que de celuy des Vieillards. Les mal-aduisez Troyens ne l'espreuuerent que trop à leur dommage. Car pour n'auoir voulu croire les plus Anciens d'entr'eux, ny rendre la belle Heleine, ils virent, comme i'ay dit autrefois,

Vne Machine, dont le flanc
Engendra la fatale Armee,
Par qui fut soudain allumée
La Guerre, qui noya sa flamme dans leur sang.

Ie pourrois confirmer encore cecy par le tesmoignage des Sainctes Lettres, où il est dit, Que le Roy Roboam n'eust du mal que par le conseil que luy donnoient de jeunes hommes; & qu'il en arriua de mesme à Ioas, apres la mort du bon Prestre Ioiadas, son Precepteur. Mais cette verité se manifeste si fort d'elle-mesme; qu'apres les preuues continuelles que l'Experience nous en donne, ie ne pense pas qu'il soit besoin de les esclaircir dauantage.

C'estoit la coustume des Grecs & des Perses, de parler entr'eux de leurs affaires à table, & de les resoudre le lendemain à cœur ieun. En quoy, dit Tacite, ils auoient pour imitateurs les anciens peuples de Germanie. Les Romains tout au contraire, tenoient leur Conseil en public, & pour l'ordinaire dans les Temples; affin que ce lieu Sacré, qui leur estoit en veneration, les empeschât de rien proposer, qui ne fut iuste, & digne d'estre mis en diliberation. Les Senateurs qu'ils y appelloient, estoient tous hommes d'eslite, & de probité. Aussi faut-il qu'ils soient tels, pour opiner equitablement: Car, comme disoit Alexandre Seuere au jeune Constantin son fils, vn Estat où le Prince est mauuais, & le Conseil bon, vaut mieux incomparablement que celuy où le Prince est bon, & le Conseil mauuais. La raison est, pource qu'vn meschant sera sans doute plustost corrigé par plusieurs hommes de bien, que plusieurs meschans ne le seroient par vn seul homme d'integrité. Mais il faut sur tout que les Conseillers se souuiennent tousiours de ce bel endroit d'Hesiode, où il dit,

Que iamais le Conseil n'est nuisible à personne,
Comme il l'est à celuy qui meschamment le donne.

Tesmoin Perille, tesmoin Thrasilus, & tesmoin encore l'inhumain Eutropius, premier Chambellan de l'Empereur Arcadius ; qui apres auoir fait oster le droict des Azylles, & les franchises des Temples ; sentit depuis à son dommage, comme il s'y voulut refugier, les effects de son mauuais Conseil. Or estant certain que les entreprises des Souuerains sont tousiours considerables, & importantes à leur Estat, il importe aussi grandement, qu'auant que d'en venir à l'execution, ils les communiquent à leurs plus fidelles seruiteurs. Car comme ces Peuples qui sont aupres du mont Athos, voyent leuer le Soleil plustost que ne font les autres; ainsi les Principaux Conseillers des Roys, doiuent les premiers sçauoir leur dessein, afin de dire en conscience ce qu'il leur en semble, comme le deuoir les y oblige. Mais le mal-heur est, que les Grands du monde imitent quelquefois ce Roy de Perse, dont i'ay parlé cy-deuant; qui voulant porter ses armes en Grece, fit assembler ses Estats, où les principaux de son Empire estans venus; Ie vous ay appellés, leur dit il, afin qu'il ne semble pas que ie fasse rien, sans en prendre aduis. Pensés neantmoins à m'obeïr, non pas à me conseiller; car de ce que i'ay à faire le sort en est jetté, & la resolution prise. Il eust mieux fait pourtant d'auoir vn peu moins bonne opinion de soy-mesme, de ne gesner point les sentimens de ceux qui ne vouloient que son bien, & de se souuenir qu'en vn Conseil tout doit estre libre ; le lieu, les hommes, les opinions & la Verité; pourueu toutes-fois qu'on se tienne dans les bornes du deuoir, & de la moderation. Ainsi toute cette grande puissance qu'auoit ce Prince, luy fût inutile, pource qu'elle manqua de conduitte, & que le Conseil l'emporte sur la Force. Cela nous est figuré par cette Colomne, que plusieurs hommes ensemble ne pourroient esbranler qu'auec peine ; & qui toutes-fois est esleuée par l'adresse d'vn seul, & par le moyen d'vne petite Machine. Il en est de mesme du gouuernement d'vn Estat ; où quelques grandes que soient les Forces, elles ne seruent pas de beaucoup, si le Conseil ne les fait agir, & s'il ne leur donne la principale vigueur.

Par luy, plus que par la Puissance,
Les Chefs, & les grands Potentats,
Rengent soubs leur obeïssance
Les Prouinces, & les Estats ;

Par luy les Couronnes ſubſiſtent
Sur la teſte des Conquerans;
Et par luy les Foibles reſiſtent
Aux violences des Tyrans.

Qu

DIS

rer, & m
leur Authe
profit qu'e
Aussi e

P

Qu'il faut obeïr aux Loix.

DISCOVRS LXV.

IE ne pense pas qu'il y ait rien si necessaire à la tranquilité publique, que l'obseruation des Loix. Les hommes les doiuent donc bien reuerer, & mesme les craindre, à cause de leur Autheur, qui est Dieu, & du grand profit qu'elles apportent à tout le mõde. Aussi est-il vray que pour les mieux imprimer dans l'esprit des Peuples, & les rendre plus venerables, les Roys & les Anciens Legislateurs leur firent accroire, qu'ils les auoient receües de la main des Dieux. Ainsi Numa Popilius publia par tout, que la Deesse Egerie les auoit iointes à la Religion, pour les donner ensemble aux Romains. Ainsi Minos, Roy de Crete, auoit accoustumé de neuf en neuf ans, de se retirer dans vn Antre profond, que l'on estimoit Sacré; au sortir duquel, il protestoit que Iupiter, dont il se disoit descendu, luy auoit donné de nouuelles Loix; Ainsi Lycurgue faisoit Autheur Apollon de celles que les Lacedemoniens tenoient de luy, qui en estoit inuenteur. Mais pour passer des tesmoignages profanes aux choses Sacrées; n'est il pas vray que Moïse asseure aux Israelites, d'auoir receu les deux Tables de la Loy Diuine, sur la montagne de Synaï? Et n'est il pas vray encore, que pour la faire esgalement reuerer & craindre à ce Peuple, Dieu permit que sur son visage parussent deux cornes, ou plustost des rayons resplendissans, qui ioints enſemble, en repreſentoient la forme, ſelon les plus doctes, bien que neantmoins la corne ſoit vn Symbole de preeminence & d'authorité dans les Sainctes Lettres. Eſtant donc certain, que par la force des Loix, les eſprits des hommes ſont tenus en bride, & deſtournez du chemin des Vices, pour ſuyure la route des Vertus; il eſt du deuoir du bon Prince, de n'en faire aucunes qui ne ſoient bónes, & qu'on ne puiſſe obſeruer: car les choſes iniuſtes ne doiuent point paſſer pour Loix, & nul n'y eſt obligé: Ce qui fait dire à Plutarque, qu'en ce qu'on ordonne, il faut qu'il y ait de la facilité, pour s'en pouuoir acquitter. Et d'autant que c'eſt peu de choſe de faire des Loix, ſi celuy qui les a inſtituées ne les defend, & ne les obſerue; ou meſme s'il n'empeſche que ſes Sujets ne les violent; il faut que le Prince y tienne la main, & qu'il les y pouſſe par ſon exemple. Car nous pouuons difficilement reduire les autres à faire les choses que nous auons ordonnées, si nous-mesmes auparauant ne leur en monstrons le chemin; Aussi n'est-ce pas le nombre des Loix qui fait prosperer vn Estat, mais bien le soing que le Prince tesmoigne auoir de les obseruer ponctuellemét luy-mesme. Heureuse est la Republique, disoit Platon, en laquelle chacun obeït au Roy, & le Roy à la Loy, cóme faisoient enciennement Lycurgus, Zeleucus, Agesilaus, Theopompus, Agis, Themistocles, Auguste, Alexandre, & plusieurs autres grands Princes. L'experience ordinaire leur apprenoit cette verité, Que les Loix sont l'Ame de l'Estat; qu'il n'y a rié que l'on doiue plus religieusemét respecter, & qu'il n'est pas possible que les Peuples ny les autres choses du monde subsistent sans elles. Ce fut aussi pour les auoir obseruées, que la Republique des Lacedemoniens se maintint tousiours fleurissante par l'espace de cinq cens ans; & que celle des Sicioniens en dura ſept cens quarante. A quoy ſeruit grandement le ſoing qu'ils eurent de tenir pour inuiolables les Edicts de leurs Peres, & de ſe declarer mortels ennemis de toute ſorte de nouueautez. Cela s'obſeruoit particulierement en Sparthe, où quelques-vns ayant prié le Roy Pauſanias de leur en dire la cauſe; C'eſt, reſpondiſt-il, pource qu'il faut que les Loix ſoient les maiſtreſſes des hommes, & non pas que les hommes ſoient maiſtres des Loix. Pour cette meſme raiſon, les Garamantes n'en receuoient point d'autres que celles de leurs Predeceſſeurs; & parmy les Locriens, quiconque vouloit introduire vne Loy nouuelle, il falloit qu'il en fit la Declaration publiquement, auecque la corde au col, affin d'eſtre eſtranglé ſur le champ, ſi la Loy n'eſtoit trouuée bonne, & profitable à l'Eſtat. Que s'il faut parler des Loix en general, ie diray qu'elles ſont toutes, ou Diuines, ou Humaines; que celles-là ſont par Nature, & que celles-cy se fondent sur les Coustumes. Où il est à remarquer, que les Loix humaines permettent beaucoup de choses, que la Loy Diuine defend, estant, comme elle est, la perfection de la naturelle: car les Loix humaines ne punissent que le fait, & les pechez externes; au lieu que la Loy Diuine defend & punit les internes, & la volonté mesme. Adioustons à tout cecy, que quand Dieu mesme n'auroit donné aucunes Loix par escrit, ou par sa Saincte parolle; & qu'il eust laissé au Franc-Arbitre des hommes, de s'en ordonner eux-mesmes, affin de viure ciuilement les vns auecque les autres; ils n'eussent peu en establir de plus humaines, ny de plus naturelles que celles que ce grand Autheur de la Nature leur a données. Il les doiuent donc bien reuerer, & se souuenir du sens mystique de cét Embleme. Il represente vne Cloche, au son de laquelle, comme dict Pencirolle, les hommes ont accouſtumé de s'aſſembler, pour aſſiſter aux actions publiques. Et d'autant qu'elle ne ſert de rien, ou à tout le moins de peu de choſe, ſi elle vient à ſe rompre; les Loix de meſme, ne peuuent eſtre qu'inutiles, ſi elles ne ſont inuiolablement gardées. En effet, on n'a beſoin des Cloches que pour le ſon, ny des Loix non plus, que pour les obſeruer, & les reduire en pratique, comme diſoit ordinairement l'Empereur Maximilian.

De la Concorde, ou de l'Vnion mutuelle.

DISCOVRS LXVI.

IL y euſt autresfois à Rome le Temple de la Concorde, que Camillus fiſt baſtir ; & où le Senat auoit accouſtumé de s'aſſembler, afin que les Senateurs fuſſent aduertis par là, Que comme ils eſtoient vnis de Corps, il falloit qu'ils le fuſſent auſſi de volontez ; & que les troubles ny les deſordres ne ſe meſlaſſent iamais dans leurs deliberations, par vne mauuaiſe intelligence. Il eſt bien certain auſſi que les affaires publiques ne ſçauroient aller que tres-mal, quand il aduient que les Magiſtrats ne peuuent s'accorder enſemble, & que la Diſcorde ſeme parmy eux des particularités & des diuiſions, qui s'entretiennent, & ſe fomentent par vne hayne ſecrette. Cette verité ne ſe peut contre-dire qu'injuſtemét; puis que l'on voit tous les iours, qu'en vne Ville où les Citoyens ne ſont iamais ſans querelle, les commoditez particulieres & publiques, s'eſcoulent inſenſiblement, & ſe fondent comme la neige au Soleil. D'où il s'enſuit; qu'autant que nous deuons hayr la Diſſention, autant ſommes nous obligés d'aimer la Concorde. La Nature nous inuite à ce deuoir par les merueilles de ſes Ouurages. Car ſi nous voulons apprendre à renoncer bien viſte aux inimitiez & aux diſſentions, nous n'auons qu'à conſiderer ſeulement l'ingenieuſe ſtructure du corps humain, & la parfaite vnion des membres qui le cópoſent. Car tandis qu'ils font chacun leur office, & que la liaiſon en eſt mutuelle, il eſt impoſſible que le corps se porte mal. Au contraire, s'il y en a quelqu'vn de retranché, tous les autres s'en ressentét, & deperissent enfin. Ceux qui font vn bastiment, ont beau ioindre vne pierre à l'autre, auec symmetrie: Cela ne leur sert de rien, s'ils n'en cymentent les ouuertures auecque du plastre, pour faire que l'edifice subsiste. De cette mesme façon, il est impossible de rendre perdurable le bien publiq, autrement que par la Concorde. C'est elle qui luy sert de ciment, & qui en fait la liaison. Elle est vne Forteresse imprenable, où les Grands & les petits, les Citoyens, & les Estrangers, les Amis, & les parens; & pour le dire en vn mot, tous les hommes du monde sont à couuert de toute sorte de violences. Agesilaus le voulut ainsi donner à connoistre, lors que quelques-vns ayant voulu sçauoir de luy, pourquoy la Capitale de son Royaume n'auoit aucunes murailles, il ne fit point d'autre responce, sinon que leur monſtrãt en meſme temps ſes Citoyens, qui eſtoient en bonne intelligence, & fort bien armez; *Voyla*, leur dit-il, *les murs, & les ramparts de Lacedemone.* En effet, il euſt raiſon de parler ainſi. Car comme on n'eſpargne ny ſoing ny argent, pour fortifier de foſſés, de murailles, & de baſtions vne ville d'importance, pour la defendre des aſſauts & des rauages de l'Ennemi; (quoy que neantmoins ces fortifications ne ſeruent de rien, ſi les Bourgeois ne ſont bien d'accord) on peut dire de meſme, que quelques redoutables que ſoient les forces des Grãds d'vn Royaume, pour eſtre opposées à la puiſſance de ceux qui l'attacquent, elles ſe trouuẽt foibles enfin; ſi la Diſcorde s'y meſle. Tite-Liue & Vegece en donnent vne fort bõne raiſon, quand ils diſent qu'ayant mis vne fois en deſordre les Citoyens aſſaillis, il eſt impoſſible qu'elle ne ſoit tres-aduantageuſe aux Aſſaillans. L'Hiſtoire rapporte à ce propos, qu'apres plusieurs grandes victoires que les Numantins auoient gaignées, à la fin Scipion l'Afriquain mit le siege deuant leur ville, & qu'alors s'en estant fait maistre, il s'enquit de Tyresias, Prince du païs des Celtes, d'où pouuoit proceder cette grande cheute de Numance, ville auparauant inuincible, & si fameuse par tout le monde? A quoy Tyresias respondit, *Que la Diuision venoit d'oster à ses Citoyens toutes les victoires que la Concorde leur auoit autresfois acquises.* Dequoy certes on ne s'estonnera pas, si lon considere qu'vn Royaume estát comme vn Corps bien sain, dont le Roy est le Chef; s'il arriue que les Grands, qui en sont les membres, se des-vnissent d'auecque luy, ou qu'ils forment diuers partis entr'eux, il ne se peut faire alors, que l'Estat ne coure grande fortune. Ce que Scylurus, Prince des Scythes, ayant autresfois preueu, & se voyant proche de sa fin, il fit appeller quatre vingts garçons qu'il auoit, & leur preséta vn faiſceau de fleches, affin qu'ils euſſent à le rompre. Dequoy s'eſtant excuſez, pource qu'ils ne le pouuoient, Scylurus les prit ſeparément, & les rompit ainſi l'vne apres l'autre. Par où il leur fit connoiſtre, que tant qu'ils ſeroient vnis enſemble par la Concorde, ils trouueroient qu'elle les rendoit heureux & inuincibles; comme au contraire, ils ne deuoient attendre de la Diuiſion, que du meſcontentement, & leur commune ruïne. Auſſi eſt-il impoſſible qu'elle produiſe d'autres effets. Car depuis que les affectiós & les volótés ſont vne fois partagées en quelque Eſtat que ce ſoit, on ne ſçauroit iamais rien conclure de certain, ny rien faire de memorable. Ce qui procede ordinairement, de ce que chacun s'en fait accroire, & que ſes raiſons luy paroiſſant meilleures que celles des autres, il n'eſtime vtile que ce qui luy ſemble l'eſtre. Cependant, de ce dereglement d'opinions & de ſentimens, il s'enſuit que la plus-part du temps on quitte ce qui eſt bon de ſoy, pour prendre le pire.

Que s'il ne tient qu'à prouuer par l'vnion des choſes naturelles, combien neceſſaire eſt la Concorde à leur commune conſeruation, cela ſe peut facilement par l'exemple de cette grande Machine du Monde. Encore que les Principes en ſoient contraires, elle ne ſubſiſte pourtant que par le moyen de cette merueilleuſe harmonie que le Souuerain Createur y a miſe, ſans laquelle il faudroit neceſſairement que les parties de ce Tout ſe desfiſſent d'elles-meſmes.

Si la Diſſention regnoit parmy les Dieux,
On verroit s'eſcrouler la Machine des Cieux.

On peut remarquer encore, que ce qui fait que le Corps humain ſe porte bien, c'eſt l'eſgal temperament du ſec & du chaud, comme auſſi du froid & de l'humide. Quoy d'auantage? Ne voyons nous pas que les grandes villes ſont la plus-part cőposées de toute sorte de personnes; à sçauoir de pauures & de riches, de ieunes & de vieux, de malades & de sains, de méchans & de gens de bien; Et que neantmoins, quoy que la condition en soit differante; leur mutuelle Concorde les ioint, & les lie si estroittemét, qu'il semble que ce ne soit qu'vne mesme chose des vns & des autres. Ce n'est pas encore vn des moindres biens de la Concorde, que celuy qu'en reçoit vniuersellement tout le public, quand elle se rencontre parmy les Magistrats, & parmy les Grands: Car alors, à leur exemple, les petits se tiennent dans leur deuoir, & n'osent rien entreprendre, qui puisse nuire à l'Estat, & troubler la tranquilité publique. Au contraire, quand il se forme diuers partys entre les Magistrats, & les principaux d'vne ville; les plus Factieux prennent de là sujet de remuër, & se font Chefs de la Sedition; Ce qui a fait dire fort à propos à vn Ancien Philoſophe, *Qu'en vne Republique où les Magiſtrats ne s'accordent point, ce ne ſont pas eux, mais les Bourgeois qui commandent.* Il faut donc poſer pour maxime, Qu'vn Eſtat ne ſe peut mieux conſeruer que par la Concorde ; & qu'elle eſt entierement neceſſaire, quand il s'agit de preuenir vne ſedition, ou de rompre les deſſeins des Ennemis; Ce qui n'eſt pas mal repreſenté, ce me ſemble, par les Fourmis de cét Embleme. Car nous en voyons quelque-fois à miliers, qui vont & qui viennent, ſans que l'vne empeche l'autre. Ainſi elles ſe ſoulagent, au lieu de ſe nuire, en trauaillât à leur cômun bien, & faiſant prouiſion de grain, qu'elles ſerrent pour toute l'année. Par où il ſe voit, que la Fourmy n'eſt pas ſeulement le Symbole de la Preuoyance, mais auſſi de la Côcorde. Nous liſons à ce propos, qu'vn Ancien en n'ayant aperceu quantité dans ſon jardin, dont les vnes entroient dans leur Fourmilliere, & les autres en ſortoient, *Bon-Dieu!* s'eſcria-t'il, *ſe peut-il faire que tant de Fourmis viuent en paix dans vn petit lieu, & que deux perſonnes ne puiſſent s'accorder enſemble, dans vne grande Republique.* Par cét exemple, & par les autres que i'ay alleguez, il eſt aiſé de iuger, que de quelque façon qu'on ſe repreſente les choſes du Monde, apres les auoir bien conſiderées, on trouuera qu'elles ne ſe maintient que par la Concorde. Que ſi les Romains luy eſleuoient autresfois des Temples; c'eſtoit ſeulement pour obliger leurs Citoyens à s'y reconcilier, quand ils eſtoient mal enſemble, & à poſer au pied de ſes Autels, toutes leurs inimitiez & leurs animoſitez ſecrettes.

Ceux que le Deſordre, ou l'Enuie
A ſeparez, comme Ennemis,
Ne peuueut mieux regler leur vie,
Que par l'exemple des Fourmis.
On leur voit partager entr'elles
Leurs petits ſoings, & leurs trauaux;

Et de leurs peines mutuelles,
Elles cueillent des fruits esgaux.
C'est par vn instinct de Nature
Que dans leurs logis sousterrains;
Elles font pour leur nourriture
Vn merueilleux amas de grains.
Comme auec vne ardeur extreme,
Elles trauaillent en Esté:
Nous en deuons faire de mesme,
Et detester l'Oisiueté.

De l'adm

DIS

Dieules co
Subjets l
ment; Co
font, l

De l'administration de la Iustice.

DISCOVRS LXVII.

LES Roys n'estant establis que pour gouuerner les Peuples & leur rendre la Iustice, quand ils s'en acquittent comme il faut, Dieu les comble de benedictions, & leurs Subjets les reuerent auec applaudissement; Comme au contraire, s'ils ne le font, ils attirent sur eux la Hayne publique, & l'ire Diuine. Ne nous estant donc pas permis de viure entre nous, c'est à dire dans la societé ciuile, sans le secours de cette haute Vertu, il faut neceſſairement eſlire des Iuges qui l'adminiſtrent ſans paſſion. Ils doiuent auoir pour cét effect pluſieurs grandes qualités, qui ſont preſque toutes compriſes dans ces parolles, que Ioſaphat leur adreſſe. *O Enfans des hommes, penſez à bien iuger, & prenez garde ſoigneuſement à ce que vous faites : car c'eſt de la part de Dieu que vous iugés, & non pas d'vn homme. Tous les iugemens que vous donnerez tomberont ſur vous. Ayez donc la creinte du Seigneur, & faites diligemment toutes choſes ; d'autant que celuy qui eſt noſtre Maiſtre, & noſtre Dieu, ne veut point qu'on donne aucun lieu à l'iniquité, ny qu'on ait eſgard aux perſonnes, ny qu'on ſe laiſſe corrompre par preſens.* Que le Prince ſe ſouuienne donc d'eſtre Iuſte, puis que ſa dignité l'y oblige, que Dieu le commande, & que c'eſt le vray moyen de ſe faire obeïr à ſes Peuples : Car aſſeurement, par la Iuſtice il gaigne à ſoy l'amitié de ſes Sujets ; par l'amitié, la fidelité; par la fidelité, l'asseurance; par l'asseurance, le bon-heur de s'affermir dans son Throsne; & par toutes ces choses ensemble, vne immortelle loüange. Au contraire, de l'Injustice, que doit-il attendre qu'vne peur continuelle, de la peur, la hayne, de la hayne, des embuches, des embuches vne ruïne asseurée; & de tout cela vne eternelle Infamie? Il se voit par là, de quelle importance est la Iustice, & pour la conseruation des Princes, & pour l'Establissement de leurs Sujets. Tite-Liue nous l'enseigne, quand il dit fort iudicieusement, *Qu'vne multitude ne peut s'assembler en corps de Peuple, par autre moyen que par celuy des Loix.* Aussi sont-elles les fermes liens de la Societé, sans lesquels les hommes s'emportent apres les Vices, & viuent en Bestes. Le Prince des Poëtes Grecs le remarque par ces parolles, qui doiuent s'entendre de la Iustice.

Car elle preside icy

Aux communautez du Monde;
Et c'est elle-mesme aussi,
Qui les defait, & les fonde.

Elle les defait, si vous la mesprisez, & les conserue, si vous prennez le soing de la conseruer de mesme. *Ces parolles d'Homere*, dit Lypse, *sont admirables, & comprennent beaucoup de choses. Les Estats sont debiles, ou forts, selon que la Iustice est foible, ou inébranlable. Leur felicité se doit considerer comme interieure, & comme exterieure aussi. Par l'interieure, le Vice est puny, & la Vertu recompensée. Par l'exterieure, le commerce est rendu libre sur Mer & sur Terre, la Paix establie, & la Crainte exterminée.* Cette pensée de Boece est excellente; Que ce n'est pas tant par l'abondance des fruicts qu'il fait iuger de la fertilité de l'année, que par la Iustice de ceux qui regnét. C'est elle aussi qui rend heureux les Royaumes, quand on la sçait faire valoir, lors qu'on ne la neglige point, nó pas mesme dans les moindres affaires, &

& dans les fautes les plus legeres. L'Empereur Andronicus en vsoit ainsi ; & sans faire distinction des personnes, de quelque qualité qu'elles fussent, il auoit accoustumé de condamner & de faire punir en sa presence tous ceux generalement qui se trouuoient conuaincus de quelque faute. Tesmoin le Courtisan Theodore, qu'il fit traitter à coups de baston, sur la plainte que luy firent quelques païsans, que luy & ses gens auoient logé par force chez eux, & qu'ils s'en estoient allez sans les payer. A cét exemple d'Andronicus, s'en pourroiét ioindre quantité d'autres assez communs dans l'Histoire ; comme celuy de l'Empereur Leon l'Armenien, qui punit ensemble vn Preuost nonchallant, & vn Senateur conuaincu d'Adultere, en ostant à l'vn sa charge, & à l'autre la vie ; Celuy du Roy Totila, qui par la mort d'vn des Archers de ses gardes, expia la violence qu'il auoit faite à vne pauure fille ; Celuy d'Alphonce Roy d'Eſpagne, qui s'en alla depuis Tolede iuſques aux derniers confins de Galice, pour chaſtier la rebellion d'vn Gentil-homme, qui refuſoit de rendre le bien qu'il auoit pris à vn Païſan, à la porte duquel il le fit pendre; Et pareillement celuy de Baudoin ſeptieſme, Comte de Flandres, qui eſtrangla luy-meſme onze Caualiers, qui auoient volé ſur vn grand, & chemin mis à mort trois Marchands; acte loüable, dit Lypſe, mais qui ſe deuoit faire par d'autres mains, que par celles d'vn Prince.

Or d'autant qu'on ne ſçauroit iamais bien rendre la Iuſtice, ſi lon s'attache aux perſonnes, & aux conſiderations humaines; il eſt neceſſaire de ſe deſpoüiller de toutes les affections qui la peuuent corrompre. Pluſieurs grands hommes des ſiecles paſſez l'ont ainſi obſerué; de l'integrité deſquels ie me contenteray de produire ces deux illuſtres exemples. Le premier eſt tiré de la vie de ce grand Marius, que les Romains esleurent sept fois Consul. Estant appellé par eux-mesmes, pour estre fait General d'Armée, durant la guerre des Cimbres, il honnora de la charge de Tribun vn de ses Neueux, qu'il sçauoit estre homme de cœur, mais qui se laissoit vaincre à ses plaisirs, ou pour mieux dire, à ses sensualitez tout à fait brutales. Comme il deuint donc passionnement amoureux d'vn ieune soldat, qu'on appelloit Caius Plotius, il le sonda premierement, puis se descouurit à luy; Et se voyant rebutté, il se seruit du commandement qu'il auoit sur luy, pour emporter par la force ce qu'il ne pouuoit gaigner par ses prieres. Le Stratageme en fut tel. Il fait appeller de nuit en sa tente, le valeureux Plotius, qui sçachant qu'il y alloit de la vie, de n'estre point prest au commandement du Tribun, s'en va le trouuer aussi-tost. A son arriuée, il est sollicité comme de coustume par cét hôme abominable; qui pour en tirer ce qu'il pretend vſe de tous les artifices imaginables, & ioint les flatteries aux belles promeſſes. A la fin voyant que c'eſt inutilement qu'il le cajolle, il ſe iette ſur luy, & le veut forcer. Mais le ſoldat, qui auoit trop de cœur pour le ſouffrir, *Apprends*, luy dit-il, *que ie ſuis homme*, & le tue en meſme tpés. Il ſe fait à l'heure meſme vn fort grand bruit dans la tente, & de ce bruit s'enſuit vn tumulte vniuerſel par tous les quartiers du Camp. La mort du Tribun les met en alarme, & les eſtonne d'autant plus, que c'eſt par vn ſimple ſoldat qu'elle eſt aduenuë. Voyla donc que le lendemain matin il eſt mené deuant Caius Marius, qui l'interroge deuant ſon Conſeil. Le ſoldat ſe trouue d'abord bien en peine, & ne ſçait que reſpondre, pource que la honte le retient. Mais enfin le deſir de conſeruer ſa vie, luy fait rompre cét obſtacle, & deduire ponctuellement l'affaire; que Marius n'euſt pas pluſtoſt appriſe, qu'il conclud que ſon Neueu n'auoit eu qu'vne partie de ce qu'il meritoit, & renuoya le Soldat absous. Il fit encore bien d'auantage: Car apres l'auoir comblé de loüanges, il l'honnora d'vne Couronne, & luy dit tout haut, *Que cette recompense luy estoit legitimement deüe, pour auoir fait vne si belle action, en vn temps auquel on auoit grand besoin d'instruction, & de tesmoignages de Vertu.*

Le second exéple que i'ay à rapporter, est celuy-cy de l'Empereur Othon troisiesme. Durât qu'il estoit à Modene, ville d'Italie, on tient qu'en son absence la Reine sa femme deuint passionnément amoureuse d'vn ieune Comte; & que s'estant declarée, à luy elle n'en pût tirer ce qu'elle se promettoit; Ce qui la mit si fort en colere, qu'elle conclud de s'en venger à quelque prix que ce fut. Cette resolution prise, elle l'accuse d'auoir entrepris sur son honneur. L'Empereur le croit ainsi d'abord, & cődamne le Comte à auoir la teste couppée. Luy cependát decouure l'affaire à sa femme, qu'elle prie de venger sa mort, & de prouuer son Innocence en empoignant le fer chaud, qui estoit vne formalité qu'on obseruoit alors pour se iustifier, & qui maintenant n'est plus en vsage. Apres qu'on l'eust donc executé, & que l'Empereur se fut presenté le lendemain pour rendre la Iustice à l'accoustumée, la Vefue du Comte se iette à ses pieds, & le prie de luy dire, *Quel supplice pourroit auoir merité celuy, qui auroit iniustement fait mourir quelqu'vn?* Madame, luy respond l'Empereur, *cette question n'est pas difficile à decider: c'est vn fait digne de mort: Bien donc, reprit elle, cette peine vous est deüe, pour auoir osté la vie à mon Mary, tout innocent qu'il estoit. Voyla sa teste* (& ce disant, elle la tire d'entre les replis de sa robe, où elle l'auoit cachée:) *Ie*

trancher; Et d'autant que ie n'ay ny preuues, ny tesmoins, pour vous en esclaircir, ie m'offre à le iustifier par le fer chaud, & à le prendre à pleines mains. Aussi le fit-elle en mesme temps, & n'en receut aucun mal. Cette merueille estonna fort tous les assistans, & l'Empereur encore plus; qui de crainte qu'il eust de la Iustice du Ciel, remit cette offence à la discretion de la Dame, comme s'estant desia condamné par sa propre bouche. La conclusion fut, qu'elle luy pardonna cette offence, que l'Empereur rachetta par la donation qu'elle luy fit de quatre Chasteaux, qui sont des plus remarquables de la Toscane.

Soit qu'il faille tenir cette Relation pour fabuleuse, ou pour Historique; tant y a que c'est chose tres-asseurée, qu'il en prend tousiours mal à ceux qui s'aueuglent en leur propre cause, & qui donnent à leurs interests & à leurs passions, ce qui se doit purement donner à la Iustice. Côme en tous les Estats bien policez elle est diuisée en deux, à sçauoir en Ciuile & en Criminelle, il faut apporter vne merueilleuse circonspection en l'vne

& en l'autre; Et que ceux qui font l'office de Iuges, quelques grands, & quelques considerables qu'ils soient, se representent tousiours deuant les yeux, qu'ils releuent tous de la puissāce d'vn autre Iuge encore plus grand, & qui ne laisse iamais l'Equité sans recompense, ny l'Iniustice sans punition. Cette consideration est digne d'eux, & particulierement des Princes, que Dieu a mis dans le Throsne, pour iuger la terre, comme dit le Roy Prophete. Aussi l'Antiquité ne les a iamais tant loüés d'aucune chose, que d'auoir esté iustes; Et il se remarque dans l'Histoire, que Trajan le fut à vn poinct, qu'ayant vn iour fait venir à soy le premier Capitaine de ses gardes; & tenant en main vne Espée nuë, comme vn symbole de la Iustice; *Prends cette Espée*, luy dit-il, *& t'en sers pour ma defence, si tu vois que ie face des actions dignes de Cesar. Sinon, tourne la contre moy-mesme.* L'Empereur Ferdinand n'estoit pas moins iuste que luy, & disoit ordinairement ces mots, qu'il auoit pris pour sa Deuise; *Que la Iustice se face, ou que le Monde perisse.* Il sçauoit que par elle les Sceptres & les Couronnes se maintenoient ; & qu'estant la base asseurée des Empires, elle l'estoit aussi de la tranquilité des Peuples du Monde. Tout ce que ie viens de dire est sommairement compris dans cét Embleme, où par la Balance est signifiée l'Equité; par le Liure, le Droict escrit, & par l'Espée l'execution. A quoy se rapportoit tout à fait l'ancienne coustume qu'auoient les Hebrieux, de presenter le liure de la Loy Diuine, auec vne Espée, à celuy qu'ils auoient nouuellement esleu pour leur Roy. Par où ils vouloient qu'il se souuint ; Que son principal deuoir estoit de faire obseruer le vray culte de Dieu, & d'administrer la Iustice. *Par elle aussi*, comme dit Salomon, *est estably le Throsne d'vn Roy, à qui l'Impieté doit estre en horreur.*

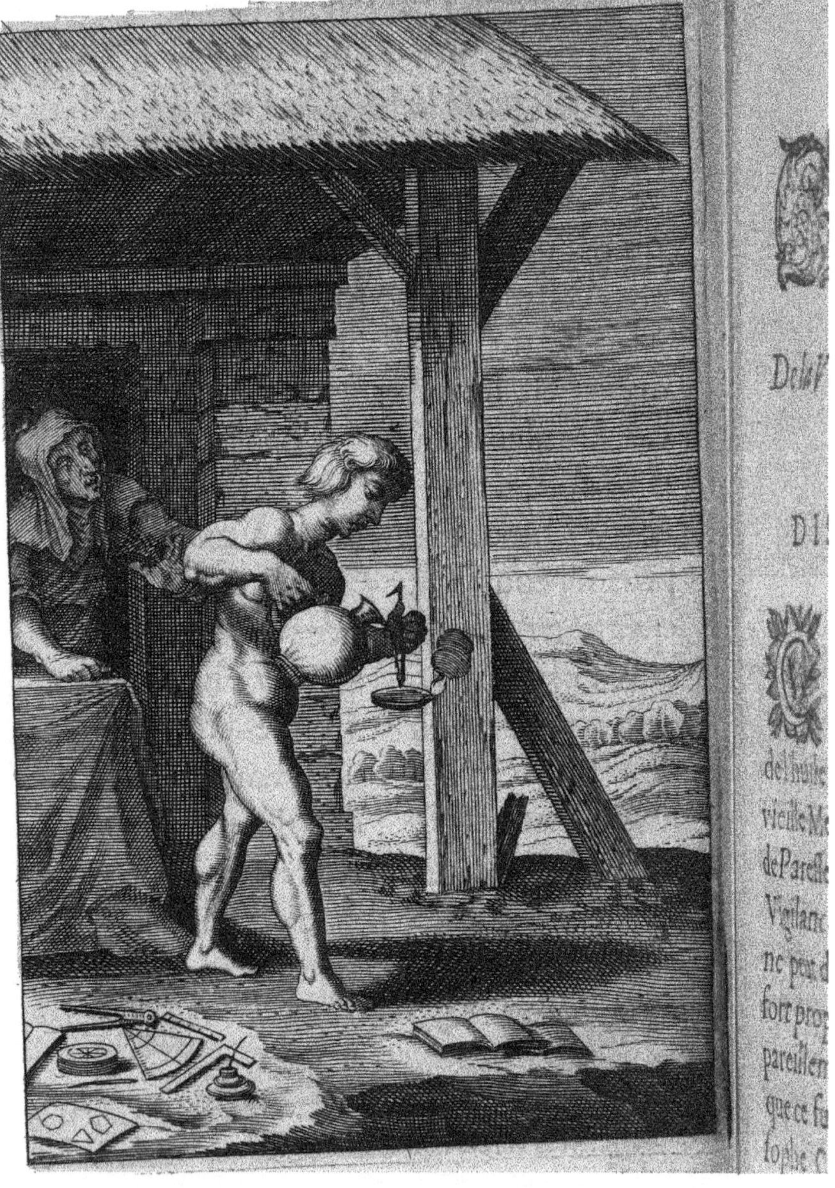

De la Vigilance, & qu'il faut gaigner le Temps.

DISCOVRS LXVIII.

CE ieune Garçon, qui tout nud qu'il eſt, & ſoubs vn pauure toict couuert de chaume, met de l'huile dans vne Lampe, tandis que ſa vieille Mere le ſemble tancer, & l'accuſer de Pareſſe, nous ſollicite nous-meſme à la Vigilance, & au trauail de la nuict. On ne peut douter que ce temps-là ne ſoit fort propre aux hommes de Lettres, & pareillement aux gens de guerre, puis que ce fut par ſon moyen que le Philoſophe Cleante gaigna dequoy viure pour s'adonner à l'estude, & que Gedeon mit en execution ce que Dieu luy auoit commandé contre les Madianites. Tant s'en faut donc qu'on doiue blasmer celuy qui employe à quelque honneste exercice le temps que les autres passent à dormir; qu'au contraire, il en est extremement loüable. Car le Sommeil estant Fils de la Nuict, & l'image de la Mort, il est d'autant plus seant à l'homme de veiller, qu'il meurt le moins lors qu'il veille le plus; ce qui est vne pensée de Pline, en son Histoire Naturelle; où il dit encore, que la moitié de la vie se passe à dormir. Il le faut neantmoins, puis que le repos est necessaire, pourueu que l'excez ne degenere en faineantise; C'est comme cela que l'entend Seneque, quand il loüe le Sommeil; Et pour la mesme raison le docte Auicenne dit, qu'il en faut vser sobrement, ainsi que du vin. L'Orateur Demosthene comprit l'vn & l'autre dans la responce qu'il fit autresfois, lors qu'interrogé par quel moyen il auoit pû atteindre à ce haut degré d'Eloquence, où il s'estoit esleué; *I'y suis paruenu*, dit-il, *pour auoir employé plus d'huile à veiller, que de vin à dormir.* Par où il fit connoistre que la Nuict luy sembloit incomparablement plus propre à l'estude que le iour. Aussi l'est-elle en effet, & Aristote en attribuë la cause à l'absence du Soleil. En effet l'obscurité ramasse les sens, par la confusion des couleurs; au lieu que la lumiere les diuertit, par la diuersité des Objets. A cause de quoy ceux qui apprennent à parler aux Oyseaux, ne les sifflent que de nuict, ou si c'est de iour, ils couurent leur cage. L'Histoire rapporte que pour le mesme suiet le Philosophe Democrite se creua les yeux, affin que par la priuation de la veuë, il pût mieux entretenir ses grandes pensées; ce qui fit encore qu'Homere, pour estre né aueugle, en eust de si excellentes & de si hautes. L'on peut adiouſter à tout cecy, que l'eſprit ſe poſſede mieux dans le ſilence, comme il eſt auſſi plus clair-voyant dans l'obſcurité. Les Anciens le voulurent ainſi donner à connoiſtre par la figure du Loup (Animal qui voit de nuict) qu'ils mirent aux lieux les plus eminens du Temple d'Apollon, Dieu tutelaire des Sciences.

Que ſi des choſes Prophanes, il faut paſſer aux Diuines, ie diray que S. Paul eſcriuant à ceux de Theſſalie, les exhorte à vacquer de nuict à la priere; Que c'eſtoit le temps auquel Dauid auoit accouſtumé de s'eſueiller pour la meſme fin, & auquel ſon Fils Salomon obtint de Dieu le don de Sapience, qu'il luy demanda ſur la Montaigne de Gabaon. Ne fut-ce pas de nuict encore que ſe ſignalerent pluſieurs illuſtres Chefs, dont fait mention la Sainte Eſcriture, tels que furent Abraham & Gedeon; dont l'vn ayant ſeparé ſes gens, donna ſur les Ennemis, qu'il desfit entierement; & l'autre combatit les

Elamites, par l'ordre exprés qu'il en eust de Dieu. I'obmets quantité d'autres exéples, que ie pourrois alleguer icy en faueur de la Vigilance, si par les sentinelles, & les veilles que les Soldats ont accoustumé de faire, il ne paroissoit assez, combien elle est necessaire dans les Armées. Mais, comme i'ay dit cy-deuant, elle ne l'est pas moins à l'exercice des Lettres; puis que selon Aristote, ceux qui en font profession ne doiuent pas negliger de se leuer auant le iour, s'ils veulent se bien porter; & auec vn esprit plus pur & plus deslié, s'adonner à la contemplation de choses Celestes, & des merueilles de la Nature. Tel estoit aussi le sentiment de tous les Anciens, qui pour cét effet peignoient Esculape auec vn Coq, Symbole de la Vigilance; Et voilà pourquoy Socrate, qui en auoit vn, le legua par testament à ce Dieu, vn peu auant que mourir; Et l'ingenieux Phidias s'aduisa de le percher sur le Heaume de la Deesse Minerue, en ayant fait la Statuë. Il faut remarquer à ce propos, auec le Poëte Hesiode, qu'entre tous les Dieux ausquels les Anciens auoient accoustumé de consacrer des Statuës, le Sommeil fût le seul qui n'en eust aucunes. Par où ils ne voulurent signifier autre chose, sinon qu'autant qu'on deuoit haïr la Paresse, autant il falloit aymer la Vigilance.

C'est par elle aussi que dans l'occurrence des affaires, & des actions de la vie, on gaigne le Temps, qui est la chose du monde la plus precieuse; Ie ne le perdray point à preuuer cette verité, puis qu'elle est assez connuë. Il me suffira de dire, que comme d'vne eau coulante on n'en a pas d'auantage que ce qu'on en veut puiser; ainsi n'auons-nous du Temps qu'autant que nous en pouuons employer vtilement. *On ne sçauroit s'en pleindre qu'à tort,* dit le Grand sainct Hierosme. *C'est folie d'alleguer que le Temps de nos Peres estoit meilleur que le nostre. Ce sont les Vertus qui*

le font

le font bon, & les Vices qui le font mauuais. C'est de toutes les choses, celle dont les hommes ont le plus besoin, & dont ils sont plus prodigues. Les Lacedemoniens neantmoins en estoient si chiches, qu'ayãt appris, dit Plutarque, que les soldats d'vne garnison le passoient inutilement à se pourmener, les Ephores les firent venir exprés, & leur commanderent qu'à l'aduenir ils eussent à le mieux employer, sur peine de punition. Les maximes de la guerre, & l'experience qu'ils en faisoient tous les iours, leur apprenoient qu'il falloit agir ; & que s'il y auoit quelque obstacle à rompre dãs leurs entreprises, ils ne le pouuoient faire autrement que par la Diligence. Elle seule aussi fit Agathocles Roy de Sicile, de simple Potier qu'il estoit auparauant; Et ce fut elle-mesme encore, qui se pleust à distribuer les Sceptres & les Couronnes à deux des plus grands Princes du monde, pour recompẽse des soings qu'ils luy rendoient,

& de l'ardante passion qu'ils auoient pour elle. Le premier fut Alexandre, ce Guerrier infatiguable, & ce fameux Conquerant de la meilleure partie du Monde. Si quelque chose luy fit gaigner des batailles, prendre des villes, & s'assujettir des Nations que personne auant luy n'auoit encore domptées; ce ne fût pas tant la force de ses Armées, que celle de son esprit, tousiours agissant; & qui n'estoit pas si prompt en ses entreprises, qu'il ne le fust d'auantage en ses executions. Sa promptitude de ce costé-là surpassa celle de tous les Conquerans qui furent iamais. Ou l'Histoire est fausse, ou il est veritable, que de la façon qu'il auoit dressé ses gens de pied, ils n'alloiét pas moins viste que ses meilleurs hommes de cheual. Tel que le genereux, Lion qui pour se haster d'aller, se bat les flancs de sa queuë, il s'abandonnoit entierement à la fatigue; & toutes les fois que l'Occasion luy ouuroit vn chemin à la Gloire, il voloit plustost qu'il ne couroit. Il s'espargnoit soy-mesme moins que personne; & ce qui le rendoit ordinairement victorieux de ses Ennemis, c'estoit l'habitude qu'il auoit prise à vaincre la Paresse, qu'il disoit estre aux grandes actions ce que la Remore est aux grands nauires. Quád il en falloit executer quelqu'vne, il ne sçauoit ce que c'estoit de dormir, & ne cessoit iamais d'aller iour & nuit, affin de lasser ou de surprendre ceux qu'il vouloit attacquer. Cette Vigilance luy estoit si naturelle, que dés son bas aage il commença d'en donner des preuues. Et d'autant qu'elles estoient vn peu trop violentes, Aristote l'en ayant voulu blasmer vn iour, & luy conseiller d'attendre que la vigueur de ses années pût renforcer celle de son inclination à la guerre; *Voilà qui est bon*, luy respondit-il; *mais il est à craindre qu'en temporisant, ie ne me repente d'auoir mal employé ma ieunesse.* Il faut rapporter à ce propos ce qu'Elian dit de luy ; qui eſt, qu'ayant marché trente lieuës ſans repoſer, ny ſon Armée non plus, il attaqua l'Ennemi; & le défit, pour n'auoir vſé d'aucun delay. C'eſtoit auſſi en ne differãt pas, qu'il venoit touſiours à bout de ſes entrepriſes, comme il diſoit ordinairement.

Celuy qu'en ſecond lieu ie me ſuis propoſé d'alleguer, pour vn grand exemple de Diligence, eſt l'Inuincible Iules Ceſar. Quelque deſeſperée que fut vne affaire, il ne s'en rebuttoit point, & l'entreprenoit auec ardeur, à l'imitation du Grand Alexandre. Sa maxime eſtoit, Qu'il ne falloit iamais marchander ſon Ennemy, ny s'amuſer à prendre aduis d'vne choſe que la ſeule Diligence pouuoit faire reüſſir. Suetone le teſmoigne ainſi en diuers endroits de ſa vie, où il dit, *Que ce grand Prince eſtoit habile & diligent par deſſus la creance des hommes; Que ſoit qu'il fit beau temps, ou qu'il pluſt, il ne laiſſoit pas d'aller à pied tout deſcouuert, ny de marcher à la teste de son Armée; Qu'en tous ses voyages il vsoit d'vne diligence incroyable; Qu'il faisoit des cinquante lieües par iour, dans vn Chariot de loüage; & qu'affin de n'estre point retardé, il trauersoit les riuieres à la nage, ou sur des peaux de Bouc; d'où il s'ensuiuoit, que bien souuent il deuançoit les Courriers.* Quoy d'auantage? Il attaquoit l'Ennemy, adiouste le mesme Autheur, non seulement par dessein exprés, mais selon que l'occasion le luy permettoit; le plus souuent mesme, aussi-tost qu'il estoit arriué, & quelquefois en vn temps extrémement incommode, ou lors qu'on pensoit le moins qu'il deust se presenter au combat. Car il ne se monstra iamais tardif à la guerre, que sur ses derniers iours, estimant que plus il auoit vaincu, tant plus il se deuoit soubmettre à l'Empire de la Fortune. Ainsi toutes les actions de sa vie furent autant de preuues certaines de sa diligence infatiguable; qu'il rendist visible à toute la terre, quand il donna bataille à

Pompée, en la plaine de Pharſale; quand il attacqua Ptolemée Roy d'Egypte; quand d'Alexandrie il paſſa en Syrie, & de Syrie au Royaume du Pont; quand il desfit Pharnaces, fils de Mithridates, quand il ſubiugua Scipion & Iuba; & pour le dire en vn mot, quand il fit des actions inimitables, & qu'autre que luy ne pouuoit faire.

Voylà quelle fut la diligence de ces deux grands Princes, qui eurent de noſtre tẽps pour illuſtre Imitateur, le valeureux Chà Abbas, Pere de ce meſme Roy de Perſe, qui regne auiourd'huy. Il poſſedoit cette Vertu au plus haut poinct où les hommes la puiſſent mettre; & il le teſmoigna particulierement en la priſe de Tebris. Car ayant ſceu au vray, qu'il ſe preſentoit vne occaſion tres-fauorable à ſon entrepriſe, il partit de Spaham, & fit ces vingt iournées qui ſont de là iuſques à Tebris, en moins de dix, auec vne partie de ſon Armée: Ce qui luy reüſſit auec tant de bon ſuccez, qu'auant que la Renommée pût auoir ſemé le bruit de ſon deſſein, il ſurprit par ſa viſteſſe vne des plus fortes places qu'on euſt ſceu attacquer, & qui euſt conſommé de grandes forces, ſi elle euſt attendu vn ſiege. De ces Exemples que i'ay apportés en faueur de la Diligence, on peut tirer cette concluſion, Qu'il y a peu de choſes dans le monde, dont par ſon moyen l'on ne puiſſe venir à bout; & que, comme dit Vegece, elle n'eſt pas moins neceſſaire que la Valeur meſme, aux actions militaires.

FIN.

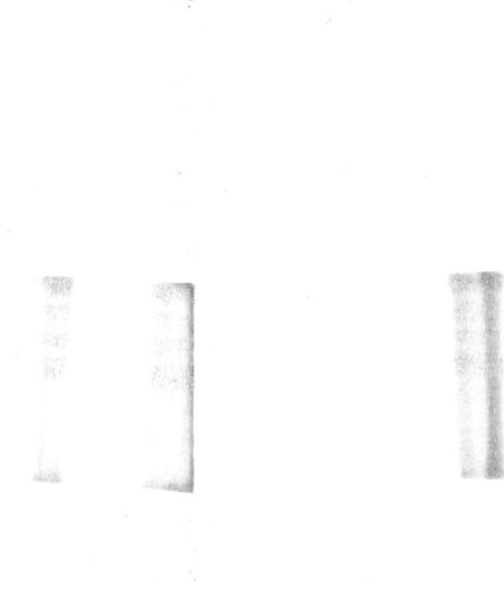

Lightning Source UK Ltd.
Milton Keynes UK
UKHW042051271218
334508UK00034B/605/P